MW01199776

LEYENDAS NEGRAS
DE LA
IGLESIA

LEYENDAS NEGRAS DE LA IGLESIA

VITTORIO MESSORI

Prefacio del cardenal
. Giacomo Biffi,
arzobispo de Bolonia

Traducción de
Stefania Maria Ciminelli,
Celia Filipetto y Juana María Furió

PLANETA

Colección PLANETA + TESTIMONIO
Dirección: Álex Rosal

Título original: esta edición es una selección
de *Pensare la storia, La sfida delle fede*
y *Le cose della vita*

© Edizioni San Paolo, S.R.L., Milán, 1992,
1993, 1995

© por la traducción, Stefania Maria
Ciminelli, Celia Filipetto y Juana María
Furió, 1996

© Editorial Planeta, S. A., 1996
Diagonal, 662-664, 08034 Barcelona
(España)

Realización de la cubierta: Departamento
de Diseño de Editorial Planeta

Ilustración de la cubierta: «Procesión de
flagelantes» de Goya, Academia de San
Fernando, Madrid (foto Aisa)

1.ª a 11.ª ediciones: de abril de 1996
a enero de 2004
12.ª edición: febrero de 2005

Depósito Legal: B. 9.615-2005

ISBN 84-08-01778-0

Composición: Foto Informática, S. A.

Impresión: Liberduplex, S. L.

Encuadernación: Encuadernaciones
Roma, S. L.

Printed in Spain - Impreso en España

ÍNDICE

PREFACIO

Cuando un muchacho, educado cristianamente por la familia y la comunidad parroquial, a tenor de los asertos apodícticos de algún profesor o algún texto empieza a sentir vergüenza por la historia de su Iglesia, se encuentra objetivamente en el grave peligro de perder la fe. Es una observación lamentable, pero indiscutible; es más, mantiene su validez general incluso fuera del contexto escolástico.

Aquí tenemos un problema pastoral de los más punzantes; y sorprende constatar la poca atención que recibe en los ambientes eclesiales.

Para salvar nuestra alegría y orgullo de pertenecer al «pequeño rebaño» destinado al Reino de Dios, no sirve la renuncia a profundizar en las cuestiones que se plantean. Es indispensable, por el contrario, la aptitud para examinar todo con tranquila ecuanimidad: en oposición a lo que comúnmente se piensa, la escéptica cultura contemporánea no carece de cuentos, sino de espíritu crítico; por eso el Evangelio se encuentra tan a menudo en posición desfavorable.

Tal como he dicho en repetidas ocasiones, el problema más radical a consecuencia de la descristianización no es, en mi opinión, la pérdida de la fe, sino la pérdida de la razón: volver a pensar sin prejuicios ya es un gran paso hacia adelante para descubrir nuevamente a Cristo y el proyecto del Padre.

Por otra parte, también es verdad que la iniciativa de salvación de Dios tiene una función sanadora integral: salva al hombre en su totalidad; incluida, por lo tanto, su natural capacidad cognoscitiva.

La alternativa de la fe no es, en consecuencia, la razón y la libertad de pensamiento, tal como se nos ha repetido obsesivamente en los últimos siglos; sino, al menos en los casos de extrema y desventurada coherencia, el suicidio de la razón y la resignación a lo absurdo.

Con respecto a la historia de la Iglesia y a las dificultades pastorales que provoca, conviene recordar la necesidad de un triple análisis.

El primero es de carácter esencialmente teológico, tal que puede ser compartido sólo por quien posee «los ojos de la fe». Se trata fundamentalmente de adquirir y llevar al nivel de la conciencia una eclesiología digna de este nombre. Se podrá llegar a comprender en ella que la Iglesia es, como decía san Ambrosio, ex maculatis immaculata: una realidad intrínsecamente santa constituida por hombres todos ellos, en grado y medida diferente, pecadores.

Aquí está precisamente su prodigio y su encanto: el Artífice divino, usando la materia pobre y defectuosa que la humanidad le pone a su disposición, consigue modelar en cada época una obra maestra, resplandeciente de verdad absoluta y sobrehumana belleza; verdad y belleza que también son nuestras, de cada uno de nosotros, según la proporción de nuestra efectiva participación en el cuerpo de Cristo.

Se muestra así verdadero y agudo teólogo —sea cual sea su especialización académica y su cultura reconocida— no tanto el que se indigna y escandaliza porque hay obispos que, en su opinión, son asnos, como el que se conmueve y entusiasma porque —admítase la irreverencia— hay asnos que son obispos.

Bajo este aspecto, el creyente puede acercarse a las vicisitudes y acontecimientos de la historia de la Iglesia con ánimo mucho más emancipado que el que no es creyente: su eclesiología le permite no considerar a priori *inaceptable* ningún dato que resulte realmente establecido y cierto, por deshonroso que parezca para el nombre cristiano; mientras que el incrédulo se sentirá obligado a rechazar o banalizar todo heroísmo sobrehumano, los valores trascendentes, los milagros que encuentra sobrenaturalmente motivados. Más o menos lo que ocurre en el caso del Santo Sudario, por mencionar un tema que apasiona a Messori.

Formalmente, como sabemos, nuestra fe no resulta afectada, cualquiera que sea el modo en que la ciencia decida pronunciarse: incluso podríamos permitirnos el lujo de no creer en lo que ella diga. Aceptar la autenticidad de esa sábana, en cambio, es moralmente imposible para quien no reconoce en Jesús de Nazaret el Cristo, hijo del Dios viviente, por lo inexplicable que es el cúmulo de eventos extraordinarios que caracterizan su origen y su conservación. La sospecha de prejuicio, ya se ve, cae, en este caso, en el campo de Agramante más que en el de los Paladinos.

El segundo tipo de análisis es de índole filosófica, y pueden compartirlo todos los que dispongan de un mínimo de honestidad intelectual.

Cuando se habla de culpas históricas de la Iglesia, no hay que desestimar el hecho de que ésta es la única realidad que permanece idéntica en el curso de los siglos, y por tanto acaba siendo también la única llamada para responder de los errores de todos.

¿A quién se le ocurre preguntarse, por ejemplo, cuál fue, en la época del caso Galileo, la posición de las universidades y otros organismos de relevancia social respecto a la hipótesis copernicana? ¿Quién le pide cuentas a la actual magistratura por las ideas y las conductas comunes de los jueces del siglo XVII? O, para ser aún más paradójico, ¿a quién se le ocurre reprochar a las *autoridades políticas milanesas (alcalde, prefecto, presidente de la región) los delitos cometidos por los Visconti y los Sforza?*

Es importante observar que acusar a la Iglesia viva de hoy en día de sucesos, decisiones y acciones de épocas pasadas, es por sí mismo un implícito pero patente reconocimiento de la efectiva estabilidad de la Esposa de Cristo, de su intangible identidad que, al contrario de todas las demás agrupaciones, nunca queda arrollada por la historia; de su ser «casi-persona» y por lo tanto, sólo ella, sujeto perpetuo de responsabilidad.

Es un estado de ánimo que —precisamente a través de las actitudes de venganza y la vivacidad de los rencores— revela casi un initium fidei *en el misterio eclesial: lo que, posiblemente, provoca la hilaridad de los ángeles en el Cielo.*

Pero una vez asimiladas estas anotaciones, digamos, de «eclesiología sobrenatural y natural», uno no puede eximirse de analizar con mayor concreción la cuestión: se hace por lo tanto necesario examinar la credibilidad de lo que comúnmente se dice y se escribe sobre la Iglesia.

Hay que averiguar la verdad, salvarla de las alteraciones, proclamarla y honrarla, cualquiera que sea la forma en la que se presenta y la fuente de información. Más de una vez santo Tomás de Aquino nos enseña que omne verum, a quocumque dicatur, a Spiritu Sancto est *(«cualquier verdad, quienquiera la diga, viene del Espíritu Santo»); y sería suficiente esta cita para observar la envidiable amplitud de espíritu que caracterizaba a los maestros medievales.*

Recíprocamente, también hay que decir que las falsedades, las manipulaciones y los errores deben ser desenmascarados y condenados, cualquiera que sea la persona que los proponga y cuán amplia sea su difusión.

Ahora bien, es necesario que nos demos cuenta de una vez —dice, entre otras cosas, Vittorio Messori en estas páginas— del cúmulo de opiniones arbitrarias, deformaciones sustanciales y auténticas mentiras que gravitan sobre todo lo que históricamente concierne a la Iglesia. Nos encontramos literalmente sitiados por la malicia y el engaño: los católicos en su mayoría no reparan en ello, o no quieren hacerlo.

Si recibo un golpe en la mejilla derecha, la perfección evangélica me propone ofrecer la izquierda. Pero si se atenta contra la verdad, la misma perfección evangélica me obliga a consagrarme para restablecerla: porque allá donde se extingue el respeto a la verdad, empieza a cerrarse para el hombre cualquier camino de salvación.

De esta firme convicción, me parece, ha nacido este libro, que esperamos se convierta de inmediato en un instrumento indispensable para la moderna acción pastoral.

Algunas veces me imagino que el cuerpo de la cristiandad actual padece, por así decirlo, algún tipo de deficiencia inmunitaria.

La agresión al Reino de Dios iam praesens in mysterio *es fenómeno de todos los tiempos, y de ello el Señor nos ha avisado repetidamente, aunque en las últimas décadas no hemos escuchado mucho sus palabras sobre el tema.*

En cambio, lo que especialmente caracteriza nuestra época es el principio de que no se debe reaccionar: la retórica del diálogo a toda costa, un malentendido irenismo, una rara especie de masoquismo eclesial parecen inhibir todas las defensas naturales de los cristianos, de manera que la virulencia de los elementos patógenos puede realizar sin obstáculos sus devastaciones.

Afortunadamente, el Espíritu Santo nunca deja sin intrínseca protección a la Esposa de Cristo. Permanece siempre activo, estimulando las antitoxinas necesarias bajo diferentes formas y a diferentes niveles.

El presente volumen —que recoge gran parte de los apreciados artículos del «Vivaio» de Vittorio Messori, sección del diario católico nacional— es precisamente uno de estos remedios providenciales para nuestros males: su aparición es una señal de que Dios no ha abandonado a su pueblo.

Messori es, gracias a Dios, autor original y muy personal. Y no es obligatorio compartir singularmente todas sus geniales opiniones, pero no podemos dejar de compartir, todos —y apreciar todos— su valiente servicio a la verdad y su amor por la Iglesia.

Cardenal GIACOMO BIFFI
Arzobispo de Bolonia

INTRODUCCIÓN

El presente libro es una recopilación de artículos que he publicado en periódicos italianos. El origen periodístico de los textos se manifiesta en el hecho de que, en cada uno de ellos, el argumento se encuentra claramente encuadrado. Ello propicia que una de sus formas de lectura pueda ser a página abierta.

El título que los une, *Leyendas negras de la Iglesia*, manifiesta la triste realidad de aquella frase evangélica: «¿Creéis que he venido a traer la paz al mundo? Os digo que no, sino la división.» Sin embargo, es necesario recordar el antiguo principio de que el movimiento no se prueba con complejas teorías sino, simplemente, moviéndose. Así también ocurre con el cristianismo: fe en un Dios que se ha tomado tan en serio el tiempo de los hombres que ha participado en él —encarnándose en un lugar, en un tiempo, en un pueblo, con un rostro y un nombre—; la verdad del Evangelio se prueba en la historia concreta. Es Jesús mismo quien lanza el desafío: al árbol se le juzga por sus frutos. Es precisamente la defensa de estos frutos lo que sirve de nexo a los diversos capítulos de este libro.

La pasión con que me enfrento al contenido de estos temas convive siempre con la vigilante autoironía de quien sabe bien cómo el creer no es un arrogante, incluso fanático, «según yo». En ninguna página, ni siquiera en las más polémicas, he olvidado el consejo de san Agustín: *Interficite errores; homines diligite.* Acabad con los errores; amad a los hombres. No todas las ideas ni todas las acciones son respetables. Dignos de todo respeto son, sin embargo, cada uno de los hombres.

Las consideraciones que desarrollo en las páginas que siguen unen convicción y disponibilidad a la discusión. Y también se hallan abiertas a la humildad de la obediencia, al sacrificio duro pero convencido del saber callar, en el momento en que así se decida por quien, en la Iglesia, ostenta la legítima autoridad sobre el «depósito de la fe». Gracias a Dios no me encuentro entre aquellos (hoy numerosos) que están convencidos de que a ellos se les ha concedido descubrir en qué consista el «verdadero» cristianismo, la «verdadera» Iglesia. Y que piensan que sólo a partir de los años sesenta del siglo XX un grupo de teólogos académicos habrían descubierto qué quiere decir verdaderamente el Evangelio. Como si, durante tantos siglos, el Espíritu Santo hubiera estado aletargado o, sádicamente, se hubiera divertido inspirando de modo erróneo y abusivo a tantas generaciones de creyentes, entre los cuales una multitud de santos que solamente Dios conoce.

En realidad, no somos sino enanos sobre las espaldas de gigantes. Y solamente la conciencia de nuestro extraordinario pasado donde abundó el pecado, sí, pero también la gracia, puede abrirnos el camino del futuro.

VITTORIO MESSORI

1. Sentimientos de culpa

Al cabo de tres días de fatigoso viaje en común, Léo Moulin, de ochenta y un años, aparece fresco, elegante, atento y tan cordial como siempre. Moulin, profesor de Historia y Sociología en la Universidad de Bruselas durante medio siglo, autor de decenas de libros rigurosos y fascinantes, es uno de los intelectuales más prestigiosos de Europa. Es quizás quien mejor conoce las órdenes religiosas medievales, y pocos sienten tanta admiración por la sabiduría de aquellos monjes como él. A pesar de haberse distanciado de las logias masónicas en las que militó («A menudo —me dice— afiliarse a ellas es condición indispensable para hacer carrera en universidades, periódicos o editoriales: la ayuda mutua entre los "hermanos masones" no es un mito, es una realidad aún vigente»), sigue siendo un laico, un racionalista cuyo agnosticismo bordea el ateísmo.

Moulin me encomienda que repita a los creyentes uno de sus principios, madurado a lo largo de una vida de estudio y experiencia: «Haced caso a este viejo incrédulo que sabe lo que se dice: la obra maestra de la propaganda anticristiana es haber logrado crear en los cristianos, sobre todo en los católicos, una mala conciencia, infundiéndoles la inquietud, cuando no la vergüenza, por su propia historia. A fuerza de insistir, desde la Reforma hasta nuestros

17

días, han conseguido convenceros de que sois los responsables de todos o casi todos los males del mundo. Os han paralizado en la autocrítica masoquista para neutralizar la crítica de lo que ha ocupado vuestro lugar.»

Feministas, homosexuales, tercermundialistas y tercermundistas, pacifistas, representantes de todas las minorías, contestatarios y descontentos de cualquier ralea, científicos, humanistas, filósofos, ecologistas, defensores de los animales, moralistas laicos: «Habéis permitido que todos os pasaran cuentas, a menudo falseadas, casi sin discutir. No ha habido problema, error o sufrimiento histórico que no se os haya imputado. Y vosotros, casi siempre ignorantes de vuestro pasado, habéis acabado por creerlo, hasta el punto de respaldarlos. En cambio, yo (agnóstico, pero también un historiador que trata de ser objetivo) os digo que debéis reaccionar en nombre de la verdad. De hecho, a menudo no es cierto. Pero si en algún caso lo es, también es cierto que, tras un balance de veinte siglos de cristianismo, las luces prevalecen ampliamente sobre las tinieblas. Luego, ¿por qué no pedís cuentas a quienes os las piden a vosotros? ¿Acaso han sido mejores los resultados de lo que ha venido después? ¿Desde qué púlpitos escucháis, contritos, ciertos sermones?» Me habla de aquella Edad Media que ha estudiado desde siempre: «¡Aquella vergonzosa mentira de los "siglos oscuros", por estar inspirados en la fe del Evangelio! ¿Por qué, entonces, todo lo que nos queda de aquellos tiempos es de una belleza y sabiduría tan fascinantes? También en la historia sirve la ley de causa y efecto...»

Pienso en el historiador de Bruselas mientras atravieso en coche, la periferia de Milán una mañana cualquiera. Aquí, como en toda periferia urbana, un Dante contemporáneo podría ambientar uno de los círculos de su infierno: ruidos ensordecedores, olores mefíticos, montones de escombros y desechos, aguas envenenadas, aceras obstruidas por vehículos aparcados, escarabajos y ratas, cemento enloquecido, briznas de hierba tóxica. Por doquier adviertes la ira y el odio de unos contra otros: automovilistas contra camioneros, peatones contra motorizados, compradores contra vendedores, septentrionales contra meridionales, italianos contra extranjeros, obreros contra patrones, hijos contra padres. La degradación se instala en los corazones mucho antes que en el ambiente.

Al fin, la meta: el gran monasterio, la antigua casa religiosa. Aliviado por librarme del coche atravieso el portón. De golpe, el mundo cambia a mi alrededor. Un gran patio de una antigüedad de siglos, cerrado en todos sus lados por un soportal, sosiega el ánimo con la armonía de sus arcos. El silencio, la belleza de los frescos, el ritmo de las edificaciones, la frescura de las sombras. Más allá del patio se ve un amplio jardín, último reducto en cuyos árboles se ha refugiado todo lo que sobrevive o vuela en la tierra desolada de las inmediaciones. La hospitalidad de los religiosos te hace sentir que esa gente, pese a todo, intenta hacer el bien y cree que todavía es posible amar.

Con una mezcla de ironía y angustia, pienso en la venganza de la historia de los últimos dos siglos, poblados por gente diversa pero unida por un furioso intento de suprimir los signos cristianos, empezando por las congregaciones religiosas; por la necesidad de destruir con éstas esos lugares de paz y belleza, vistos como inmundos rincones de oscurantismo, anacrónicos obstáculos en la senda sobre la que edificar el soñado «nuevo mundo».

Ahora, más allá del muro que resguarda el jardín, tenemos el fruto del radiante mañana prometido. Jamás el mundo, en nombre de la humanidad, se volvió más inhumano. Se han truncado las expectativas: la realidad y la esperanza de un mundo más habitable perduran —pero ¿por cuánto tiempo?— en estos residuos religiosos que han sobrevivido (por milagro, por azar, por obstinación de los cristianos, que resurgen cada vez que son eliminados) a la furia de los «iluminados». Sus hijos y nietos se refugian también aquí para lamentarse de todo cuanto se ha perdido. Y para alegrarse de que se haya salvado algo de la rabia de los destructores.

Si por el fruto se reconoce al árbol, quizá haya que extraer alguna conclusión de ello, aunque sea para proseguir con la admonición de Moulin, el viejo historiador agnóstico, a los creyentes: «causa y efecto...». También nosotros tenemos nuestros esqueletos en el armario; y ojo con querer disimularlo. La realidad cristiana siempre mezcla lo divino con lo humano; la Iglesia es *casta et meretrix*, según sentencian los Padres. Y así son y fueron siempre sus hijos. Pero miremos también a nuestro alrededor, ya no tan avergonzados e intimidados. La caridad no es posible sin la verdad; para nosotros y para los demás.

I. ESPAÑA, LA INQUISICIÓN Y LA LEYENDA NEGRA

2. Leyenda negra/1

Bailando con lobos, la película norteamericana que se pone del lado de los indios, ganó siete Oscars.

Hacia mediados de los años sesenta el *western* se dispuso a experimentar un cambio; las primeras dudas acerca de la bondad de la causa de los pioneros anglosajones provocaron una crisis del esquema «blanco bueno-piel roja malo». Desde entonces, esa crisis fue en aumento hasta conseguir la inversión del esquema: ahora, las nuevas categorías insisten en ver siempre en el indio al héroe puro y en el pionero al brutal invasor.

Como es lógico, existe el peligro de que la nueva situación se convierta en una especie de nuevo conformismo del hombre occidental PC, *politically correct*, como se denomina a quien respeta los cánones y tabúes de la mentalidad corriente.

Mientras que antes se producía la excomunión social de todo aquel que no viera un mártir de la civilización y un campeón del patriotismo «blanco» en el coronel George A. Custer, ahora merecería la misma excomunión todo aquel que hablara mal de Toro Sentado y de los sioux, que aquella mañana del 25 de junio de 1876, en Little Big Horn, acabaron con la vida de Custer y con todo el Séptimo de Caballería.

A pesar del riesgo de que aparezcan nuevos eslóganes conformistas, es imposible no acoger con satisfacción el hecho de que se descubran los pasteles de la «otra» América, la protestante, que dio (y da) tantas desdeñosas lecciones de moral a la América católica. Desde el siglo xvi las potencias nórdicas reformadas —Gran Bretaña y Holanda *in primis*— iniciaron en sus dominios de ultramar una guerra psicológica al inventarse la «leyenda negra» de la barbarie y la opresión practicadas por España, con la que estaban enzarzadas en la lucha por el predominio marítimo.

Leyenda negra que, como ocurre puntualmente con todo lo que no está de moda en el mundo laico, es descubierta ahora con avidez por curas, frailes y católicos adultos en general, quienes, al protestar con tonos virulentos en contra de las celebraciones por el Quinto Centenario del descubrimiento ignoran que, con algunos siglos de retraso, se erigen en seguidores de una afortunada campaña de los servicios de propaganda británicos y holandeses.

Pierre Chaunu, historiador de hoy, fuera de toda duda por ser calvinista, escribió: «La leyenda antihispánica en su versión norteamericana (la europea hace hincapié sobre todo en la Inquisición) ha desempeñado el saludable papel de válvula de escape. La pretendida matanza de los indios por parte de los españoles en el siglo xvi encubrió la matanza norteamericana de la frontera Oeste, que tuvo lugar en el siglo xix. La América protestante logró librarse de este modo de su crimen lanzándolo de nuevo sobre la América católica.»

Entendámonos, antes de ocuparnos de semejantes temas sería preciso que nos librásemos de ciertos moralismos actuales que son irreales y que se niegan a reconocer que la historia es una señora inquietante, a menudo terrible. Desde una perspectiva realista que debería volver a imponerse, habría que condenar sin duda los errores y las atrocidades (vengan de donde vengan) pero sin maldecir como si se hubiera tratado de una cosa monstruosa el hecho en sí de la llegada de los europeos a las Américas y de su asentamiento en aquellas tierras para organizar un nuevo hábitat.

En historia resulta impracticable la edificante exhortación de «que cada uno se quede en su tierra sin invadir la ajena». No es practicable no sólo porque de ese modo se negaría todo dinamismo a las vicisitudes humanas, sino porque toda civilización es fruto de una mezcla que nunca fue pacífica. Sin ánimo de incodar a la Historia Sagrada misma (la tierra que Dios prometió a los judíos no les pertenecía, sino que se la arrancaron a la fuerza a sus anteriores habitantes), las almas bondadosas que reniegan de los malvados usurpadores de las Américas olvidan, entre otras cosas, que a su llegada, aquellos europeos se encontraron a su vez con otros usurpadores. El imperio de los aztecas y el de los incas se había creado con violencia y se mantenía gracias a la sanguinaria opresión de los pueblos invasores que habían sometido a los nativos a la esclavitud.

A menudo se finge ignorar que las increíbles victorias de un puñado de españoles contra miles de guerreros no estuvieron determinadas ni por los arcabuces ni por los escasísimos cañones (que con frecuencia resultaban inútiles en aquellos climas porque la humedad neutralizaba la pólvora) ni por los caballos (que en la selva no podían ser lanzados a la carga).

Aquellos triunfos se debieron sobre todo al apoyo de los indígenas oprimidos por los incas y los aztecas. Por lo tanto, más que como usurpadores, los ibéricos fueron saludados en muchos lugares como liberadores. Y esperemos ahora a que los historiadores iluminados nos expliquen cómo es posible que en más de tres siglos de dominio hispánico no se produjesen revueltas contra los nuevos dominadores, a pesar de su número reducido y a pesar de que por este hecho estaban expuestos al peligro de ser eliminados de la faz del nuevo continente al mínimo movimiento. La imagen de la invasión de América del Sur desaparece de inmediato en contacto con las cifras: en los cincuenta años que van de 1509 a 1559, es decir, en el período de la conquista desde Florida al estrecho de Magallanes, los españoles que llegaron a las Indias Occidentales fueron poco más de quinientos (¡sí, sí, quinientos!) por año. En total, 27 787 personas en ese medio siglo.

Volviendo a la mezcla de pueblos con los que es preciso hacer las cuentas de un modo realista, no debemos olvidar, por ejemplo, que los colonizadores de América del Norte provenían de una isla que a nosotros nos resulta natural definir como anglosajona. En realidad, era de los britanos, sometidos primero por los romanos y luego por los bárbaros germanos —precisamente los anglos y los sajones— que exterminaron a buena parte de los indígenas y a la otra la hicieron huir hacia las costas de Galia donde, después de expulsar a su vez a los habitantes originarios, crearon la que se denominó Bretaña. Por lo demás, ninguna de las grandes civilizaciones (ni la egipcia, ni la romana, ni la griega, sin olvidar nunca la judía) se creó sin las correspondientes invasiones y las consiguientes expulsiones de los primeros habitantes.

Por lo tanto, al juzgar la conquista europea de las Américas será preciso que nos cuidemos de la utopía moralista a la que le gustaría una historia llena de reverencias, de buenas maneras, y de «faltaba más, usted primero».

Aclarado este punto, es preciso que digamos también que hay conquistas y conquistas (y en películas como la muy premiada *Bailando con lobos* se empieza a entender) y que la católica fue ampliamente preferible a la protestante.

Como escribió Jean Dumont, otro historiador contemporáneo: «Si, por desgracia, España (y Portugal) se hubiera pasado a la Reforma, se hubiera vuelto puritana y hubiera aplicado los mismos principios que América del Norte ("lo dice la Biblia, el indio es un ser inferior, un hijo de Satanás"), un inmenso genocidio habría eliminado de América del Sur a todos los pueblos indígenas. Hoy en día, al visitar las pocas "reservas" de México a Tierra del Fuego, los turistas harían fotos a los supervivientes, testigos de la matanza racial, llevada a cabo además sobre la base de motivaciones "bíblicas".»

Efectivamente, las cifras cantan: mientras que los pieles rojas que sobreviven en América del Norte son unos cuantos miles, en la América ex española y ex portuguesa, la mayoría de la población o bien es de origen indio o es fruto de la mezcla de precolombinos con europeos y (sobre todo en Brasil) con africanos.

3. Leyenda negra/2

La cuestión de las distintas colonizaciones de las Américas (la ibérica y la anglosajona) es tan amplia, y son tantos los prejuicios acumulados, que sólo podemos ofrecer algunas observaciones.

Volvamos a la población indígena, tal como señalamos prácticamente desaparecida en los Estados Unidos de hoy, donde están registradas como «miembros de tribus indias» aproximadamente un millón y medio de personas. En realidad, esta cifra, de por sí exigua, se reduciría aún más si consideramos que para aspirar al citado registro basta con tener una cuarta parte de sangre india.

En el sur la situación es exactamente la contraria; en la zona mexicana, en la andina y en muchos territorios brasileños, casi el noventa por ciento de la población o bien desciende directamente de los antiguos habitantes o es fruto de la mezcla entre los indígenas y los nuevos pobladores. Es más, mientras que la cultura de Estados Unidos no debe a la india más que alguna palabra, ya que se desarrolló a partir de sus orígenes europeos sin que se produjese prácticamente ningún intercambio con la población autóctona, no ocurre lo mismo en la América hispano-portuguesa, donde la mezcla no sólo fue demográfica sino que dio origen a una cultura y una sociedad nuevas, de características inconfundibles.

Sin duda, esto se debe al distinto grado de desarrollo de los pueblos que tanto los anglosajones como los ibéricos encontraron en aquellos continentes, pero también se debe a un planteamiento religioso distinto. A diferencia de los católicos españoles y portugueses, que no dudaban en casarse con las indias, en las que veían seres humanos iguales a ellos, a los protestantes (siguiendo la lógica de la que ya hemos hablado y que tiende a hacer retroceder hacia el Antiguo Testamento al cristianismo reformado) los animaba una especie de «racismo» o al menos, el sentido de superioridad, de «estirpe elegida», que había marcado a Israel. Esto, sumado a la teología de la predestinación (el indio es subdesarrollado porque está predestinado a la condenación, el blanco es desarrollado como signo de elección divina) hacía que la mezcla étnica e incluso la cultural fueran consideradas como una violación del plan providencial divino.

Así ocurrió no sólo en América y con los ingleses, sino en todas las demás zonas del mundo a las que llegaron los europeos de tradición protestante: el *apartheid* sudafricano, por citar el ejemplo más clamoroso, es una creación típica y teológicamente coherente del calvinismo holandés. Sorprende, por lo tanto, esa especie de masoquismo que hace poco impulsó a la Conferencia de obispos católicos sudafricanos a sumarse, sin mayores distinciones ni precisiones, a la «Declaración de arrepentimiento» de los cristianos blancos hacia los negros de aquel país. Sorprende porque aunque por parte de los católicos pudo haber algún comportamiento condenable, dicho comportamiento, al contrario de lo ocurrido en el caso protestante, iba en contra de la teoría y la práctica católicas. Pero da igual, hoy por hoy, parece ser que existen no pocos clericales dispuestos a endilgarle a su Iglesia culpas que no tiene.

Las formas de conquista de las Américas se originan precisamente en las distintas teologías: los españoles no consideraron a los pobladores de sus territorios como una especie de basura que había que eliminar para poder instalarse en ellos como dueños y señores. Se reflexiona poco sobre el hecho de que España (a diferencia de Gran Bretaña) no organizó nunca su imperio americano en colonias, sino en provincias. Y que el rey de España no se ciñó nunca la corona de emperador de las Indias, a diferencia de cuanto hará, incluso a principios del siglo XX, la monarquía inglesa. Desde el comienzo, y más tarde, con implacable constancia, durante toda la historia posterior, los colonos protestantes se consideraron con el derecho, fundado en la misma Biblia, de poseer sin problemas ni limitaciones toda la tierra que lograran ocupar echando o exterminando a sus habitantes. Estos últimos, como no formaban parte del «nuevo Israel» y como llevaban la marca de una predestinación negativa, quedaron sometidos al dominio total de los nuevos amos.

El régimen de suelos instaurado en las distintas zonas americanas confirma esta diferencia de las perspectivas y explica los distintos resultados: en el sur se recurrió al sistema de la encomienda, figura jurídica de inspiración feudal, por la cual el soberano concedía a un particular un territorio con su población incluida, cuyos derechos eran tutelados por la Corona, que seguía siendo la verdadera propietaria. No ocurrió lo mismo en el norte, donde primero los ingleses y después el gobierno federal de Estados Unidos se declararon propietarios absolutos de los territorios ocupados y por ocupar; toda la tierra era cedida a quien lo deseara al precio que se fijó posteriormente en una media de un dólar por acre. En cuanto a los indios que podían habitar esas tierras, correspondía a los colonos alejarlos o, mejor aún, exterminarlos, con la ayuda del ejército, si era preciso.

El término «exterminio» no es exagerado y respeta la realidad concreta. Por ejemplo, muchos ignoran que la práctica de arrancar el cuero cabelludo era conocida tanto por los indios del norte como por los del sur. Pero entre estos últimos desapareció pronto, prohibida por los españoles. No ocurrió lo mismo en el norte. Por citar un ejemplo, la entrada correspondiente en una enciclopedia nada sospechosa como la Larousse dice: «La práctica de arrancar el cuero cabelludo se difundió en el territorio de lo que hoy es Estados Unidos a partir del siglo XVII, cuando los colonos blancos comenzaron a ofrecer fuertes recompensas a quien presentara el cuero cabelludo de un indio fuera hombre, mujer o niño.»

En 1703 el gobierno de Massachusetts pagaba doce libras esterlinas por cuero cabelludo, cantidad tan atrayente que la caza de indios, organizada con caballos y jaurías de perros, no tardó en convertirse en una especie de deporte nacional muy rentable. El dicho «el mejor indio es el indio muerto», puesto en práctica en Estados Unidos, nace no sólo del hecho de que todo indio eliminado constituía una molestia menos para los nuevos propietarios, sino también del hecho de que las autoridades pagaban bien por su cuero cabelludo. Se trataba pues de una práctica que en la América católica no sólo era desconocida sino que, de haber tratado alguien de introducirla de forma abusiva, habría provocado no sólo la indignación de los religiosos, siempre presentes al lado de los colonizadores, sino también las severas penas establecidas por los reyes para tutelar el derecho a la vida de los indios.

Sin embargo, se dice que millones de indios murieron también en América Central y del Sur. Murieron, qué duda cabe, pero no como para estar al borde de la desaparición como en el norte. Su exterminio no se debió exclusivamente a las espadas de acero de Toledo y a las armas de fuego (que, como ya vimos, casi siempre fallaban), sino a los invisibles y letales virus procedentes del Viejo Mundo.

El choque microbiano y viral que en pocos años causó la muerte de la mitad de la población autóctona de Iberoamérica fue estudiado por el grupo de Berkeley, formado por expertos de esa universidad. El fenómeno es comparable a la peste negra que, procedente de India y China, asoló Europa en el siglo xiv. Las enfermedades que los europeos llevaron a América como la tuberculosis, la pulmonía, la gripe, el sarampión o la viruela eran desconocidas en el nicho ecológico aislado de los indios, por lo tanto, éstos carecían de las defensas inmunológicas para hacerles frente. Pero resulta evidente que no se puede responsabilizar de ello a los europeos, víctimas de las enfermedades tropicales a las que los indios resistían mejor. Es de justicia recordar aquí, cosa que se hace con poca frecuencia, que la expansión del hombre blanco fuera de Europa asumió a menudo el aspecto trágico de una hecatombe, con una mortalidad que, en el caso de ciertos barcos, ciertos climas y ciertos autóctonos, alcanzó cifras impresionantes.

Al desconocer los mecanismos del contagio (faltaba mucho aún para Pasteur) hubo hombres como Bartolomé de las Casas —figura controvertida que habrá que analizar prescindiendo de esquemas simplificadores— que fueron víctimas del equívoco: al ver que aquellos pueblos disminuían drásticamente, sospecharon de las armas de sus compatriotas, cuando en realidad no eran las armas las asesinas, sino los virus. Se trata de un fenómeno de contagio mortífero observado más recientemente entre las tribus que permanecieron aisladas en la Guayana francesa y en la región del Amazonas, en Brasil.

La costumbre española de decir ¡*Jesús!*, a manera de augurio a quien estornuda, nace del hecho de que un simple resfriado (del cual el estornudo es síntoma) solía ser mortal para los indígenas que lo desconocían y para el que carecían de defensas biológicas.

4. Leyenda negra/3

«Las presiones de los judíos a través de los medios de comunicación y las protestas de los católicos empeñados en el diálogo con el judaísmo han tenido éxito. La causa de la beatificación de Isabel la Católica, reina de Castilla, recibió en estos días un imprevisto frenazo [...]. La preocupación por no provocar las reacciones de los israelíes, irritados por la beatificación de la judía conversa Edit Stein y por la presencia de un monasterio en Auschwitz, favoreció el que se hiciera una "pausa para reflexionar" sobre la conveniencia de continuar con la causa de la Sierva de Dios, título al que ya tiene derecho Isabel I de Castilla.»

Así dice un artículo publicado en *Il Nostro Tempo*, Orazio Petrosillo, informador religioso de *Il Messaggero*. Petrosillo recuerda que el frenazo del Vaticano llegó a pesar del dictamen positivo de los historiadores, basado en un trabajo de veinte años contenido en veintisiete volúmenes. «En estas cantidades ingentes de material —dice el postulador de la causa, Anastasio Gutiérrez— no se encontró un solo acto o manifestación de la reina, ya fuera público o privado, que pueda considerarse contrario a la santidad cristiana.» El padre Gutiérrez no duda en tachar de «cobardes a los eclesiásticos que, atemorizados por las polémicas, renuncian a reconocer la santidad de la reina». Sin embargo, Petrosillo concluye diciendo, «se tiene la impresión de que la causa difícilmente llegue a puerto».

Se trata de una noticia poco reconfortante. Sin embargo, no es la primera vez que ocurre; ciñéndonos a España, recordemos que Pablo VI bloqueó la beatificación de los mártires de la guerra civil, por lo que podemos comprobar que, una vez más, se consideró que las razones de la convivencia pacífica contrastaban con las de la verdad, que en este caso es atacada con una virulencia rayana en la difamación, no sólo por parte de los judíos (a los que en la época de Isabel les fue revocado el derecho a residir en el país), sino también por parte de los musulmanes (expulsados de Granada, su última posesión en tierras españolas), y por todos los protestantes y los anticatólicos en general, que desde siempre montan en cólera cuando se habla de aquella vieja España cuyos soberanos tenían derecho al título oficial de *Reyes Católicos*. Título que se tomaron tan en serio que una polémica secular identificó hispanismo y catolicismo, Toledo y Madrid con Roma.

En cuanto a la expulsión de los judíos, siempre se olvidan ciertos hechos, como por ejemplo, el que mucho antes de Isabel, los soberanos de Inglaterra, Francia y Portugal habían tomado la misma medida, y muchos otros países iban a tomarla sin las justificaciones políticas que explican el decreto español que, no obstante, constituyó un drama para ambas partes.

Es preciso recordar que la España musulmana no era en absoluto el paraíso de tolerancia que han querido describirnos y que, en aquellas tierras, tanto cristianos como judíos eran víctimas de periódicas matanzas. Sin embargo, está más que probado que si había que elegir entre dos males —Cristo o Mahoma— los judíos tomaron partido por este último, haciendo de quinta columna en perjuicio del elemento católico. De ahí surgió el odio popular que, unido a la sospecha que despertaban quienes formalmente habían abrazado el cristianismo para continuar practicando en secreto el judaísmo (los marranos), condujo a tensiones que con frecuencia degeneraron en sanguinarias matanzas espontáneas y continuas a las que las autoridades intentaban en vano oponerse. El Reino de Castilla y Aragón surgido del matrimonio de los reyes todavía no se había afianzado y no estaba en condiciones de soportar ni de controlar una situación tan explosiva, amenazado como estaba por una contraofensiva de los árabes que contaban con los musulmanes, a su vez convertidos por compromiso.

Desde el punto de vista jurídico, en España, y en *todos* los reinos de aquella época, los judíos eran considerados extranjeros y se les daba cobijo temporalmente sin derecho a ciudadanía. Los judíos eran perfectamente conscientes de su situación: su permanencia era posible mientras no pusieran en peligro al Estado. Cosa que, según el parecer no sólo de los soberanos sino también del pueblo y de sus representantes, se produjo con el tiempo a raíz de las violaciones de la legalidad por parte de los judíos no conversos como de los formalmente convertidos, por los cuales Isabel sentía una «ternura especial» tal que puso en sus manos casi toda la administración financiera, militar e incluso eclesiástica. Sin embargo, parece que los casos de «traición» llegaron a ser tantos como para no poder seguir permitiendo semejante situación.

En cualquier caso, como mantiene la postulación de la causa de santidad de Isabel, «el decreto de revocación del permiso de residencia a los judíos fue estrictamente político, de orden público y de seguridad del Estado, no se consultó en absoluto al Papa, ni interesa a la Iglesia el juicio que se quiera emitir en este sentido. Un eventual error político puede ser perfectamente compatible con la santidad. Por lo tanto, si la comunidad judía de hoy quisiera presentar alguna queja, deberá dirigirla a las autoridades políticas, suponiendo que las actuales sean responsables de lo actuado por sus antecesoras de hace cinco siglos».

Añade la postulación (no hay que olvidar que ha trabajado con métodos científicos, con la ayuda de más de una decena de investigadores que dedicaron veinte años a examinar más de cien mil documentos en los archivos de medio mundo): «La alternativa, el *aut-aut* "o convertirse o abandonar el Reino", que habría sido impuesta por los Reyes Católicos es una fórmula simplista, un eslogan vulgar: ya no se creía en las conversiones. La alternativa propuesta durante los muchos años de violaciones políticas de la estabilidad del Reino fue: "O cesáis en vuestros crímenes o deberéis abandonar el Reino."» Como confirmación ulterior tenemos la actividad anterior de Isabel en defensa de la libertad de culto de los judíos en contra de las autoridades locales, con la promulgación de un seguro real así como con la ayuda para la construcción de muchas sinagogas.

No obstante, resulta significativo que la expulsión fuera particularmente aconsejada por el confesor real, el muy difamado Tomás de Torquemada, primer organizador de la Inquisición, que era de origen judío. También resulta significativo y demostrativo de la complejidad de la historia el hecho de que, alejadas de los Reyes Católicos, aunque fuera por el clamor popular y por motivos políticos de legítima defensa, las familias judías más ricas e influyentes solicitaron y obtuvieron hospitalidad de la única autoridad que se la concedió con gusto y la acogió en sus territorios: el Papa. De esto sólo puede sorprenderse todo aquel que ignore que la Roma pontificia es la única ciudad del Viejo Continente en la que la comunidad judía vivió altibajos según los papas que les tocaron en suerte, pero que nunca fue expulsada ni siquiera por breve tiempo. Habrá que esperar al año 1944 y a que se produzca la ocupación alemana para ver, más de mil seiscientos años después de Constantino, a los judíos de Roma perseguidos y obligados a la clandestinidad; quienes consiguieron escapar lo hicieron en su mayoría gracias a la hospitalidad concedida por instituciones católicas, con el Vaticano a la cabeza.

El camino a los altares le está vedado a Isabel también por quienes terminaron por aceptar sin críticas la leyenda negra de la que hemos hablado y de la que seguiremos ocupándonos, y que abundan incluso entre las filas católicas. No se le perdona a la soberana y a su consorte, Fernando de Aragón, el haber iniciado el patronato, negociado con el Papa, con el que se comprometían a la evangelización de las tierras descubiertas por Cristóbal Colón, cuya expedición habían financiado. En una palabra, serían los dos Reyes Católicos los iniciadores del genocidio de los indios, llevado a cabo con la cruz en una mano y la espada en la otra. Y los que se salvaron de la matanza habrían sido sometidos a la esclavitud. Sin embargo, sobre este aspecto, la historia verdadera ofrece otra versión que difiere de la leyenda.

Veamos, por ejemplo, lo que dice Jean Dumont: «La esclavitud de los indios existió, pero por iniciativa personal de Colón, cuando tuvo los poderes efectivos de virrey de las tierras descubiertas; por lo tanto, esto fue así sólo en los primeros asentamientos que tuvieron lugar en las Antillas antes de 1500. Isabel la Católica reaccionó contra esta esclavitud de los indígenas (en 1496 Colón había enviado muchos a España) mandando liberar, desde 1478, a los esclavos de los colonos en las Canarias. Mandó que se devolviera a las Antillas a los indios y ordenó a su enviado especial, Francisco de Bobadilla, que los liberara, y éste a su vez, destituyó a Colón y lo devolvió a España en calidad de prisionero por sus abusos. A partir de entonces la política adoptada fue bien clara: los indios son hombres libres, sometidos como los demás a la Corona y deben ser respetados como tales, en sus bienes y en sus personas.»

Quienes consideren este cuadro como demasiado idílico, les convendría leer el codicilo que Isabel añadió a su testamento tres días antes de morir, en noviembre de 1504, y que dice así: «Concedidas que nos fueron por la Santa Sede Apostólica las islas y la tierra firme del mar Océano, descubiertas y por descubrir, nuestra principal intención fue la de tratar de inducir a sus pueblos que abrazaran nuestra santa fe católica y enviar a aquellas tierras religiosos y otras personas doctas y temerosas de Dios para instruir a los habitantes en la fe y dotarlos de buenas costumbres poniendo en ello el celo debido; por ello suplico al Rey, mi señor, muy afectuosamente, y recomiendo y ordeno a mi hija la princesa y a su marido, el príncipe, que así lo hagan y cumplan y que éste sea su fin principal y que en él empleen mucha diligencia y que no consientan que los nativos y los habitantes de dichas tierras conquistadas y por conquistar sufran daño alguno en sus personas o bienes, sino que hagan lo necesario para que sean tratados con justicia y humanidad y que si sufrieren algún daño, lo repararen.»

Se trata de un documento extraordinario que no tiene igual en la historia colonial de ningún país. Sin embargo, no existe ninguna historia tan difamada como la que se inicia con Isabel la Católica.

5. Leyenda negra/4

A Bartolomé de Las Casas se le atribuye la responsabilidad de la colonización española de las Américas. Un nombre que se saca siempre a relucir cuando se habla de las más afortunadas de sus obras, con un título que en sí constituye un programa: *Brevísima re-*

lación de la destrucción de las Indias. Una destrucción; si así define un español, para más señas fraile dominico, la conquista del Nuevo Mundo, ¿cómo encontrar argumentos en defensa de esa empresa? ¿Acaso el proceso no se cerró con un inapelable veredicto en contra para la colonización ibérica?

Pues no, no se cerró en absoluto. Es más, la verdad y la justicia imponen el que no se acepten sin críticas las invectivas de Las Casas; para usar la expresión que utilizan los historiadores más actualizados, ha llegado el momento de someterlo a una especie de proceso, a él, tan furibundo en los que iniciaba contra otros.

En primer lugar, ¿quién era Las Casas? Nació en Sevilla en 1474, hijo del rico Francisco Casaus, cuyo apellido delata orígenes judíos. Algunos estudiosos, al realizar un análisis psicológico de la personalidad compleja, obsesiva, «vociferante», siempre dispuesta a señalar con el dedo a los «malos», de Bartolomé Casaus, convertido luego en el padre Las Casas, han llegado incluso a hablar de un «estado paranoico de alucinación», de una «exaltación mística, con la consiguiente pérdida del sentido de la realidad». Juicios severos que, sin embargo, han sido defendidos por grandes historiadores como Ramón Menéndez Pidal.

Se trata de un estudioso español, por lo que se podría sospechar de parcialidad.

Pero William S. Maltby no es español, sino norteamericano de orígenes anglosajones, profesor de Historia de Sudamérica en una universidad de Estados Unidos, y en 1971 publicó un estudio sobre la «leyenda negra», los orígenes del mito de la crueldad de los «papistas» españoles. Maltby escribió, entre otras cosas, que «ningún historiador que se precie puede hoy tomar en serio las denuncias injustas y desatinadas de Las Casas» y concluye: «En resumidas cuentas, debemos decir que el amor de este religioso por la caridad fue al menos mayor que su respeto por la verdad.»

Ante este fraile que con sus acusaciones inició la difamación de la gigantesca epopeya española en el Nuevo Mundo, hubo quienes pensaron que tal vez sus orígenes judíos entraron en juego inconscientemente. Como si se tratara de un resurgir de la hostilidad ancestral contra el catolicismo, sobre todo el español, culpable de haber alejado a los judíos de la península Ibérica. Con demasiada frecuencia se escribe la historia dando por sentado que sus protagonistas se comportan pura y exclusivamente de forma racional y no se quiere admitir (¡precisamente en el siglo del psicoanálisis!) la influencia oscura de lo irracional, de las pulsiones ocultas incluso para los mismos protagonistas. Por lo tanto, es muy posible que ni siquiera Las Casas haya podido sustraerse a un inconsciente que, a través de la obsesiva difamación de sus compatriotas, incluidos sus hermanos religiosos, respondía a una especie de venganza oculta.

Sea como fuere, el padre de Bartolomé, Francisco Casaus, acompañó a Colón en su segundo viaje al otro lado del Atlántico, se quedó en las Antillas y, confirmando las dotes de habilidad e iniciativa semíticas, creó una gran plantación donde se dedicó a esclavizar a los indios, práctica que, como hemos visto, había caracterizado el primer período de la Conquista y, al menos oficialmente, sólo ese período. Después de cursar estudios en la Universidad de Salamanca, el joven Bartolomé partió con destino a las Indias, donde se hizo cargo de la pingüe herencia paterna, y hasta los treinta y cinco años o más, empleó los mismos métodos brutales que denunciaría más tarde con tanto ahínco.

Gracias a una conversión superaría esta fase para convertirse en intransigente partidario de los indios y de sus derechos. Tras su insistencia, las autoridades de la madre patria atendieron sus consejos y aprobaron severas leyes de tutela de los indígenas, lo que más tarde iba a tener un perverso efecto: los propietarios españoles, necesitados de abundante mano de obra, dejaron de considerar conveniente el uso de las poblaciones autóctonas que algún autor define hoy como «demasiado protegidas», y comenzaron a prestar atención a los holandeses, ingleses, portugueses y franceses que ofrecían esclavos importados de África y capturados por los árabes musulmanes.

La trata de negros (colosal negocio prácticamente en manos de musulmanes y protestantes) sólo afectó de forma marginal a las zonas bajo dominio español, en especial y casi en exclusiva, a las islas del Caribe. Basta con que viajemos por esas regiones cuya población, en la zona central y andina, es en su mayoría india y, en la zona meridional entre Chile y Argentina, exclusivamente europea, para que podamos comprobar que es raro encontrar negros, a diferencia del sur de Estados Unidos, Brasil y las Antillas francesa e inglesa.

Sin embargo, aunque en número reducido en comparación con las zonas bajo dominio de otros pueblos, los españoles comenzaron a importar africanos, entre otros motivos porque no se extendió a ellos la protección otorgada a los indios, implantada en tiempos de Isabel la Católica y perfeccionada posteriormente. Aquellos negros podían ser explotados (por lo menos en las primeras épocas, pues incluso a ellos les iba a llegar una ley española de tutela, cosa que nunca iba a ocurrir en los territorios ingleses), pero hacer lo mismo con los indios era ilegal (y las audiencias, los tribunales de los virreyes españoles, no solían ir con bromas). Se trata pues, de un efecto imprevisto y digamos que perverso de la encarnizada lucha emprendida por Las Casas que, si bien se batió noblemente por los indios, no hizo lo mismo por los negros a los que no dedicó una atención especial, cuando comenzaron a afluir, después de ser capturados en las costas africanas por los musulmanes y conducidos por los mercaderes de la Europa del norte.

Pero volvamos a su conversión, determinada por los sermones de denuncia de las arbitrariedades de los colonos (entre los que él mismo se encontraba) pronunciados por los religiosos —lo cual confirma la vigilancia evangélica ejercida por el clero regular—. Bartolomé de Las Casas se ordenó cura primero y luego dominico y dedicó el resto de su larga vida a defender la causa de los indígenas ante las autoridades de España.

Es preciso que reflexionemos, en primer lugar, sobre el hecho de que el ardiente religioso haya podido atacar impunemente y con expresiones terribles no sólo el comportamiento de los particulares sino el de las autoridades. Por utilizar la idea del norteamericano Maltby, la monarquía inglesa no habría tolerado siquiera críticas menos blandas, sino que habría obligado al imprudente contestatario a guardar silencio. El historiador dice también que ello se debió «además de a las cuestiones de fe, al hecho de que la libertad de expresión era una prerrogativa de los españoles durante el Siglo de Oro, tal como se puede corroborar estudiando los archivos, que registran toda una gama de acusaciones lanzadas en público —y no reprimidas— contra las autoridades».

Por otra parte, se reflexiona muy poco sobre el hecho de que este furibundo contestatario no sólo no fue neutralizado, sino que se hizo amigo íntimo del emperador Carlos V, y que éste le otorgó el título oficial de protector general de todos los indios, y fue invitado a presentar proyectos que, una vez discutidos y aprobados a pesar de las fuertes presiones en contra, se convirtieron en ley en las Américas españolas.

Nunca antes en la historia un profeta, tal como Las Casas se consideraba a sí mismo, había sido tomado tan en serio por un sistema político al que nos presentan entre los más oscuros y terribles.

6. Leyenda negra/5

Por lo tanto, las denuncias de Bartolomé de Las Casas fueron tomadas radicalmente en serio por la Corona española, lo cual la impulsó a promulgar severas leyes en defensa de los indios y, más tarde, a abolir la encomienda, es decir, la concesión temporal de tierras a los particulares, con lo que causó graves daños a los colonos.

Jean Dumont dice al respecto: «El fenómeno de Las Casas es ejemplar puesto que supone la confirmación del carácter fundamental y sistemático de la política española de protección de los indios. Desde 1516, cuando Jiménez de Cisneros fue nombrado regente, el gobierno ibérico no se muestra en absoluto ofendido por las denuncias, a veces injustas y casi siempre desatinadas, del dominico. El padre Bartolomé no sólo no fue objeto de censura alguna, sino que los monarcas y sus ministros lo recibían con extraordinaria paciencia, lo escuchaban, mandaban que se formaran juntas para estudiar sus críticas y sus propuestas, y también para lanzar, por indicación y recomendación suya, la importante formulación de las "Leyes Nuevas". Es más: la Corona obliga al silencio a los adversarios de Las Casas y de sus ideas.»

Para otorgarle mayor autoridad a su protegido, que difama a sus súbditos y funcionarios, el emperador Carlos V manda que lo ordenen obispo. Por efecto de las denuncias del dominico y de otros religiosos, en la Universidad de Salamanca se crea una escuela de juristas que elaborará el derecho internacional moderno, sobre la base fundamental de la «igualdad natural de todos los pueblos» y de la ayuda recíproca entre la gente.

Se trataba de una ayuda que los indios necesitaban de especial manera; tal como hemos recordado (y a menudo se olvida) los pueblos de América Central habían caído bajo el terrible dominio de los invasores aztecas, uno de los pueblos más feroces de la historia, con una religión oscura basada en los sacrificios humanos masivos. Durante las ceremonias que todavía se celebraban cuando llegaron los conquistadores para derrotarlos, en las grandes pirámides que servían de altar se llegaron a sacrificar a los dioses aztecas hasta 80 000 jóvenes de una sola vez. Las guerras se producían por la necesidad de conseguir nuevas víctimas.

Se acusa a los españoles de haber provocado una ruina demográfica que, como vimos, se debió en gran parte al choque viral. En realidad, de no haberse producido su llegada, la población habría quedado reducida al mínimo como consecuencia de la hecatombe provocada por los dominadores entre los jóvenes de los pueblos sojuzgados. La intransigencia y a veces el furor de los primeros católicos desembarcados encuentran una fácil explicación ante esta oscura idolatría en cuyos templos se derramaba sangre humana.

En los últimos años, la actriz norteamericana Jane Fonda que, desde la época de Vietnam intenta presentarse como «políticamente comprometida» defendiendo causas equivocadas, quiso sumarse al conformismo denigratorio que hizo presa de no pocos católicos. Si estos últimos lamentan (cosa increíble para quien conoce un poco lo que eran los cultos aztecas) lo que llaman «destrucción de las grandes religiones precolombinas», la Fonda fue un poco más allá al afirmar que aquellos opresores «tenían una religión y un sistema social mejores que el impuesto por los cristianos mediante la violencia».

Un estudioso, también norteamericano, le contestó en uno de los principales diarios, y le recordó a la actriz (tal vez también a los católicos que lloran por el «crimen cultural» de la destrucción del sistema religioso azteca) cómo era el ritual de las continuas matanzas de las pirámides mexicanas.

He aquí lo que le explicó: «Cuatro sacerdotes aferraban a la víctima y la arrojaban sobre la piedra de sacrificios. El Gran Sacerdote le clavaba entonces el cuchillo debajo del pezón izquierdo, le abría la caja torácica y después hurgaba con las manos hasta que conseguía arrancarle el corazón aún palpitante para depositarlo en una copa y ofrecérselo a los dioses. Después, los cuerpos eran lanzados por las escaleras de la pirámide. Al pie, los esperaban otros sacerdotes para practicar en cada cuerpo una incisión desde la nuca a los talones y arrancarles la piel en una sola pieza. El cuerpo despellejado era cargado por un guerrero que se lo llevaba a su casa y lo partía en trozos, que después ofrecía a sus amigos, o bien éstos eran invitados a la casa para celebrarlo con la carne de la víctima. Una vez curtidas, las pieles servían de vestimentas a la casta de los sacerdotes.»

Mientras que los jóvenes de ambos sexos eran sacrificados así por decenas de miles cada año, pues el principio establecía que la ofrenda de corazones humanos a los dioses debía ser ininterrumpida, los niños eran lanzados al abismo de Pantilán, las mujeres no vírgenes eran decapitadas, los hombres adultos, desollados vivos y rematados con flechas. Y así podríamos continuar con la lista de delicadezas que dan ganas de desearle a Jane Fonda (y a ciertos frailes y clericales varios que hoy en día se muestran tan virulentos contra los «fanáticos» españoles) que pasara por ellas y que después nos dijera si es verdad que «el cristianismo fue peor».

Algo menos sanguinarios eran los incas, los otros invasores que habían esclavizado a los indios del sur, a lo largo de la cordillera de los Andes. Como recuerda un historiador: «Los incas practicaban sacrificios humanos para alejar un peligro, una carestía, una epidemia. Las víctimas, a veces niños, hombres o vírgenes, eran estranguladas o degolladas, en ocasiones se les arrancaba el corazón a la manera azteca.»

Entre otras cosas, el régimen impuesto por los dominadores incas a los indios fue un claro precursor del «socialismo real» al estilo marxista. Obviamente, como todos los sistemas de este tipo, funcionaba tan mal que los oprimidos colaboraron con los pocos españoles que llegaron providencialmente para acabar con él. Igual que en la Europa oriental del siglo XX, en los Andes del siglo XVI estaba prohibida la propiedad privada, no existían el dinero ni el comercio, la iniciativa individual estaba prohibida, la vida privada se veía sometida a una dura reglamentación por parte del Estado. Y, a manera de toque ideológico «moderno», adelantándose no sólo al marxismo sino también al nazismo, el matrimonio era permitido sólo si se seguían las leyes eugenésicas del Estado para evitar «contaminaciones raciales» y asegurar una «cría humana» racional.

A este terrible escenario social, es preciso añadir que en la América precolombina nadie conocía el uso de la rueda (a no ser que fuera para usos religiosos), ni del hierro, ni se sabía utilizar el caballo que, al parecer, ya existía a la llegada de los españoles y vivía en algunas zonas en estado bravío, pero los indios no sabían cómo domarlo ni habían inventado los arreos. La falta de caballos significaba también la ausencia de mulas y asnos, de modo que si a ello se añade la falta de la rueda, en aquellas zonas montañosas todo el transporte, incluso el necesario para la construcción de los enormes palacios y templos de los dominadores, lo realizaban las hordas de esclavos.

Sobre estas bases los juristas españoles, dentro del marco de la «igualdad natural de todos los pueblos», reconocieron a los europeos el derecho y el deber de ayudar a las personas que lo necesitasen. Y no puede decirse que los indígenas precolombinos no estuviesen necesitados de ayuda. No hay que olvidar que por primera vez en la historia, los europeos se enfrentaban a culturas muy distintas y lejanas. A diferencia de cuanto harían los anglosajones, que se limitarían a exterminar a aquellos «extraños» que encontraron en el Nuevo Mundo, los ibéricos aceptaron el desafío cultural y religioso con una seriedad que constituye una de sus glorias.

7. Leyenda negra/6

Resulta significativo cuanto escribe el protestante Pierre Chaunu sobre la colonización española de las Américas y las denuncias como las de Las Casas: «Lo que debe sorprendernos no son los abusos iniciales, sino el hecho de que esos abusos se encontraran con una resistencia que provenía de todos los niveles —de la Iglesia, pero también del Estado mismo— de una profunda conciencia cristiana.»

De este modo, las obras como la *Brevísima relación de la destrucción de las Indias* de fray Bartolomé fueron utilizadas sin escrúpulos por la propaganda protestante y después, por la iluminista, cuando en realidad son —para utilizar las mismas palabras que Chaunu— «el más hermoso título de gloria de España». Estas obras constituyen el testimonio de la sensibilidad hacia el problema del encuentro con un mundo absolutamente nuevo e inesperado, sensibilidad que faltará durante mucho tiempo en el colonialismo protestante primero y «laico» después, gestionado por la brutal burguesía europea del siglo XIX, ya secularizada.

Hemos visto cómo, de la Corona para abajo, no sólo no se tomaban medidas contra una denuncia como la de Las Casas, sino que se trató de poner remedio con leyes que tutelasen a los indios del que el «denunciante» mismo sería proclamado protector general. El fraile surcaría el océano en doce ocasiones para hablar ante el gobierno de la madre patria en favor de sus protegidos; en todas esas ocasiones iba a ser honrado y escuchado y sus *cahiers de doléances* iban a ser trasladados a comisiones que posteriormente los utilizarían para redactar leyes, y a profesores que darían vida al moderno «derecho de gentes».

Nos encontramos ante un hecho inédito, que no tiene parangón en la historia de Occidente, y resulta mucho más sorprendente si se añade que Las Casas no sólo fue tomado en serio, sino que, probablemente, fue tomado *demasiado* en serio.

Hemos dicho ya que existe la sospecha —perfilada por quien ha estudiado su psicología— de que este convertido padecía de un «estado de alucinación», de una «exaltación mística». En palabras del norteamericano William S. Maltby, «las exageraciones de Las Casas lo exponen a un justo e indignado ridículo». O, por citar a Jean Dumont: «Ningún estudioso que se precie puede tomar en serio sus denuncias extremas.» Entre los miles de historiadores que existen, citaremos al laico Celestino Capasso: «Arrastrado por su tesis, el dominico no duda en inventarse noticias y en cifrar en veinte millones el número de indios exterminados, o en dar por fundadas noticias fantásticas como la costumbre de los conquistadores de utilizar a los esclavos como comida de los perros de combate...»

Como dice Luciano Perena, de la Universidad de Salamanca: «Las Casas se pierde siempre en vaguedades e imprecisiones. No dice nunca cuándo ni dónde se consumaron los horrores que denuncia, tampoco se ocupa de establecer si sus denuncias constituyen una excepción. Al contrario, en contra de toda verdad, da a entender que las atrocidades eran el único modo habitual de la Conquista.» Para él, personalidad pesimista y obsesiva, el mundo es en blanco y negro. Por una parte se encuentran sus malvados compatriotas, que son como fieras desenfrenadas; por la otra están los indígenas, vistos textualmente como «gente que no conoce sediciones o tumultos», que está «del todo desprovista de rencor, odio y deseo de venganza». En este sentido, se encuentra entre los predecesores del mito del «buen salvaje», tan querido por los iluministas del siglo XVIII como Rousseau, que sigue vigente en el actual e ingenuo tercermundismo según el cual todos los hombres son santos, siempre que no sean ni europeos ni norteamericanos, los únicos que nacen marcados por una culpa imperdonable.

Asombra en un fraile esta negación del pecado original, esta falta de realismo y de justicia: tendríamos, por una parte, a unos ángeles indefensos, y por la otra, a unos demonios despiadados. Entre otras cosas, el Hernán Cortés que puso fin al gran imperio de los aztecas y al que Las Casas presenta de forma pesimista (cosa que, al parecer, no merecía del todo), fue quien vio bajar de las pirámides el río de sangre humana de las víctimas sacrificadas. Una empresa como aquélla, de conquistadores como aquéllos, no se habría podido realizar jamás con buenas maneras; además, los españoles consideraban la dureza como algo sagrado porque de aquellas poblaciones «apacibles» según Las Casas, también formaban parte los aztecas —y también los incas, de los que se ocuparía Francisco Pizarro— con su costumbre de arrancarles el corazón a decenas de miles de jóvenes.

Como todos los utópicos, Las Casas no superó la prueba de la realidad; entre muchos otros privilegios, el gobierno le concedió el de tratar de poner en práctica, en territorios adecuados puestos a su disposición, su proyecto de evangelización basado sólo en el «diálogo» y las excusas. En todas las ocasiones, acabó con la exterminación de los misioneros o con su fuga, perseguidos por los «buenos salvajes» provistos de temibles flechas envenenadas. Como siempre que se intenta hacer realidad un sueño, se convierte en pesadilla.

Por citar a uno de sus más recientes biógrafos, Pedro Borgés, profesor de la Complutense de Madrid, Bartolomé se refugió otra vez en la irrealidad, «predicando siempre no lo que *se podía*, sino lo que se *debía haber* hecho». El mismo Borgés impide que pensemos que Las Casas es el precursor de una «teología de la liberación» al estilo marxista; como todo buen convertido, lo que le interesaba era la salvación eterna. Su obsesión por los indios no era para salvaguardar sus cuerpos, sino para salvar sus almas. Sólo si se los trataba de forma adecuada iban a aceptar el bautismo sin el cual habrían ido al infierno tanto ellos como los españoles. Nos encontramos pues exactamente en el lado contrario de quien hoy no ve más que la dimensión horizontal y que, por lo tanto, no tiene nada que ver con el místico Las Casas.

De todos modos, tal como reconoce Maltby, «fueran cuales fuesen los defectos de su gobierno, en la historia no hubo ninguna nación que igualara la preocupación de España por la salvación de las almas de sus nuevos súbditos». Hasta que la corte de Madrid no sufrió la contaminación de masones e «iluminados», no reparó en gastos ni en dificultades para cumplir con los acuerdos con el Papa, que había concedido los derechos de patronato a cambio del deber de evangelización. Los resultados hablan; gracias al sacrificio y al martirio de generaciones de religiosos mantenidos con holgura por la Corona, en las Américas se creó una cristiandad que es hoy la más numerosa de la Iglesia católica y que, a pesar de los límites propios de todas las cosas humanas, ha dado vida a una fe «mestiza», encarnada por el encuentro vital de distintas culturas. El extraordinario barroco del catolicismo latinoamericano es la muestra más evidente de que, a pesar de los errores y los horrores, una de las más grandes aventuras religiosas y culturales tuvo una feliz evolución. A diferencia de lo ocurrido en Norteamérica, en Sudamérica el cristianismo y las culturas precolombinas dieron vida a un hombre y a una sociedad realmente nuevos respecto a la situación precolombina.

A pesar de sus exageraciones, de sus generalizaciones ilícitas, de sus invenciones y difamaciones, Las Casas es testigo importante de un Occidente que no olvida las admoniciones evangélicas. Fue un abuso aislarlo del debate en curso entonces en la península Ibérica, para instrumentalizarlo como arma de guerra contra el «papismo», fingiendo ignorar que contra España se utilizaba la voz de un español (miembro de una orden nacida en España) escuchado y protegido por el gobierno y la Corona de esa misma España.

8. Leyenda negra/7

«Arma cínica de una guerra psicológica», es como define Pierre Chaunu el uso que las potencias protestantes hicieron de la obra de Las Casas. Las riendas de la operación antiespañola las llevó sobre todo Inglaterra, por motivos políticos pero también religiosos, pues en aquella isla, la separación de Roma efectuada por Enrique VIII había dado lugar a una Iglesia de Estado bastante poderosa y estructurada como para ponerse al frente de las demás comunidades reformadas de Europa. La lucha inglesa contra España fue vista así como la lucha del «Evangelio puro» contra «la superstición papista».

Los Países Bajos y Flandes desempeñaron un papel importante en esta operación de «guerra psicológica», pues estaban enzarzados en una lucha contra los españoles. Fue precisamente un flamenco, Theodor De Bry, quien diseñó los grabados que acompañarían una de las tantas ediciones realizadas en tierras protestantes de la *Brevísima relación*: dibujos truculentos, en los que los ibéricos aparecen entregados a todo tipo de sádicas crueldades contra los pobres indígenas. Dado que las imágenes de De Bry (que, como es lógico suponer, trabajó basándose en su imaginación) son prácticamente las únicas antiguas de la Conquista, y fueron reproducidas profusamente y continúan apareciendo incluso hoy en todos los manuales escolares, no hace falta precisar en qué medida contribuyeron a la formación de la leyenda negra.

Para añadir un elemento más a los muchos que ya se han citado, es preciso observar que nunca se reflexiona sobre lo que ocurrió después del dominio español. Ya se sabe que España fue invadida por Napoleón y que, a pesar de la resistencia tenaz e invencible que constituyó el primer síntoma del fin del imperio francés, tuvo que abandonar a sí mismos los extensos territorios americanos.

Al eclipsarse la estrella napoleónica, España reconquistó su gobierno pero ya era demasiado tarde para restablecer el *statu quo* en las tierras de ultramar. Resultaron inútiles los intentos de domar la revolución de los «criollos», es decir, de la burguesía blanca que había logrado radicarse en aquellas zonas. Esos burgueses acomodados eran los que desde siempre habían mantenido tensas relaciones con la Corona y el gobierno de la madre patria, acusados de «defender demasiado» a los indígenas y de impedir su explotación. La hostilidad de los criollos iba dirigida sobre todo contra la Iglesia, y en particular, contra las órdenes religiosas no sólo porque velaban para que se respetaran las leyes de Madrid que tutelaban a los indios sino también porque (incluso antes de Las Casas, la primera denuncia contra los conquistadores se hizo en el año 1511 en una iglesia con techo de paja de Santo Domingo y la pronunció el padre Antonio de Montesinos) siempre habían luchado para que dicha legislación fuese mejorada continuamente. ¿Se olvida acaso que las expediciones armadas para destruir las reducciones de los jesuitas habían sido organizadas por los terratenientes españoles y portugueses, los mismos que ejercieron fuertes presiones sobre sus respectivas Cortes y gobiernos para que la Compañía de Jesús fuese eliminada definitivamente?

Debido a esta oposición a la Iglesia, vista como aliada de los indígenas, la élite criolla que condujo la revolución contra la madre patria estaba profundamente contaminada por el credo masónico que dio a los movimientos de independencia un carácter de duro anticlericalismo —por no decir de anticristianismo—, que se mantuvo hasta nuestros días. Hasta el martirio de los católicos en México, por ejemplo, ocurrido en la primera mitad de nuestro siglo. Los libertadores, los jefes de la insurrección contra España fueron todos altos exponentes de las logias; por lo demás, en aquellas tierras se formó en la ideología francmasónica Giuseppe Garibaldi, destinado a convertirse en Gran Maestro de todas las masonerías. Un análisis de las banderas y los símbolos estatales de América latina permite comprobar la abundancia de estrellas de cinco puntas, triángulos, pirámides, escuadras y todos los elementos de la simbología de los «hermanos».

Resulta innegable el hecho de que en cuanto se liberaron de las autoridades españolas y de la Iglesia, los criollos invocaron los principios de hermandad universal masónica y de los «derechos del hombre» de jacobina memoria para liberarse de las leyes de tutela de los indios. Casi nadie dice la amarga verdad: pasado el primer período de la colonización ibérica, fatalmente duro por el encuentro-desencuentro de culturas tan distintas, no hubo ningún otro período tan desastroso para los autóctonos sudamericanos como el que se inicia en los albores del siglo XIX, cuando sube al poder la burguesía supuestamente «iluminada».

Al contrario de lo que quiere hacer creer, la leyenda negra protestante e iluminista, la opresión sin límites y el intento de destrucción de las culturas indígenas comienzan cuando la Iglesia y la Corona abandonan la escena. Desde entonces se inicia una obra sistemática de destrucción de las lenguas locales, para sustituirlas por el castellano, idioma de los nuevos dominadores que proclamaban haber asumido el poder «en nombre del pueblo». Pero era un «pueblo» constituido sólo por la exigua clase de los terratenientes de origen europeo.

A partir de entonces aparecen las medidas que nunca se habían implantado en el período colonial para impedir el mestizaje, la mezcla racial y cultural. Mientras la Iglesia aprobaba y alentaba los matrimonios mixtos, los gobiernos liberales se opusieron a ellos y, con frecuencia, los prohibieron.

Se comenzó así a seguir el ejemplo poco evangélico de las colonias anglosajonas del Norte, donde también, y no por casualidad, fue la masonería la que guió la lucha por la independencia. Se creó entonces un frente común entre las logias de la América septentrional y la meridional, primero para vencer a la Corona de España y después, a la Iglesia católica. De este modo nació la dependencia —que marcará toda la historia y que continúa hasta hoy— del Sur con respecto al Norte. Resulta curioso ver cómo los progresistas que señalan las culpas de la colonización católica española denuncian, al mismo tiempo, la dependencia de Estados Unidos de la América latina; es evidente que no se dan cuenta de que su doble protesta encierra una contradicción: mientras pudieron, los reyes de España y los papas fueron los grandes defensores de la identidad religiosa, social y económica de las zonas «católicas». El «protectorado» norteamericano quedó determinado por los criollos, «los ricos colonos que quisieron deshacerse de las autoridades españolas y religiosas para poder llevar a cabo sin impedimentos sus negocios». Así dice Franco Cardini a propósito de los norteamericanos cuya ayuda, a menudo oculta, solicitaron los «hermanos» en lucha contra la Corona y la Iglesia: «Baste recordar los desmanes que acompañaron la hegemonización de la zona panameña y la guerra de Cuba a finales del siglo XIX; baste recordar el constante apoyo norteamericano al gobierno laico mexicano que desde hace décadas mantiene una Constitución que, con su contexto más que anticlerical, anticatólico, humilla y ofende los sentimientos de la mayoría del pueblo mexicano, y cuando se perfilaba la posibilidad de que algo cambiara, EE. UU. apoyó a bandidos como Venustiano Carranza. Y no movieron un solo dedo durante la sanguinaria persecución anticatólica de los años veinte.» Ya se sabe que hoy en día el gobierno norteamericano favorece y financia el proselitismo de sectas protestantes que tiene el efecto de apartar al pueblo de sus tradiciones de casi medio milenio, lo cual constituye una grave violación de la cultura.

Los esfuerzos «racistas» realizados después de la salida de España quedaron plasmados simbólicamente en el arte; mientras que antes las dos culturas se habían entrelazado maravillosamente, dando vida a las obras maestras del barroco mestizo, con la llegada al poder de los iluministas volvieron a separarse. La extraordinaria arquitectura de las ciudades coloniales y de las misiones fue sustituida por la arquitectura de imitación europea de las nuevas ciudades burguesas, en las que ya no había sitio para los pobres indios.

9. La muerte de un inquisidor

El verano propicia las relecturas, sobre todo las de textos clásicos. Como tal se considera *La civilización del Occidente medieval* de Jacques Le Goff, que leí cuando se publicó en francés y que ahora, después de muchas ediciones en varias colecciones, Einaudi vuelve a presentar en edición de bolsillo. Aprovecho este día de verano para darle un repaso.

Entre los medievalistas laicos, Le Goff es uno de los santones pero no es ajeno a las *gaffes*, la más clamorosa de las cuales es la del asesoramiento histórico para la adaptación cinematográfica de *El nombre de la rosa* de Umberto Eco, quien tuvo que admitir que «su» Edad Media, la del libro, era históricamente más exacta que la reflejada en imágenes con el consejo «científico» de este tan homenajeado profesor francés. Pero Le Goff también es autor de *El nacimiento del Purgatorio*, obra que, a pesar de su apariencia severamente académica, hay que tomar con pinzas y está plagada de un deseo iconoclasta (si bien hábilmente enmascarado) hacia la pastoral y, sobre todo, el dogma católicos.

Volvamos a *La civilización del Occidente medieval*, donde tampoco faltan perspectivas sectarias, o más bien, falsedades propiamente dichas. Por ejemplo, en las páginas 102 y 103 de la última edición italiana, dice así: «Los dominicos y los franciscanos se convierten para muchos en símbolo de hipocresía; los primeros inspiran aún más odio por la forma en que se han puesto al frente de las represiones de la herejía, que por el papel asumido en la Inquisición. Una revuelta popular en Verona acaba cruelmente con el primer "mártir" dominico: san Pedro, llamado precisamente, Mártir, y la propaganda de la orden difunde su imagen con un cuchillo clavado en el cráneo.»

En relación a los franciscanos, la afirmación es difícilmente sostenible, sobre todo si se tienen en cuenta los límites que el mismo Le Goff puso a su trabajo: el centro mismo de la Edad Media, los siglos que van del X al XIII. Ahora bien, Francisco de Asís murió en 1226 y en lo que resta del siglo, entre el movimiento creado por él y las capas populares se produce una especie de idilio que durará bastante, e irá más allá de la Edad Media y llegará en cierto modo hasta nuestros días. No es casualidad que la publicidad misma recurra con frecuencia a la imagen de un fraile franciscano para algún anuncio cuando hace falta inspirar confianza y cautivar. ¿Acaso no era franciscano el padre Pío de Pietrelcina, protagonista del que probablemente fue uno de los movimientos devocionales «interclasistas» más amplios, intensos y duraderos, en los que participaron ricos y pobres, cultos e ignorantes?

Pero lo que en la frase de Le Goff no sólo es sectario sino falso es la alusión a un «odio» que acompañaría a los dominicos por haberse «puesto al frente de las represiones de la herejía» y «por el papel que asumieron en la Inquisición». Resulta sorprendente, además, que un medievalista tan considerado a nivel internacional tergiverse literalmente la verdad en relación con san Pedro de Verona.

Pero vayamos por orden. En primer lugar, la Inquisición no nace contra el pueblo sino para responder a una petición de éste. En una sociedad preocupada sobre todo por la salvación eterna, el hereje es percibido por la gente (comenzando por la gente corriente y analfabeta) como un peligro, del mismo modo que en culturas como la nuestra, que no piensan más que en la salud física, se consideraría peligroso a quien propagase enfermedades contagiosas mortales o envenenara el ambiente.

Para el hombre medieval, el hereje es el Gran Contaminador, el enemigo de la salvación del alma, la persona que atrae el castigo divino sobre la comunidad. Por lo tanto, y tal como confirman todas las fuentes, el dominico que llega para aislarlo y neutralizarlo, no se ve rodeado de «odio», sino que es recibido con alivio y acompañado por la solidaridad popular.

Entre las deformaciones más vistosas de cierta historiografía está la imagen de un «pueblo» que gime bajo la opresión de la Inquisición y espera con ansia la ocasión de liberarse de ella. Pero ocurre justamente lo contrario; si a veces la gente se muestra intolerante con el tribunal, no es porque sea opresivo sino todo lo contrario, porque es demasiado tolerante con personas como los herejes que, si hemos de atender a la *vox populi*, no merecen las garantías y la clemencia de la que los dominicos hacen gala. Lo que en realidad querría la gente es acabar con el asunto deprisa, deshacerse sin demasiados preámbulos de aquellas personas para las que los jueces de sayo multiplican las garantías legales.

Antes de la propagación protestante del siglo XVI, entre la proliferación de movimientos herejes medievales, existe uno solo que parece afectar a amplias capas populares de algunas zonas; se trata del de los cátaros albigenses cuya erradicación exigió una «cruzada» especial en Provenza. Pero, tal como recuerda el mismo Le Goff, el liderazgo albigense no fue asumido por el pueblo, sino por la nobleza de la Francia meridional que, mediante la propaganda o la coacción, contribuyó a que la herejía se extendiera al pueblo. Y fue por un motivo bien poco religioso, según confirma el historiador: «La nobleza ansiaba rebelarse contra la Iglesia, porque aumentaba los casos de imposibilidad de matrimonio por consanguinidad, provocando la consiguiente subdivisión de los dominios territoriales de la aristocracia.» En una palabra, lo que querían era casarse en familia para no desprenderse de sus bienes.

Pero volvamos al párrafo sacado de *La civilización del Occidente medieval*: «Una revuelta popular en Verona acaba cruelmente con el primer "mártir" dominico: san Pedro, llamado precisamente, Mártir, y la propaganda de la orden difunde su imagen con un cuchillo clavado en el cráneo», dice textualmente Le Goff.

Resulta sorprendente; el futuro santo nace, efectivamente, en Verona, pero lo matan el 6 de abril de 1252 en Brianza, cerca de Meda, exactamente en un lugar boscoso denominado Farga, cuando viajaba de Como a Milán en compañía de otro religioso, al que también asesinaron. Por lo tanto, Verona no tiene nada que ver, porque no fue allí donde murió.

Tampoco tiene nada que ver una presunta «revuelta popular». Nombrado inquisidor por el Papa mismo, para luchar contra la herejía «patarina» o «cátara», Pedro fue asesinado en una emboscada que le tendieron en el bosque dos de esos herejes, *longa manus* de una conjura secreta tramada contra él. Los dos asesinos se arrepintieron espontáneamente de su acción y acabaron entrando en la orden de los dominicos.

Esta conversión fue determinada, entre otras cosas, por la reacción popular al homicidio; precisamente el pueblo que, según Le Goff, se habría sublevado para acabar cruelmente con el «malvado inquisidor», le tributa de inmediato uno de los más extraordinarios triunfos de devoción que recuerde la historia de la santidad. Milán, que acudía en masa a escuchar sus sermones, se echó a la calle al enterarse de que llegaba su cuerpo y acto seguido se entrega a un culto de tal alcance que son las mismas autoridades laicas de la ciudad las que envían una delegación al Papa para que sea reconocida la santidad de Pedro.

A la comisión creada por Inocencio IV para indagar sobre la *vox populi* le basta muy poco para tomar una decisión porque el 9 de marzo de 1253, es decir, apenas once meses después de su muerte, Pedro, el inquisidor, es inscrito en el catálogo de mártires y luego en el de santos. Es tal el reconocimiento de los milaneses que, gracias a una suscripción popular, en Sant'Eustorgio se construye un monumento sepulcral que se encuentra entre una de las obras maestras del gótico italiano.

En cuanto a la imagen «con un cuchillo clavado

en el cráneo», como dice Le Goff, se puede decir que todas las crónicas contemporáneas refieren que Pedro fue asesinado precisamente con un golpe de *falcastro*, nombre que le dan los documentos antiguos al arma parecida a una guadaña, que le encuentran clavada en mitad de la cabeza. Nada tiene que ver pues «la propaganda», se trata simplemente del respeto a una realidad histórica.

Vladimir J. Koudelka, historiador dominico contemporáneo, escribió: «No debemos maravillarnos si en los historiadores modernos encontramos afirmaciones falsas sobre este santo.» No, no nos maravillamos, sabemos muy bien que san Pedro mártir está ligado a la palabra inquisidor, que parece justificar todo tipo de imprecisiones históricas.

10. Inquisidores

En un artículo de fondo de Indro Montanelli leemos: «La del chivo expiatorio era la técnica utilizada por la Inquisición en los siglos oscurantistas, cuando al populacho exasperado por alguna peste o carestía se le indicaba alguna bruja o algún untador, o presunto culpable de extender la peste, para que sobre ellos desahogara su rabia enviándolos a la hoguera.»

Montanelli tiene muchos méritos, todos estamos en deuda con él porque cultiva con lealtad y, a menudo, con valentía, el arte del inconformismo. Pero por desgracia, en este caso él también cae en un conformismo de manual «laico, democrático y progresista».

En efecto, todo aquel que conozca la verdadera historia sabe que ocurría exactamente lo contrario; la Inquisición no intervenía para excitar al populacho sino, al contrario, para defender de sus furias irracionales a los presuntos untadores o a las presuntas brujas. En caso de agitaciones, el inquisidor se presentaba en el lugar seguido por los miembros de su tribunal y, con frecuencia, por una cuadrilla de sus guardias armados. Lo primero que hacían estos últimos era restablecer el orden y mandar a sus casas a la chusma sedienta de sangre.

Acto seguido, y tomándose todo el tiempo necesario, practicando todas las averiguaciones, aplicando un derecho procesal de cuyo rigor y de cuya equidad deberíamos tomar ejemplo, se iniciaba el proceso. En la gran mayoría de los casos y tal como prueban todas las investigaciones históricas, dicho proceso no terminaba con la hoguera sino con la absolución o con la advertencia o imposición de una penitencia religiosa. Quienes se arriesgaban a acabar mal eran aquellos que, después de las sentencias, volvían a gritar: «¡Abajo la bruja!» o «¡Abajo el untador!». Y hablando de untadores, el recuerdo de la lectura de *Los novios* debería bastar para que supiésemos que la caza fue iniciada y sostenida por las autoridades laicas, mientras que la Iglesia desempeñó un papel por lo menos moderado, cuando no escéptico.

Como se ve, en este caso la verdad histórica tampoco cuenta para nada cuando se trata de difamar el presente o el pasado católicos.

11. Manzoni y España

Creo que tienen razón quienes, desde su punto de vista, desean que por decreto ministerial se elimine la novela *Los novios* de los programas de estudio.

Me remonto a mi pequeña experiencia de estudiante alejado entonces de todo tipo de iglesias y de toda identificación religiosa, alumno de un liceo turinés que, desde hace más de un siglo, es quizá el mayor santuario del laicismo italiano intransigente. Hacía tiempo había hecho otra lectura privada de la *Historia milanesa del siglo XVII*, cuando tuve que estudiarla, capítulo por capítulo, durante nueve meses, en el aula desnuda del «Massimo d'Azeglio». Esas páginas funcionaron incluso con el adolescente de quinto curso del bachillerato clásico que se creía ajeno a las preocupaciones fideístas. Aunque no de inmediato y de forma explícita, todo hay que decirlo, sino con efecto retardado, depositándose tenaces en el fondo de la memoria y de la conciencia para volver a aparecer un buen día, de golpe y con una fuerza inesperada.

Como para exorcizar la edición de *Los novios* aparecida en su colección de Clásicos, el editor Giulio Einaudi la publicó precedida por una larga introducción de Alberto Moravia, que intentó rebajar de categoría al gran libro pasándolo de la literatura al ensayo confesional, de la poesía a la propaganda devocional, diciendo que en él no podía haber verdadero arte porque no era más que un catecismo enmascarado de relato. Con mucha más dignidad, Francesco de Sanctis había dicho que la humanidad de las páginas de Manzoni no estaba cubierta por el cielo sino por las bóvedas siempre mezquinas, por más altas y solemnes que fuesen, de una catedral. Y Benedetto Croce dijo: «Es un relato de exhortación moral de los pies a la cabeza, medido y guiado con pulso firme hacia ese único fin; sin embargo, parece espontáneo y natural, por más que los críticos se empeñen en analizarlo y discutirlo como una novela de inspiración y de factura poética, entrando así en contradicciones inextricables y tornando oscura una obra que por sí sola es muy clara.»

El mismo Manzoni había dicho que era clara, al señalar que el estímulo que lo había impulsado a escribir era «la esperanza de algún bien». En su caso no se le aplicaba aquello del «arte por el arte», sino el arte al servicio de la caridad, la mayor de todas las cuales es la caridad de la verdad.

Dado que, a mi parecer, mi experiencia privada de lector coincide con la de tantos otros que estaban «alejados»: sólo Dios sabe cuántos entre los que descubrieron la fe tuvieron ocasión de recitar las páginas de *Los novios*, de experimentar los dramas espirituales de Lodovico, que se convierte en padre Cristoforo y del Innombrable que, al final de su angustiosa noche, oye cual lejana llamada a una vida nueva, el tañido de unas campanas.

Por lo tanto, es cierto, este libro es peligroso, y se comprende por qué hay gente que quiere quitárselo a los estudiantes. Con la sabiduría de su arte sumiso, a cada generación le sugiere una posibilidad de lo Eterno, le propone una ocasión inaudita, hace resplandecer la esperanza de una existencia distinta y más humana en la que encontrar la frescura de la mañana. Parafraseando el capítulo décimo: «Es una de las facultades singulares e incomunicables de la religión cristiana el poder guiar y consolar a quienquiera que, en cualquier coyuntura, en cualquier término acuda a ella... Es un camino tan recorrido, que, sea cual sea el laberinto, el precipicio desde donde el hombre llegue a él, una vez que por él da un paso, puede a partir de entonces caminar con seguridad y buena gana, y llegar gratamente a un grato fin.»

Esta «facultad singular», este «camino tan recorrido» son puestos ante quien lee y hacen del libro uno de los instrumentos de evangelización más eficaces, de manera que, dejando de lado injustas desmitificaciones artísticas, no parece que les falte razón a los De Sanctis, los Croce, los Moravia, temerosos de propagandas cristianas.

A propósito de razones o falta de ellas, no la tuvo Manzoni al ofrecer una imagen sin luces de la Italia «española», imagen que condiciona para siempre el juicio del lector.

Ya sabemos cómo las fuerzas más poderosas y activas del mundo moderno se unieron para crear la leyenda negra de una España patria de la tiranía, del fanatismo, de la codicia, de la ignorancia política, de la jactancia arrogante y estéril.

Para los protestantes, sobre todo para los anglicanos, fue cuestión de vida o muerte mantener con una guerrilla psicológica la guerra contra el Gran Proyecto de los Habsburgo de España: una Europa unida por una cultura latina y católica. La difamación sistemática de la colonización española acompañó muchos de los tenaces intentos ingleses por apropiarse del imperio sudamericano.

Para los iluministas, los *libertins* del siglo XVIII y más tarde, para todos los «progresistas» y todas las masonerías de los siglos XIX y XX, España fue la tierra aborrecida del catolicismo como religión de Estado, de la Inquisición, de los monjes y los místicos. Para los comunistas, España significaba la derrota de los años treinta. El judaísmo tampoco olvidó nunca no sólo la antigua expulsión sino las leyes que, hasta tiempos recientes, impidieron que regresasen al otro lado de los Pirineos.

Queda el hecho de que una campaña tenaz y secular se ha encargado de proyectar la luz más negativa posible sobre este pueblo que, allá donde llegó, dejó siempre a su paso tierras católicas. Incluso en Asia, donde los españoles consiguieron lo que nadie había conseguido antes, fuera católico o protestante: la conversión al cristianismo, duradera y en masa, de toda una región, la de las Filipinas, con la excepción de Mindanao, que siguió siendo musulmana. Son cosas que cierta cultura no puede perdonar. Volveremos sobre el tema hacia el final de este libro.

Los lectores ignoran a menudo que al hablar de España y de los españoles, Manzoni se dejó llevar por un cierto iluminismo (del que se desvinculó del todo sólo en su última obra, la implacable e inacabada arenga contra la Revolución francesa) que lo indujo a cargar las tintas en exceso.

Por ejemplo, unos estudios minuciosos e insospechables demostraron que el vicario de suministros por cuenta del virrey español en la carestía de 1629, que en la novela aparece como un bribón y un cobarde, fue en realidad Lodovico Melzi, un joven y culto milanés, hombre estudioso y enérgico, que se prodigó al máximo para asegurar que la ciudad tuviese pan.

En las escenas de tumultos de San Martino, el capitán de Justicia aparece descrito con un aire caricaturesco, o algo peor; en realidad se trataba también de un milanés, un tal Giambattista Visconti, magistrado temido y apreciado por su valor, su rigor y su equidad y, entre otras cosas, por escritor y poeta.

Debemos a Fausto Nicolini, el gran historiador, amigo y discípulo favorito de Croce (y por lo tanto, en estos temas, nada sospechoso de parcialidad) unos estudios decisivos sobre Milán, Nápoles y, en general, toda la Italia bajo el dominio español. Es preciso analizar el juicio global de una época sobre la cual se ciernen nuestros prejuicios, de los que es culpable Manzoni.

Así escribe Nicolini, seguidor de Croce y devoto exclusivamente de la «religión de la libertad»: «No fue *ignorante* una dominación extranjera como la española que, a pesar de las insidias internas y externas de todo tipo, supo consolidarse y durar dos siglos. No fue *débil* una dominación extranjera que, al arrancar de sus provincias itálicas la mala hierba de la anarquía feudal, logró salvaguardar nuestra Península del inminente peligro turco y, al mismo tiempo, mantener intacta la unidad religiosa sin la cual esa política le habría resultado mucho más difícil en otro momento. Fue mucho menos *tiránica* de lo que comúnmente se cree una dominación extranjera habitualmente respetuosa de las instituciones políticas y administrativas locales y rígida impartidora de justicia. Fue curiosamente *explotadora* una dominación extranjera a la cual, a pesar de las personales gestas rufianescas de ciertos virreyes y gobernadores, y una vez hechas las cuentas, las provincias italianas le costaban más de lo que le rendían. En cierto sentido, me atrevo a decir que fue incluso *benéfica* esta dominación extranjera que, a pesar de su culpa fundamental de ser, precisamente, extranjera, consiguió cierta gratitud de los italianos aunque no fuera más que por estos dos motivos: por haberle evitado a gran parte de Italia, en el momento en que era incapaz de una vida autónoma, el mal mayor de pasar a ser provincia francesa, o directamente franco-otomana, y al proclamarse la independencia de las Sicilias reconquistadas, por haber dado a toda Italia el primer y más fuerte impulso para liberarse de cualquier otro extranjero.»

Así escribía Nicolini a mediados de los años treinta. Desde entonces otros estudios, evidentemente desconocidos por la *vulgata* de muchos libros de texto, las confirmaron. Por lo tanto, parece que queda claro que sin los dos siglos de presencia española que fueron del XVI al XVII, Sicilia se habría vuelto musulmana y Cerdeña y parte del sur italiano la habrían seguido. En cuanto a la Italia del norte, casi sin lugar a dudas habría quedado devastada por las guerras de religión entre católicos y reformados que estallaron en otras partes de Europa. El Piamonte, y puede incluso que la Liguria, habrían quedado anexionados al reino de Francia.

Sorprende que ese patriota que fue Manzoni, aun a riesgo de ser excomulgado, miembro del primer Senado de la Italia unida, no haya comprendido este papel histórico de un gran país, condenado obstinadamente con la expresión convertida en canónica, *el desgobierno español.*

12. Los iberos

Jules Michelet, historiador progresista y anticlerical del siglo XIX, profeta de la laica «religión de la humanidad», observa que la orden de los dominicos, fundada por el castellano Domingo de Guzmán en la

Edad Media, fue la principal columna al servicio del papado romano. Más tarde, con el cambio de era, este papel de tropa fiel pasó a la orden de los jesuitas, fundada por el vasco Ignacio de Loyola.

Ha pasado un siglo desde que Michelet escribiera sus obras, nos encontramos en el umbral de una nueva época y parecería que esa función esté pasando a otra institución religiosa, el Opus Dei, creada por el aragonés José María Escrivá de Balaguer. Por lo tanto, parece ser que de la península Ibérica salen siempre los hombres que tienen como singular carisma su fidelidad a Roma.

Por lo demás, no se trata de un papel iniciado con el cristianismo; los emperadores romanos buscaban en España a los soldados de absoluta confianza que formaban su guardia personal, y que eran los únicos por los que no temían ser traicionados. La península Ibérica no sólo fue para Roma la primera posesión fuera de Italia, sino que se integró con tal profundidad y espontaneidad a la cultura latina que prácticamente hizo desaparecer todo rastro de la lengua y la religión existentes antes de la llegada de las legiones. Es muy poco lo que se sabe de los iberos prerromanos. Sin embargo, resulta interesante notar que algunos de los mejores emperadores y escritores latinos venían de allí.

En una palabra, España parece tener en la historia un papel (al que nos hemos referido ya) opuesto al que desempeñó Alemania; en esta última existió la tentación constante de la revuelta contra Roma; en la primera, una tendencia de más de dos mil años a servir a Roma con fidelidad, ya fuera que en Roma reinaran césares o papas.

¿Acaso no será ésta una de las enigmáticas constantes de la historia, algunas de las cuales hemos analizado ya?

13. Mártires en España

El Papa beatificó como mártires por la fe a once víctimas de la guerra civil española. No hace mucho, les correspondió el turno a otras veintiséis. La serie de beatificaciones comenzó el 22 de marzo de 1986, con el decreto de aprobación del martirio de tres carmelitas de Guadalajara. Durará mucho todo esto, dado que los procesos en curso son más de cien, muchos de ellos de grupo, y se refieren en su conjunto a 1 206 víctimas de la persecución anarco-socialista-comunista de los años treinta.

Ya se sabe que uno de los marcos que distinguen al mundo es el de dividir no sólo a los vivos sino también a los muertos; no todos los muertos, y mucho menos todos los mártires, son iguales; están los que deben ser venerados y recordados y los que hay que olvidar.

Por desgracia, esta perspectiva tan mundana, porque está ligada al poder político y cultural vigente en cada momento, parecía haber contaminado a una parte de la institución eclesiástica. En efecto, hubo unos años en los que una especie de silencio incómodo (cuando no un distanciamiento manifiesto por parte de cierta publicidad católica) se precipitó sobre la terrible matanza de la que fueron víctimas en la España de la guerra civil más de 6 832 personas entre curas, religiosas, monjas y miles de laicos, que murieron por el solo hecho de ser creyentes. Así, a partir de los años sesenta, y tal como escribe monseñor Justo Fernández Alonzo, director del Centro Español de Estudios Eclesiásticos, «motivos de oportunidad aconsejaron moderar el curso de los procesos de beatificación ya iniciados; sólo a partir de principios de los años ochenta volvieron a tener vía libre».

Hicieron falta el valor y el amor por la verdad de Juan Pablo II para reabrir una página de la historia que muchos, incluso ciertas fuerzas poderosas de la misma Iglesia, hubieran preferido que continuase cerrada para siempre.

Actualmente, el final del comunismo por autodisolución y la consiguiente relajación de la presión ejercida por una historiografía marxista tendenciosa que imponía un temor reverencial deberían favorecer una relectura objetiva del papel de la Iglesia en España, devastada primero por la guerra civil y sojuzgada después por el autoritarismo franquista. Ese régimen, apresuradamente definido como «fascista» y equiparado incluso con el nazismo, cuando en realidad estaba muy lejos del paganismo racial que distingue a este último, y de la idolatría al Estado de hegelismo casero, que aflora en el fascismo italiano, ese régimen decíamos, logró mantener a España fuera de la segunda guerra mundial a pesar de las presiones de Hitler y Mussolini, y no se distinguió por una actitud belicosa hacia el exterior. El final de Francisco Franco y de su régimen no es de ningún modo comparable al sangriento de Ceaucescu en Rumania ni a la quiebra económica y social de la Europa comunista. El rey Juan Carlos de Borbón, al que el socialista y fanático republicano Sandro Pertini consideraba como uno de los mejores jefes de Estado, fue elegido para la sucesión y preparado concienzudamente para ocupar el trono por el viejo caudillo. Sucesión que se produjo sin traumas, en un clima de pacificación y sobre bases económicas que permitieron a España situarse en estos años entre los países del mundo de crecimiento más rápido; todas estas cosas estuvieron espectacularmente ausentes en los países del Este, donde todo está por reconstruir, tanto en el plano de la economía como en el plano moral, mientras que los ánimos se encuentran aún sordamente divididos.

No se trata más que de unas ideas para una reflexión futura que juzgue con serenidad una agria polémica que tiene casi medio siglo, contra una Iglesia que habría favorecido a un presunto «Anticristo» de Madrid, sobre el que el historiador inglés contemporáneo Paul Johnson, de estricta tendencia demócrata-liberal, escribe: «Franco siempre estuvo decidido a mantenerse al margen de la guerra, que consideraba una terrible calamidad y, sobre todo, una guerra que para él, católico convencido, representaba la fuente de todos los males del siglo, al ser conducida por Hitler y Stalin. En septiembre de 1939, declaró la absoluta neutralidad de España y aconsejó a Mussolini que hiciera lo mismo. El 23 de octubre de 1940, cuando se reunió con Hitler en Hendaya, lo recibió con frialdad, por no decir con desprecio. Hablaron hasta las dos de la madrugada y no se pusieron de acuerdo en nada.»

Sean cuales fueren las conclusiones a las que lleguen sobre el franquismo los historiadores del futuro, desde siempre está claro que los procesos canónicos bloqueados por Roma y reiniciados ahora por un Papa que «no se amolda al mundo», van más allá de toda consideración política. Lo que conduce a incluir a esas víctimas en la lista de mártires, que luego se propondrán para la veneración y la imitación de los creyentes, es un motivo exclusivamente religioso; lo que se debe valorar no son unas motivaciones políticas, sino si la matanza se realizó por odio a la fe y si fue aceptada pacientemente por amor a Cristo y por fidelidad a él, tal vez con el explícito perdón de los asesinos.

Lo que es cierto es que en la España republicana la matanza de católicos (y sólo de católicos, porque las iglesias y pastores protestantes no fueron tocados) no tuvo por finalidad castigar a hombres específicos y sus presuntas culpas. Constituyó un intento de hacer desaparecer a la Iglesia misma. Como escribe el historiador de izquierdas Hugh Thomas: «Nunca en la historia de Europa y quizá en la del mundo, se había visto un odio tan encarnizado hacia la religión y sus hombres.» Y, para citar a otro estudioso fuera de sospecha y, además, testigo directo, como Salvador de Madariaga (antifranquista convencido, partidario del gobierno republicano y exiliado después de la derrota): «Nadie que tenga buena fe y buena información puede negar los horrores de aquella persecución: durante años, bastó únicamente el hecho de ser católico para merecer la pena de muerte, infligida a menudo en las formas más atroces.»

Hubo casos como el del párroco de Navalmoral, sometido al mismo suplicio que Jesús, comenzando por la flagelación y la corona de espinas hasta llegar a la crucifixión, en el que el martirizado también se comportó como Cristo, bendiciendo y perdonando a los milicianos anarquistas y comunistas que lo atormentaban. Hubo casos de religiosos a los que encerraron en la plaza de toros y les cortaron las orejas como en las corridas. Hubo casos de cientos de curas y monjas a los que quemaron vivos. A una mujer «culpable» de ser madre de dos jesuitas la ahogaron haciéndole tragar un crucifijo. En un momento dado, en el frente llegó a faltar la gasolina, utilizada con profusión para quemar no sólo a los hombres, sino las obras de arte y las antiguas bibliotecas de la Iglesia, un desastre cultural provocado por un odio ciego hacia la fe. Pero no era la primera vez que se producían hechos similares; lo mismo ocurrió con el vandalismo francés jacobino y con el del *Risorgimento* italiano.

Los partidos y movimientos republicanos (anarquistas, comunistas, pero en su mayoría socialistas que se distinguirían más tarde en la guerra como feroces demagogos) que subieron al poder en 1931 favorecieron de inmediato el clima de odio religioso que, en sólo diez días de la insurrección de Asturias de 1934, dio como resultado la matanza de 12 sacerdotes, 7 seminaristas, 18 religiosos y el incendio de

58 iglesias. A partir de julio de 1936, la matanza se generalizó: se dio muerte en las formas más atroces a 4 184 sacerdotes diocesanos (incluyendo seminaristas), 2 365 frailes, 283 monjas, 11 obispos, un total de 6 832 víctimas «clericales». Se cuentan por decenas de miles los laicos asesinados por el solo hecho de llevar una medalla religiosa con la imagen de un santo. En ciertas diócesis como la de Barbastro, en Aragón, en un solo año fue eliminado el 88 % del clero diocesano.

La casa de las salesianas de Madrid fue asaltada e incendiada y las religiosas fueron violadas y apaleadas después de ser acusadas de darles caramelos envenenados a los niños. Los cuerpos de las monjas de clausura fueron exhumados y expuestos en público como escarnio. Se llegó al extremo de recuperar barbaries cartaginesas como la de atar a una persona viva a un cadáver y dejarla al sol, hasta que ambos se pudrieran. En las plazas se fusilaba incluso a las estatuas de los santos y las hostias consagradas eran utilizadas de forma obscena.

Sin embargo, durante décadas, incluso un cierto sector católico consideró que en la tragedia española quien debía ser perdonada y olvidarlo todo era la Iglesia y no los anarquistas, los socialistas y los comunistas. Se rechazaba con un cierto disgusto la idea del martirio de esos inocentes, hasta el punto de bloquear los procedimientos.

Sin embargo, aunque en este mundo la verdad parezca débil, a la larga resulta invencible. Y las liturgias de beatificación y canonización como las que proliferan en San Pedro comienzan a hacer que surja plenamente.

II. ESPAÑA Y AMÉRICA: MÁS LEYENDA NEGRA

14. América: ¿«lenguas cortadas»?

Como ejemplo clamoroso y actual del olvido (o manipulación) de la historia, como señal de una verdad cada vez más en peligro, pensemos en lo que ha ocurrido a la vista de 1992, el año del Quinto Centenario del desembarco de Cristóbal Colón en las Américas. Ya hemos hablado ampliamente de ello. Aquí nos limitamos a examinar un aspecto concreto de ese acontecimiento.

Anticipemos ya que el descubrimiento, la conquista y la colonización de América latina —central y meridional— vieron el trono y el altar, el Estado y la Iglesia estrechamente unidos. En efecto, ya desde el principio (con Alejandro VI), la Santa Sede reconoció a los reyes de España y de Portugal los derechos sobre las nuevas tierras, descubiertas y por descubrir, a cambio del «Patronato»: es decir, la monarquía reconocía como una de sus tareas principales la evangelización de los indígenas, y se encargaba de la organización y los gastos de la misión. Un sistema que también presentaba sus inconvenientes, limitando por ejemplo, en muchas ocasiones, la libertad de Roma; pero que sin embargo resultó muy eficaz —por lo menos hasta el siglo XVIII, cuando en las cortes de Madrid y Lisboa empezaron a ejercer influencia los «filósofos» ilustrados, los ministros masones— porque la monarquía se tomó muy en serio la tarea de difusión del Evangelio.

Por lo tanto, las polémicas que ya han nacido sobre este pasado implican también a la Iglesia, por su estrecho vínculo con el Estado, en la acusación de «genocidio cultural». Que, ya se sabe, siempre empieza por el «corte de la lengua»: o sea la imposición a los más débiles del idioma del conquistador.

Pero tal acusación sorprenderá a quien tenga conocimiento de lo que realmente pasó. A propósito de esto escribió cosas importantes el gran historiador (y filósofo de la historia) Arnold Toynbee, no católico y por lo tanto fuera de toda sospecha. Este célebre estudioso observaba que, atendiendo su fin sincero y desinteresado de convertir a los indígenas al Evangelio (objetivo por el cual miles de ellos dieron la vida, muchas veces en el martirio), los misioneros en todo el imperio español (no sólo en Centro y Sudamérica, sino también en Filipinas), en lugar de pretender y esperar que los nativos aprendieran el castellano, empezaron a estudiar las lenguas indígenas.

Y lo hicieron con tanto vigor y decisión (es Toynbee quien lo recuerda) que dieron gramática, sintaxis y transcripción a idiomas que, en muchos casos, no habían tenido hasta entonces ni siquiera forma escrita. En el virreinato más importante, el de Perú, en 1596 en la Universidad de Lima se creó una cátedra de quechua, la «lengua franca» de los Andes, hablada por los incas. Más o menos a partir de esta época, nadie podía ser ordenado sacerdote católico en el virreinato si no demostraba que conocía bien el quechua, al que los religiosos habían dado forma escrita. Y lo mismo pasó con otras lenguas: el náhuatl, el guaraní, el tarasco...

Esto era acorde con lo que se practicaba no sólo en América, sino en el mundo entero, allá donde llegaba la misión católica: es suyo el mérito indiscutible de haber convertido innumerables y oscuros dialectos exóticos en lenguas escritas, dotadas de gramática, diccionario y literatura (al contrario de lo que pasó, por ejemplo, con la misión anglicana, dura difusora solamente del inglés). Último ejemplo, el somalí, que era lengua sólo hablada y adquirió forma escrita (oficial para el nuevo Estado después de la descolonización) gracias a los franciscanos italianos.

Pero, como decíamos, son cosas que ya debería saber cualquiera que tenga un poco de conocimiento de la historia de esos países (aunque parecían ignorarlo los polemistas que empezaron a gritar a la vista de 1992).

Pero en estos años un profesor universitario español, miembro de la Real Academia de la Lengua, Gregorio Salvador, ha vertido más luz sobre el asunto. Ha demostrado que en 1596 el Consejo de Indias (una especie de ministerio español de las colonias), frente a la actitud respetuosa de los misioneros hacia las lenguas locales, solicitó al emperador una orden para la castellanización de los indígenas, o sea una política adecuada para la imposición del castellano. El Consejo de Indias tenía sus razones a nivel administrativo, vistas las dificultades de gobernar un territorio tan extenso fragmentado en una serie de idiomas sin relación el uno con el otro. Pero el emperador, que era Felipe II, contestó textualmente: «No parece conveniente forzarlos a abandonar su lengua natural: sólo habrá que disponer de unos maestros para los que quisieran aprender, voluntariamente, nuestro idioma.» El profesor Salvador ha observado que detrás de esta respuesta imperial estaban, precisamente, las presiones de los religiosos, contrarios a la uniformidad solicitada por los políticos.

Tanto es así que, precisamente a causa de este freno eclesiástico, a principios del siglo XIX, cuando empezó el proceso de separación de la América española de su madre patria, sólo tres millones de personas en todo el continente hablaban habitualmente el castellano.

Y aquí viene la sorpresa del profesor Salvador. «Sorpresa», evidentemente, sólo para los que no conocen la política de esa Revolución francesa que tanta influencia ejerció (sobre todo a través de las sectas masónicas) en América latina: es suficiente observar las banderas y los timbres estatales de este continente, llenos de estrellas de cinco puntas, triángulos, escuadras y compases.

Fue, en efecto, la Revolución francesa la que estructuró un plan sistemático de extirpación de los dialectos y lenguas locales, considerados incompatibles con la unidad estatal y la uniformidad administrativa. Se oponía, en esto también, al *Ancien Régime*, que era, en cambio, el reino de las autonomías también culturales y no imponía una «cultura de Estado» que despojara a la gente de sus raíces para obligarla a la perspectiva de los políticos e intelectuales de la capital.

Fueron pues los representantes de las nuevas repúblicas —cuyos gobernantes eran casi todos hombres de las logias— los que en América latina, inspirándose en los revolucionarios franceses, se dedicaron a la lucha sistemática contra las lenguas de los indios. Fue desmontado todo el sistema de protección de los idiomas precolombinos, construido por la Iglesia. Los indios que no hablaban castellano quedaron fuera de cualquier relación civil; en las escuelas y en el ejército se impuso la lengua de la Península.

La conclusión paradójica, observa irónicamente Salvador, es ésta: el verdadero «imperialismo cultural» fue practicado por la «cultura nueva», que sustituyó la de la antigua España imperial y católica. Y por lo tanto, las acusaciones actuales de «genocidio cultural» que apuntan a la Iglesia hay que dirigirlas a los «ilustrados».

15. El oro de Colón

Más sobre el oro; pero no negro: amarillo. Encontrarlo era el sueño supremo de Cristóbal Colón y de sus patrocinadores, Fernando e Isabel, los «Reyes Católicos». Gente de fe sincera, verdaderos creyentes —más allá de las debilidades humanas— en Jesús, el pobre por antonomasia. Entonces ¿por qué este afán? Los historiadores no nos lo dicen. En su misticismo, Colón (para quien se habló incluso de un proceso de beatificación) no estaba motivado en absoluto por razones comerciales, sino religiosas: no sólo quería llevar el Evangelio a otros pueblos, sino también encontrar en las Indias occidentales el oro para financiar una nueva gran cruzada, que llevaría a los españoles a cruzar el estrecho de Gibraltar, invadiendo el África musulmana, y desde allí avanzar hacia Jerusalén, para reconquistar el Sepulcro perdido trescientos años antes.

Hasta recordó a los reyes en su testamento el compromiso para esta cruzada, que no se realizó sobre todo por el estallido de la Reforma protestante, que dividió para siempre la comunidad cristiana. Es un elemento más que pocos conocen y que viene a corroborar las motivaciones religiosas, frente a las económicas y políticas (tal como quiere la historia laicista), de la marcha hacia Occidente de la catolicísima y difamada España.

16. Entre Sudamérica y Europa del Norte

En América latina, nos dicen, la Iglesia católica «está con los pobres». Pero los pobres no están con la Iglesia: millones de ellos se han pasado —y siguen pasando, miles y miles cada día— a las sectas duramente anticatólicas que vienen de Estados Unidos; o, como en Brasil, a los cultos animistas y sincretistas. En el continente que antes era «el más católico del mundo», el protestantismo (en sus versiones «oficiales» o en las versiones enloquecidas del fundamentalismo americano) está en camino de convertirse estadísticamente en mayoría, si se mantiene el ritmo actual de abandono de la Iglesia romana.

Nos encontraríamos frente a uno de esos «resultados catastróficos de la catequesis y la pastoral» de los que muchas veces ha hablado el cardenal Ratzinger. En efecto, los que han analizado las causas de la «gran huida» —y que lo han hecho en el territorio, enfrentándose a la realidad, más que a esquemas teóricos— han constatado que la «demanda» religiosa sudamericana se dirige a otra parte porque la «oferta» católica no la satisface. En breve: la gente (y más la del mitificado pueblo) ya no está en sintonía con una Iglesia que ha acentuado tanto su compromiso político, social, de justicia y bienestar terrenales, que ha llegado a ofuscar su dimensión directamente religiosa.

En fin, el cura comicial, sindicalista y politizado ya no basta para satisfacer la necesidad de una esfera sagrada, trascendente y de esperanza eterna: de aquí la búsqueda alternativa en sectas que se exceden en lo contrario, rechazando cualquier compromiso con la realidad social, para anunciar una salvación que llegará sólo al final de la historia, en el momento del regreso glorioso de Cristo, o en un paraíso al que sólo se puede acceder por la puerta angosta de la muerte.

Como siempre, pues, los efectos concretos se han revelado el exacto contrario de las previsiones de muchos. Transformar el Evangelio en un manual para la «liberación» sociopolítica, seguramente gratifica a los teólogos, pero no convence a los que querían «liberarse», que por lo tanto se dirigen a otro sitio, donde puedan encontrar satisfacción a su necesidad de adorar, rezar y esperar en algo más duradero y profundo que las reformas económicas de siempre.

No hace falta tampoco, para conservar a los «pobres», cierto masoquismo católico actual. Hay frailes, e incluso obispos, que encabezaron movimientos de protesta contra las celebraciones del Quinto Centenario de la Conquista ibérica del 1492: escuchándolos, parece que habría sido mucho mejor dejar a los indígenas de las Américas con sus sangrientos cultos idolátricos tradicionales, sin «molestarlos» con el anuncio del Evangelio.

Estamos así ante el espectáculo de hombres de Iglesia empeñados en difamar cuanto puedan lo que su propia Iglesia hizo en el pasado, sin concederle atenuantes históricos y ni siquiera intentar discernir la verdad de la calumnia, la «leyenda negra» de los hechos concretos.

Y mientras los católicos así se flagelan, los indios pasan a los cultos de los misioneros norteamericanos: esos que más motivos tendrían para autoacusarse, ya que (hemos hablado mucho de ello), a diferencia de la colonización ibérica, que a pesar de sus errores y horrores llevó a la compenetración de las culturas, la anglosajona llevó al genocidio, al indio aceptable sólo una vez muerto.[1]

Pero los pastores protestantes *gringos* no hacen ninguna autocrítica: anuncian (a su manera) a Cristo, el perdón, la salvación y la vida eterna; y esto es lo que les importa a los descendientes de los indios. Así que en Centro y Sudamérica ya han abandonado el catolicismo unos cuarenta millones de personas. Y muchos más escogen cada día el mismo camino.

Es un adiós pronunciado ya, por otra parte, por muchas personas que viven en un contexto socioeconómico completamente diferente: en Holanda, por ejemplo.

Testimonio del clima que reina entre los restos y el desierto de la que fue una de las religiones más

1. Véase «2. Leyenda negra/1», pp. 21 y ss.

77

ejemplares, valientes y fervorosas del mundo, es también la carta que tengo encima de mi escritorio, que me ha enviado por fax un lector desde Amsterdam.

Es un profesor italiano, empeñado desde hace meses en un solitario duelo con la KRO, la radiotelevisión «católica» (donde el adjetivo, precisa el amigo, hay que ponerlo, desde hace tiempo, entre comillas). Los «ex» y las «ex», que (según la persona que me ha escrito) componen la casi totalidad de la plantilla de la KRO, habían decidido celebrar la Navidad emitiendo la película *El nombre de la rosa*, adaptación de la novela de Umberto Eco.

Ahora bien: tal como me confirmó el mismo Eco en una entrevista, la novela quería ser un ajuste de cuentas con su pasado católico, una manera de expresar mediante una sugestiva forma narrativa los «venenos» (palabras del propio escritor) de la duda agnóstica y ateísta. Me dijo, entre otras cosas, como una confesión abierta: «Éste es el germen del libro: hacía años que tenía ganas de matar a un fraile...» Y añadió que la novela era una especie de «manifiesto» de la «meditada apostasía» del catolicismo en su juventud.

Esta intención anticristiana, filtrada —en la página escrita— por la habilidad artística de Eco, se convirtió en mera propaganda anticlerical en su transcripción cinematográfica, cuyo resultado no convenció ni al mismo escritor. Marco Tangheroni, buen conocedor de aquella época, profesor de historia medieval en la Universidad de Pisa, escribió: «La descripción de la Iglesia de la época que se hace en la película es completamente falsa. La película acoge y lleva a sus extremos la antigua, engañosa visión de la Edad Media, creada por odio anticatólico entre los siglos XVIII y XIX, para deformar deliberadamente un período glorioso y luminoso de la historia de la humanidad.»

Ésta, pues, era la película que la televisión «católica» holandesa proponía para «edificar» a sus espectadores en el día de Navidad. Frente a las protestas obstinadas y públicas de mi lector —y de algún superviviente más en el naufragio de una Iglesia que quería ser maestra de «modernidad» y ha acabado en la catástrofe actual, entre otras cosas con la mitad de los niños sin bautizar— se decidió aplazar la emisión del 25 al 29 de diciembre. Pero la película se emitirá igualmente por la cadena «católica». El profesor italiano me comenta que de todas formas no piensa renunciar a su batalla.

No querríamos desanimarlo revelándole que en el grupo de empresas de radiotelevisión que aseguraron la producción de la película, destacaba, como cabeza de lista, la Rete Uno de la RAI, el canal democristiano, según el reparto político. Y revelándole, además, que la primera *laurea honoris causa* que Eco recibió por *El nombre de la rosa*, le fue concedida por la Universidad de Lovaina, que, por lengua e historia, tiene estrechos vínculos con la cercana Holanda. La Universidad de Lovaina, por si alguien lo ha olvidado, es una de las universidades «católicas» más antiguas y prestigiosas. Por dos veces, en este siglo, el pueblo creyente de esos países se entregó con sacrificio a su reconstrucción, después de la primera y la segunda guerra mundiales. A veces, uno se pregunta si estos curas, profesores y notables saben quiénes entre los católicos —y con qué fin— siguen asegurándoles (tal vez con la pobre ofrenda de los fieles) pan, estatus social, poder...

Otra *laurea* llegó para nuestro profesor Eco: la de la Universidad Jesuita americana. Y el Centro Católico Cinematográfico Italiano dio juicio positivo a la película que mi lector no quería ver en las pantallas «católicas» holandesas. Estamos con él. Pero ¿no deberíamos sentirnos ridículos donquijotes luchando en semejantes batallas?

17. Cristeros

Se lee (y se escucha) todo tipo de cosas sobre el Quinto Centenario del descubrimiento de América.

El aniversario ha generado un río de palabras, en el que se mezclan verdades y leyendas, intuiciones profundas y consignas superficiales. Lo que más entristece es la actitud de ciertos religiosos —sobre todo del hemisferio norte, europeo y americano— quienes, a pesar de la caída repentina de aquel marxismo que habían abrazado con entusiasmo de conversos, siguen aplicando sus falaces y desastrosas categorías interpretativas. Hasta hay frailes y monjas que públicamente critican a los misioneros cristianos por haber destruido esas bonitas idolatrías precolombinas, esos fetichismos feroces que —es el caso de los aztecas— tenían como base indispensable el sacrificio humano colectivo. En su opinión, quizás, habría sido mucho mejor que estos pueblos no hubieran entrado nunca en contacto con esa manía peligrosa de sus hermanos de entonces de considerar importante el anuncio de Cristo y del Evangelio.

Pero en el conjunto de lo insulso, falso y no cristiano (aunque defendido por quien se presenta como «cristiano», y más que cualquier otro, pues se llama a sí mismo «defensor de los oprimidos»), destacan algunas publicaciones que merecen nuestra atención.

Entre otras, la traducción, publicada por Ares, de la obra de Alberto Caturelli, eminente profesor de Filosofía en la universidad argentina de Córdoba. El libro —con el título *El nuevo mundo redescubierto*— es una extraordinaria mezcla de metafísica, historia y teología: el resultado es una lograda y esclarecedora reflexión, porque analiza lo que pasó en las Américas en línea con una «teología de la historia», de la cual carecen los creyentes desde hace demasiado tiempo, con el resultado de hacerlos insignificantes.

Es un destino frente al cual Jean Dumont también intenta reaccionar, con su pequeño, denso y nervioso libro, provocativamente «católico» ya desde el título: *El Evangelio en las Américas. De la barbarie a la civilización*. La traducción italiana es de Edizioni Edieffe, la misma editorial que publicó la atrevida traducción del panfleto sobre la Revolución francesa del mismo Dumont (del que hablaremos más adelante), y el implacable *Le génocide franco-français* de Reynald Secher.

Es Jean Dumont quien recuerda el caso de México, muchas veces olvidado, a los «nuevos» católicos en vena masoquista, a esos creyentes que juzgan la epopeya del anuncio de la fe en tierras americanas sólo como una guerra de masacre y conquista, disfrazada de seudoevangelización.

Se trata de acontecimientos recientes, de hace unos decenios, que sin embargo parecen enterrados bajo una cortina de olvido y silencio. Aquí están curas y frailes contándonos por enésima vez las atrocidades, ciertas o presuntas, de los conquistadores del siglo XVI, y callando, al mismo tiempo, de manera obstinada, lo de los *cristeros* del siglo XX. Un silencio no casual, porque precisamente los *cristeros*, con su multitud de mártires indígenas, desmontan el esquema que da por forzada y superficial la evangelización de América latina.

Tratemos, pues, de refrescar un poco la memoria. Como ya hemos recordado en capítulos dedicados a la «leyenda negra» antiespañola, a principios del siglo XIX la burguesía criolla, es decir de origen europeo, luchó para liberarse de la Corona española y de la Iglesia, y tener así las manos libres para explotar a los indios, ya sin el estorbo de los gobernadores de Madrid y los religiosos. Es un «movimiento de liberación» (pero sólo para los blancos privilegiados) reunido alrededor de las logias masónicas locales, sustentadas por los «hermanos francmasones» de la

América anglosajona del Norte, que precisamente a partir de ahora empieza su despiadado proceso de colonización del Sur «latino».[1]

Las nuevas castas en el poder en las antiguas provincias españolas llevan a cabo una legislación anticatólica, enfrentándose con la resistencia popular, constituida en su mayoría por aquellos indios o mestizos que —según el esquema actual— habrían sido bautizados a la fuerza y desearían volver a sus cultos sangrientos. En México las leyes «jacobinas» y la primera insurrección «católica» son del período entre 1858 y 1862.

A principios de nuestro siglo el jacobinismo liberal se hace aliado del socialismo y el marxismo locales, de manera que «entre 1914 y 1915 los obispos fueron detenidos o expulsados, todos los sacerdotes encarcelados, las monjas expulsadas de sus conventos, el culto religioso prohibido, las escuelas religiosas cerradas, las propiedades eclesiásticas confiscadas. La Constitución de 1917 legalizó el ataque a la Iglesia y lo radicalizó de manera intolerable» (Félix Zubillaga).

Cabe señalar que aquella Constitución (todavía en vigor, al menos formalmente: en sus viajes a México, las autoridades llamaron a Juan Pablo II siempre y sólo *señor* Woityla) no fue sometida a la aprobación del pueblo. Que no solamente no la habría aprobado, sino que en seguida dio a conocer su posición: primero mediante la resistencia pasiva y luego con las armas, en nombre de la doctrina católica tradicional, según la cual es lícito resistir con la fuerza a una tiranía insoportable.

Empezaba así la epopeya de los *cristeros*, así llamados, despectivamente, porque delante del pelotón de fusilamiento morían gritando: *¡Viva Cristo Rey! ¡Viva Cristo y Nuestra Señora de Guadalupe!* Los in-

1. Véase «8. Leyenda negra/7», pp. 48 y ss.

surrectos, que (igual que sus hermanos de la Vendée) militaban bajo las banderas con el Sagrado Corazón, llegaron a desplegar 200 000 hombres armados, apoyados por las *Brigadas Bonitas*, las brigadas femeninas para la sanidad, la subsistencia y las comunicaciones.

La guerra estalló entre 1926 y 1929. Y si al final el gobierno se vio obligado a aceptar un compromiso (y los *bandoleros* católicos, no obstante los éxitos, tuvieron que obedecer, contra su voluntad, a la orden de la Santa Sede y deponer las armas), fue porque la resistencia a la descristianización había penetrado hasta el fondo en todas las clases sociales: estudiantes y obreros, amas de casa y campesinos. Mejor dicho, en palabras de un historiador imparcial, «no hubo ni un solo campesino que, directa o indirectamente, no diera apoyo a los *cristeros*».

Al contrario de las revoluciones marxistas, que en ninguna parte del mundo y nunca ni siquiera en América latina pudieron realmente llegar al pueblo (esto fue evidente, por ejemplo, en Nicaragua, cuando se le dio voz al pueblo), la *Cristiada* mexicana fue un movimiento popular, profundo y auténtico. Centenares de hombres y mujeres de todas las clases sociales se dejaron masacrar para no tener que renunciar a *Cristo Rey* y a la devoción por la gloriosa Virgen de Guadalupe, madre de toda América latina. Murió fusilado, entre otros, aquel padre Miguel Agustín Pro, al que el Papa beatificó en 1988.

La resistencia más heroica se dio precisamente entre los indios del México central, que había sido cuna de los aztecas y de sus cultos negros; mientras que la casta de los «sin Dios», en el gobierno, venía de las regiones del norte, escasamente cristianizadas a causa de la supresión, en el siglo XVIII, de las misiones jesuitas.

La lucha de los *cristeros* en defensa de la fe fue una de las más heroicas de la historia, y ha llegado, aunque en formas no tan cruentas, hasta nuestros días. A pesar de la Constitución «atea» vigente en México desde 1917, quizás en ningún otro sitio Juan Pablo II ha tenido una acogida de masas más sincera y festiva. Y ningún santuario del mundo es tan visitado como el de Guadalupe.

¿Cómo explican esta fidelidad los que nos quieren convencer de que hubo una evangelización forzada, que se impuso la fe usando el crucifijo como un garrote?

III. LA REVOLUCIÓN FRANCESA Y LA IGLESIA

18. Derechos del hombre/1

Mirando la televisión francesa (se ve bien en Milán), voy a parar al mismo debate de siempre sobre los «derechos humanos».

Participa también un sacerdote, un teólogo. En realidad, escuchándolo, parece uno de esos intelectuales transalpinos más preocupados por su imagen de personas inteligentes y al día, que solidarios (o por lo menos coherentes) con su Iglesia. Uno de esos que corren el riesgo de hacer de la «ciencia de Dios» —la que Tomás de Aquino practicaba metiendo, para inspirarse, su gran cabeza en un tabernáculo— una ideología a plasmar según los gustos de la época, como si tuviesen ante todo un fin: obtener la aprobación («¡Bravo! ¡Bien!») de aquel Constantino de hoy que es el tirano mediático, sin la cual le niegan a uno el sitio en las mesas redondas.

El guión es el de siempre: el clérigo exhibiéndose en excusas contritas por una Iglesia tan grosera y miope que no celebró desde el primer momento y sin reservas los «inmortales principios» proclamados por la Revolución francesa en 1789 y luego confirmados en la «Declaración universal» aprobada por las Naciones Unidas en 1948. Igual que un Pedrito arrepentido, el reverendo jura que esto no sucederá más: ahora los católicos se han hecho «adultos» y han comprendido cuán equivocados estaban ellos y cuánta razón tenían los demás. «Los demócratas» pueden estar tranquilos: a su lado tendrán curas como éste, conscientes de que el Evangelio no es más que «la primera, la más solemne declaración de derechos humanos». Dice exactamente eso.

He vivido un tiempo suficiente para no dejarme impresionar demasiado. Tenía yo la edad de la razón, ya desde hacía mucho tiempo, cuando el marxismo parecía triunfador y se creía que el nacimiento del hombre nuevo y de la historia nueva había que fijarlos deferentemente en 1917, en San Petersburgo. En aquellos tiempos no se organizaban mesas redondas sobre la «libertad» burguesa nacida de la Revolución francesa (o, si se prefiere, de la americana), sino sobre la «justicia» proletaria. Recuerdo muy bien a teólogos como el de esta noche —y los intelectuales junto a él— ironizando sobre los «derechos puramente formales», la «libertad ilusoria», aquel «vender humos en beneficio de la clase burguesa» que fue, en palabras de Marx, la Declaración de 1789. ¡Cuántos católicos «modernos» teorizaban, ante la complacencia de los medios de comunicación, que la Iglesia traicionaría la humanidad y la cita decisiva con la historia si no se transformaba en una especie de «Sección católica de la Internacional comunista»! ¡Cada parroquia, cada diócesis tenía que convertirse en un soviet!

Pero el viento cambia, y los intelectuales con él, incluso los eclesiásticos. He aquí entonces los mismos nombres, las mismas caras, con los mismos tonos perentorios, reclamando una reorganización de la Iglesia como «Sección católica de la Internacional liberalmasónica». En efecto (documentos en la mano), antes de ser proclamada por la Asamblea Nacional francesa, la «Declaración de los derechos del hombre» fue elaborada en las logias y en las «socie-dades del pensar», donde —entre delantales, paletas y triángulos— se reunía la burguesía europea «ilus-trada».

Mientras que hasta hace muy poco se consideraba la Biblia entera como el manifiesto de la justicia so-cial y el «manual del proletario» (hasta hubo estudio-sos especializados en «nuevas lecturas del Evangelio desde el enfoque del materialismo dialéctico»), ahora esa misma Biblia no sería otra cosa que el manual del *liberal*, el motivo de inspiración para los que creen en la sociedad democrática de tipo norteuro-peo.

El modelo al que la Iglesia debería adecuarse ya no es el soviet, sino el Parlamento elegido por sufra-gio universal. Antes, según la opinión de algunos eclesiásticos, toda la obra de Marx-Engels tenía que ser la base de una nueva religión universal al servicio de la justicia. Ahora —en opinión de sus seguidores— la nueva religión capaz de unir a los hombres es úni-camente la de los derechos humanos, del lema *liberté, égalité, fraternité*. Por lo tanto, profetas del Verbo ya no son los bolcheviques, sino esos jacobinos y giron-dinos hacia quienes el marxismo dirigió, durante más de un siglo, duras injurias, tratándolos como a las moscas en el carro de la burguesía.

Ventajas de la edad: como ya he conocido las in-transigencias «proletarias», no me dejo conmover por los actuales entusiasmos «liberales». Los oí cuando arremetían contra los iniciadores —franceses o ame-ricanos— de la «democracia formal» del 1700. ¿Cómo podría impresionarme su enamoramiento actual por los réprobos de ayer, su renegar de 1917 para «volver a descubrir» el 1789?

No soy (desgraciadamente) cartujo, pero aquí, en mi despacho, tengo el emblema de aquella orden glo-riosa, que en mil años nunca quiso revisar sus reglas

(*Cartusa numquam reformata, quia numquam defor-mata*, por decirlo a su manera, humildemente orgu-llosa: la Cartuja nunca reformada, ya que nunca fue deformada). Debajo del emblema, el famoso lema: *Stat crux, dum volvitur orbis*, la cruz permanece firme, mientras el mundo da vueltas. No todos, cier-tamente, están llamados a esta apacible imperturba-bilidad, vocación de una élite que ha recibido «la buena parte, que no le será quitada» (Lc. 10, 42). Pero incumbe sobre todos los cristianos el deber de ser conscientes de que «el mundo da vueltas»; que la indulgente ironía de quienes saben que los tiempos cambian mientras el Evangelio permanece igual debe combinarse —en difícil síntesis— con la atención por la actualidad.

Y como hoy forman parte de la actualidad aque-llos «derechos del hombre» que los masones del si-glo XVIII y los funcionarios de la ONU del siglo XX quisieron proclamar, habrá que interrogarse sobre el tema. ¿Por qué la Iglesia desconfió de ellos durante tanto tiempo? ¿Por qué la primera encíclica que pa-rece aceptarlos —la *Pacem in terris* de 1963— se preo-cupa de advertir: «En algún punto estos derechos han provocado objeciones y han sido objeto de reservas justificadas»?

Intentaremos esbozar una respuesta en los párra-fos que siguen.

19. Derechos del hombre/2

Vamos a tratar entonces de esclarecer el tema, tan in-flado desde hace algún tiempo, de los «derechos del hombre», tal como se entienden en la Declaración de 1789 y en la de las Naciones Unidas de 1948.

En su significado actual, la palabra «derecho», que no existe en el latín clásico (el *jus* es otra cosa), es bastante reciente. Algunos afirman que su origen no se remonta más allá de los siglos XVI-XVII.

La perspectiva anterior, basada en una visión religiosa, prefería hablar de «deberes». En efecto, toda la tradición judeo-cristiana también se basa en una «Declaración», pero que concierne a «los *deberes* del hombre»: es el Decálogo, la ley que Dios entregó a Moisés.

El mismo Jesús no habla de «derechos»: al contrario, protagonista positivo de sus parábolas es el servidor, que obedece fielmente a su amo sin discusiones. Y uno de sus mayores elogios lo recibe el centurión de Cafarnaum, que expone una visión de la vida y del mundo basada totalmente en la obediencia —por lo tanto, en los «deberes»— y no en las reivindicaciones —los «derechos»—: «Porque también yo, que soy un subordinado, tengo soldados a mis órdenes, y digo a éste: "Ve", y él va; a aquél: "Ven", y viene; y a mi criado: "Haz esto", y lo hace.» «Jesús se admiró al oírlo...» (Mt. 8, 9-10).

Inútil recordar las palabras de Pablo a los Romanos: «Todos han de someterse a las potestades superiores; porque no hay potestad que no esté bajo Dios, y las que hay han sido ordenadas por Dios. Por donde el que resiste a la potestad, resiste a la ordenación de Dios; y los que resisten se hacen reos de juicio» (Rom. 13, 1-2). Según Pablo, de manera coherente con toda la estructura bíblica, la mujer tiene obligaciones con el hombre, el esclavo con su amo, el creyente con los responsables de la Iglesia, los jóvenes con los ancianos; y todos las tienen el uno con el otro y con Dios.

«Yo, por mi parte, no me he aprovechado de nada de eso; ni escribo esto para que se haga así conmigo; porque mejor me fuera morir antes que nadie me prive de esta mi gloria.» Esto dice el apóstol en la Primera Carta a los Corintios (1 Cor. 9, 15): por lo tanto, si alguien puede legítimamente reconocerse a sí mismo algún «derecho», renunciar a éste será una «gloria». En 1910, volviendo a afirmar la doctrina católica, san Pío X escribía en una carta a los obispos de Francia: «Predicadles ardidamente sus obligaciones tanto a los potentes como a los débiles. La cuestión social estará más cerca de su solución cuando los unos y los otros, menos exigentes en sus derechos respectivos, cumplan sus deberes con mayor precisión.»

En esta misma perspectiva, como cristiano, se encontraba Aleksandr Solzhenitsin cuando —en el discurso que pronunció en Harvard en 1978, que convertiría en desconfianza la simpatía que hasta entonces le había otorgado la *intelligentsia* occidental— pedía a todo el mundo que «renunciara a lo que nos corresponde de derecho», y aconsejaba «la autolimitación libremente aceptada». Y seguía así: «Ha llegado el momento, para Occidente, de afirmar los deberes de los pueblos más que sus derechos.» Y aún más: «No veo ninguna salvación para la humanidad fuera de la autorrestricción de los derechos de cada individuo y de cada pueblo.» Fuerte de toda la tradición cristiana, Solzhenitsin pedía a «un mundo que sólo piensa en sus derechos» que «volviera a descubrir el espíritu de sacrificio y el honor de servir».

En efecto, todos los autores espirituales nos dicen que el *non serviam!*, ¡no serviré! (y por lo tanto «no reconozco obligaciones, sólo reivindico mis derechos») es el grito de rebelión de Satanás contra Dios.

Tan profunda era la conciencia de ello entre los creyentes, que el *abbé* Grégoire, que sin embargo fue fiel a la Revolución desde el principio y votó la «Declaración de los derechos» en la Asamblea Nacional, pidió —pero en balde— que se elaborara una «declaración de deberes» paralela. De espíritu religioso, incluso en su lucha contra la Iglesia, el mismo Giuseppe Mazzini tituló su «catequismo» *Los deberes del hombre*: para él tampoco podía existir libertad, ni organización social firme y duradera, sin pasar antes por el cumplimiento del deber, del que derivaban (pero en un segundo momento) los derechos.

Por otra parte, para dar complemento a la doctrina cristiana, no hay que olvidar (al contrario, hay que tener siempre presente) que los deberes del hombre tienen un enfoque preciso: y es que al hombre —a cada hombre, cualquiera que sea su sexo, raza y condición social— se le reconoce un *derecho* fundamental. Es el derecho a reconocerse hijo de Dios, creado y salvado por él, por amor gratuito; el derecho inaudito de llamar a Dios no sólo «padre», sino incluso «papiño», *abbà*. Esto lo cambia todo, radicalmente. Tal como se ha observado: «Se trata de derechos del hombre que hay que *respetar*, porque todos los hombres son hijos de Dios, mis hermanos, antes que derechos del hombre por *reivindicar*.»

O, tal como dirá un gran estudioso del pensamiento católico de la tradición medieval, Étienne Gilson: «A los cristianos les importan los derechos del hombre mucho más que a los incrédulos, porque para éstos sólo tienen fundamento en el hombre, quien los olvida, mientras que para los cristianos tienen fundamento en los derechos de Dios, quien no nos permite olvidarlos.»

Cuanto hemos dicho hasta aquí (y muchísimo más se podría añadir) ayuda a entender la actitud de la Iglesia ante la «Declaración» de 1789. Cuando, por ejemplo, se condena con facilidad lo que sería una actitud «miope» y «cerrada» del Magisterio frente a la irrupción de nuevas formas de organización humana, se obra una censura, se quiere olvidar lo que, en la Biblia, suena hoy a escándalo: lo recordábamos citando las palabras de Pablo sobre la autoridad.

Si, en palabras de Clemenceau, «la Revolución francesa es un bloque unitario: se toma o se deja», la Biblia también es un «bloque unitario» y hay que tener en cuenta todas sus palabras. Ante el giro revolucionario de finales del siglo XVIII, había que enfrentarse a una perspectiva que, por primera vez en la historia no sólo del cristianismo, sino de toda la humanidad —siendo las demás religiones concordes, en este aspecto, con la perspectiva cristiana— afirmaba que el origen y la legitimidad del poder no derivaban de Dios sino del pueblo y de su voluntad, expresada por mayoría en elecciones. Había que aceptar que la radical igualdad de naturaleza entre los hombres (que es uno de los aspectos fundamentales de la Buena Nueva) llevaba consigo la igualdad práctica de los derechos sociales: lo que no era admisible en una perspectiva esencialmente «jerárquica» (o, mejor, «orgánica») como la cristiana. Pablo, mientras anunciaba el gran mensaje según el cual ya no hay «ni judío ni griego, ni esclavo ni libre, ni hombre ni mujer», también enseñaba —siendo la sociedad de los hijos del Padre un solo cuerpo en el que cada miembro tiene su función— que hay miembros subordinados a otros; y todos están subordinados a Cristo.

El problema era (quizás es) mucho más complejo de lo que quieren creer hoy algunos católicos. La Iglesia no es dueña, sino guardiana y servidora de un mensaje con el que debe confrontarse continuamente, para adecuarse a él. Y ese mensaje les parecía, a esos hermanos nuestros en la fe, en contradicción con lo que el «mundo» (por lo menos, el de unos intelectuales) empezaba a afirmar.

Pero también había otras objeciones que actuaban, y que quizás siguen actuando, aunque muchos no parecen ser muy conscientes de ello. Es un tema al que volveremos en otro apartado.

20. Derechos del hombre/3

A los problemas generales (de los que hemos hablado) planteados por la «Declaración de los derechos del hombre» de 1789 y la de 1948, otros se añadían —y se añaden— cuando se examinan concretamente los textos.

El texto de 1789 dice: «La Asamblea Nacional reconoce y declara, en presencia y bajo los auspicios del Ser Supremo, los siguientes derechos del hombre y del ciudadano. Artículo 1: Los hombres nacen y permanecen libres e iguales en derechos.»

Ese «Ser Supremo» (el Dios sin cara e inaccesible en el Cielo del deísmo de los ilustrados, el «Gran Relojero» de Voltaire, el «Gran Arquitecto del Universo» de los masones) es la única referencia «religiosa». Pero es una reverencia puramente ritual a Algo (más que a Alguien) que está sobre las nubes, que no tiene nada que ver con lo que los hombres establecen autónomamente, basándose sólo en aquel libre «pacto social» que, para Rousseau, es la única base de la convivencia humana.

Otra cosa es el *Bill of Rights*, aquella «Patente de derechos» proclamada doce años antes, en 1776, por los constituyentes americanos. La Constitución de Estados Unidos declara: «Todos los hombres han sido creados iguales y tienen unos derechos inalienables que el Creador les otorga...». Pese al origen estrictamente masónico de Estados Unidos (todos los padres fundadores, como Franklin o Washington, estuvieron abiertamente afiliados a las logias, y la gran mayoría de sus presidentes lo ha estado y lo está), el documento americano no establece el fundamento de los derechos del hombre en la voluntad de éste, sino en el proyecto de un Dios Creador. No es casualidad que ni la proclamación de independencia americana ni su Constitución provocaron reacciones en los ambientes católicos. Y siempre fue reconocida la lealtad patriótica de los católicos de la Federación.

La diferente actitud de Roma ante la «Declaración» francesa obedeció a que, mientras para los americanos es el Creador quien hace a los hombres iguales y libres, para los franceses los hombres nacen libres e iguales porque así lo establece la Razón, porque ellos lo quieren y lo proclaman. Hermanos: pero sin padre.

La paradoja es aún más evidente en la «Declaración» de la ONU: aquí, para conseguir el mayor consenso (pero aún así los países musulmanes no quisieron adherirse: mujeres y esclavos, para el Corán, no son y no pueden ser «iguales» a quien es hombre y libre) se eliminó cualquier referencia a ese inocuo «Ser Supremo». Dice el texto de las Naciones Unidas, en su primer artículo: «Todos los seres humanos nacen libres e iguales por dignidad y derechos. Ellos están dotados de razón y conciencia y deben actuar los unos hacia los otros con espíritu de fraternidad.»

Aquí también nos encontramos ante el «deber» de una fraternidad sin paternidad común. No se dice, por lo tanto, dónde estriba este «deber», por qué hay que respetarlo, ni se quiere decir. Es el drama de toda moral «laica»: un «¿por qué escoger el bien en lugar del mal?» que queda sin ninguna respuesta razonable.

En efecto, la «Declaración» de las Naciones Unidas es quizás el documento internacional más violado y escarnecido de toda la historia, incluso por parte de gobiernos que, mientras pisan todos los derechos del hombre, que solemnemente han votado y aceptado, se sientan y pontifican en aquella misma Asamblea de Nueva York. Es suficiente dar una mirada al informe anual de Amnistía Internacional: lectura aterradora que nos enseña la eficacia de los «compromisos morales» y de las declaraciones de libertad, igualdad y fraternidad que sólo se basan en la «razón» y no derivan de Alguien cuya ley trascienda al hombre.

Que este resultado fuera inevitable ya lo había previsto la Iglesia, confirmando de hecho una desconfianza secular. Antes de ser proclamada la «Declaración» de la ONU, el *Osservatore Romano* (15 de octubre de 1948) publicaba un comunicado oficial, hoy completamente olvidado, escrito, según una atribución nunca desmentida, por Pío XII. Se observaba en él, entre otras cosas: «No es por lo tanto Dios, sino el hombre, quien anuncia a los hombres que son libres e iguales, dotados de conciencia e inteligencia, y que deben considerarse hermanos. Son los mismos hombres que se invisten de prerrogativas de las que también podrán arbitrariamente despojarse.» Una crítica en la línea de la tradición. Ya hemos recordado cómo la formulaba Étienne Gilson en 1934.

Confirmando la negativa a tomar en serio una «Declaración» cuyo efecto principal parecía el aumento de la hipocresía, más que de la fraternidad entre los hombres, el Papa Pacelli nunca mencionó el documento de la ONU en los diez años que le quedaban. Y cuando Juan XXIII, en 1963, publicó la *Pacem in terris*, citó aquel texto, pero (lo recordábamos) preocupándose de advertir que «en algún punto esta Declaración ha provocado objeciones y ha sido objeto de reservas justificadas». Interrogado a propósito de esto, el Papa Roncalli dijo que de todas las «reservas» y «objeciones» la principal era precisamente «la falta de fundamento ontológico»: o sea, los derechos humanos basados exclusivamente en el terreno blando y falaz de la buena voluntad del hombre.

Mirando al presente, ya se sabe con cuánta energía y pasión Juan Pablo II proclama esos «derechos» en el mundo, pero su adhesión —confirmada abiertamente en ocasión del 40.º aniversario de la ONU— no está falta de críticas.

Sólo dos ejemplos. El primero, la carta del 10 de diciembre de 1980 a los obispos de Brasil: «Los derechos del hombre sólo tienen vigor allá donde sean respetados los derechos imprescriptibles de Dios. El compromiso para aquéllos es ilusorio, ineficaz y poco duradero si se realiza al margen o en el olvido de éstos.»

Otro ejemplo: el discurso en Munich, el 3 de mayo de 1987: «Hoy día se habla mucho sobre derechos del hombre. Pero no se habla de los derechos de Dios.» Y seguía: «Los dos derechos están estrechamente vinculados. Allá donde no se respete a Dios y su ley, el hombre tampoco puede hacer que se respeten sus derechos. Hay que dar a Dios lo que es de Dios. Así sólo será dado al hombre lo que es del hombre.» Como hablaba en ocasión de la beatificación de un jesuita víctima del nazismo, Juan Pablo II continuaba: «Nosotros ya hemos comprobado claramente, también en la conducta de los dirigentes del nacionalsocialismo, que sin Dios no existen sólidos derechos para el hombre. Ellos despreciaron a Dios y persiguieron a sus servidores; es así que trataron inhumanamente a los hombres.»

A propósito del nazismo, hay que decir (sin quitar nada al horror hitleriano) que en su caso, los mismos Estados que quisieron la «Declaración» de 1948 y que hoy celebran el segundo centenario de la de 1789, pasaron por alto el artículo 11 de la primera y el artículo 8 de la segunda. Dice el texto de la ONU: «Nadie será condenado por acciones u omisiones que, en el momento que se cometieron, no constituían acto delictivo según el derecho nacional e internacional.» Y el texto de la Revolución: «Nadie puede ser condenado si no es en virtud de una ley establecida y promulgada con anterioridad al delito.» Eminentes juristas de todo el mundo, con garantías de objetividad, han señalado que, a la luz de la prohibición absoluta de una ley retroactiva, los procesos contra los jerarcas alemanes (empezando por el proceso de Nuremberg) y del Japón derrotado violan aquellas «Declaraciones». En efecto, una vez terminada la guerra —y expresamente, para estos procesos— se definieron las figuras (desconocidas hasta entonces) del «crimen contra la humanidad» y del «crimen contra la paz», por cuya violación —cometida cuando las figuras jurídicas aún no existían— aquellos jerarcas fueron condenados a la pena capital o a cadena perpetua. Que quede claro: desde el punto de vista moral, estos tipos merecían semejante fin. Pero a nivel jurídico es otro asunto (sin olvidar que, una vez más pasando por alto el derecho, los jueces —representantes de los vencedores— eran parte en causa y no magistrados imparciales).

Es un ejemplo más de lo que Juan Pablo II, igual que sus predecesores, recuerda: basado exclusivamente en el hombre, todo «derecho del hombre» está en poder del hombre, sufre impunemente violaciones y excepciones y puede ser manipulado según la conveniencia política.

21. Derechos del hombre/4

Tenemos la cabeza, dice Pascal, para que «busquemos las razones de los efectos». Sin quedarnos, por lo tanto, en lo que sucede, sino interrogándonos acerca de las causas, a menudo no tan evidentes. Un deber de lucidez —añade ese grande— que incumbe especialmente a los cristianos, a quienes en efecto se les dijo: «Vosotros sois la sal de la tierra...Vosotros sois la luz del mundo» (Mt. 5, 13-14).

Ahora bien, debería estar claro que las «razones» de muchos «efectos» que ocurren fuera y dentro de la Iglesia están en pocas, pero decisivas, palabras. La «Declaración de los derechos del hombre» de 1789 proclama en el artículo 3: «El principio de toda soberanía reside esencialmente en la nación. Ningún cuerpo, ningún individuo puede ejercer una autoridad que no derive expresamente de ella.» Y, en el artículo 6: «La ley es la expresión de la voluntad general.»

La «Declaración universal de derechos humanos» de las Naciones Unidas, en 1948, confirma y hace explícito en el artículo 21: «La voluntad del pueblo es el fundamento de la autoridad de los poderes públicos. Esta voluntad tiene su expresión en elecciones honestas que deben realizarse periódicamente, con sufragio universal igual y voto secreto.»

Según hemos visto ya en tres «capítulos», estas dos «Declaraciones» representan casi la Biblia de una nueva religión: la religión del hombre, donde todos podrían —mejor, deberían— converger. Una base común para creyentes y no creyentes, para construir juntos una sociedad diferente y mejor.

Pero todavía no hemos hablado —salvo algunas anticipaciones— del motivo principal por el cual el pensamiento cristiano (y especialmente católico) se ha resistido durante tanto tiempo a aceptar en su conjunto y sin reservas «Declaraciones» como las de la Revolución francesa y de las Naciones Unidas. En ellas, en efecto, se considera ilegítima y arbitraria cualquier autoridad que no derive expresamente del pueblo a través del voto. La lógica de los artículos citados (que son el punto central de esos textos, el principio unificador de todo moderno «derecho del hombre») rechaza cualquier autoridad que no sea legitimada por elecciones libres, periódicas, universales. Hay que oponerse, por lo tanto, a lo que no es «democrático» en este sentido.

Pero en todas las sociedades humanas, de cualquier época y cualquier país, existen autoridades «naturales» que no derivan del artificio de elecciones: la familia, por ejemplo, donde los padres no son elegidos por los hijos, y, sin embargo, legítimamente pretenden autoridad sobre ellos. La escuela, donde el maestro ejerce una autoridad que no deriva del sufragio de los alumnos. La misma patria, que no es fruto de libre elección, sino de un «destino» (nacer aquí y no allá); y, sin embargo, incluso las constituciones más avanzadas le otorgan tal autoridad, que nos puede pedir hasta el sacrificio de la vida en su defensa. En efecto, a partir de 1789 —y de manera cada vez más acelerada desde 1948— la lógica de la «democratización» de todo y a toda costa ha llegado a afectar a estas realidades, provocando actitudes de oposición a la autoridad de la familia, de la escuela, de la patria y de todo lo que no deriva de sufragio universal.

Pero entre estas realidades «no democráticas» estaba y está sobre todo la Iglesia, con su pretensión fundamental: una autoridad, la suya, que no viene de abajo, del «cuerpo electoral», sino de arriba, de Dios, de la Revelación en carne y palabras, que es Cristo. Tanto es así, que un año después de proclamar los «derechos del hombre», la Revolución, con la «Constitución civil del clero» de 1790, reorganizaba la Iglesia según los principios «democráticos», los únicos principios legítimos: supresión de las órdenes religiosas (consideradas contrarias a los derechos humanos) y elección de párrocos y obispos, hecha por todo el cuerpo electoral, incluidos, por lo tanto, no católicos y ateos. Luego, cuando las tropas francesas ocuparon Roma, en seguida abolieron el papado, que era «un poder arbitrario, por no derivar del sufragio universal».

Ninguna religión es «democrática», obviamente (no hay votación sobre Dios, si existe o no; sobre las obligaciones y deberes que, según la fe, Él impone a los hombres). Menos «democrático» aún el cristianismo, según el cual el hombre ha sido creado por indiscutible voluntad de Dios. El cual, luego, eligió a un pueblo para imponerle una ley que no había sido concordada ni legitimada por elecciones: no era una «Declaración de derechos», sino aquella «Declaración de deberes del hombre» que es el Decálogo. Jesús es justo el contrario de un «elegido por el pueblo»: «Por Él el mundo había sido hecho, y el mundo no lo conoció»; «Él vino a lo suyo, y los suyos no lo recibieron» (Jn. 1, 10-11). Pilatos propuso una especie de referéndum «democrático» a una representación del pueblo, reunido con sus jefes: el resultado fue negativo para el candidato, eliminado por mayoría en beneficio de Barrabás. Jesús, sometido a libres elecciones, no habría aprobado los «exámenes de Mesías» ni siquiera entre sus discípulos, tan contrarios a su destino que el «portavoz de la base», Pedro, es duramente reprochado «porque no siente las cosas de Dios, sino las de los hombres» (Mt. 16, 23). La «Constitución» del cristiano, el «discurso de la montaña», no la pide el pueblo —que, al contrario, se desconcierta frente a ella—, sino que se le propone con un acto unilateral.

Y tampoco es democrática la estructura de la Iglesia, que no se basa en elecciones, sino en los Apóstoles, a quienes se les recuerda: «Vosotros no me escogisteis a Mí; pero Yo os escogí» (Jn. 15, 16). Lo cual es justo lo contrario del principio que legitima la autoridad según todas las modernas declaraciones de los derechos del hombre. Que, aceptados sin las necesarias reservas y objeciones, llevan por necesidad lógica, en la Iglesia, a aquellas mismas consecuencias a las que llegaron los revolucionarios. Es difícil negar coherencia a esos teólogos que piden la «democratización» de la Iglesia; donde no solamente todas las autoridades (desde el vicepárroco al Papa) deberían ser legitimadas por elecciones del «pueblo de Dios», sino también el dogma, expresión de una intolerable mentalidad jerárquica, debería ceder el paso a la libre opinión y la moral debería ser sometida a periódicos referéndums. Hay que ser conscientes de que la aceptación de una determinada mentalidad por parte católica lleva lejos de la estructura de la fe, que sin embargo se dice querer seguir practicando.

Hacen falta lucidez y coherencia: existe, en todas las cosas (lo repetimos), una relación de causa y efecto que parece ignorar, en cambio, quien con ligereza piensa poder abrazarlo todo y el contrario de todo.

22. Justicia para el pasado

Nos preocupamos mucho por la justicia en el presente, aquí y ahora. Pero mucho menos por la justicia en el futuro y el pasado.

Justicia para el futuro es respetar los derechos de los que vendrán después de nosotros, sentir la responsabilidad de entregarles un mundo que no esté completamente devastado y envenenado, que todavía conserve algunos de sus dones originarios de belleza y fecundidad.

Pero también existe una justicia para el pasado, hacia los que vivieron antes de nosotros: una justicia que ni siquiera los creyentes respetan del todo.

En el año del segundo centenario de la Revolución francesa, por ejemplo, muchos católicos —entre ellos algún obispo— se olvidaron, con embarazoso silencio, de los tres mil curas asesinados, de la multitud de religiosas violadas y a menudo torturadas hasta la muerte, de las decenas de campesinos descuartizados en las provincias que se sublevaban en nombre de una religión a la que no querían renunciar.

No sólo existen los horrores de la Vendée, respecto a cuyo exterminio sistemático los historiadores hablan de primer genocidio de la historia moderna, y donde los jacobinos anticiparon, contra aquellos campesinos firmes en su fe, los intentos de «solución final» de los nazis contra los judíos. En todas partes hubo masacres y persecuciones de creyentes: primero en Francia, y después en otros países, incluso en Italia, allá donde llegó la Revolución. Pero que la Vendée resultara tan indómita también se debe a que había sido teatro de predicaciones de uno de los santos más apreciados por Juan Pablo II, que, dicen, considera la posibilidad de proclamarlo doctor de la Iglesia: Louis-Marie Grignion de Montfort.

Según el esquema comúnmente aceptado, el oeste de Francia se sublevaría contra el París de los jacobinos, empujado por los aristócratas y el clero que querían mantener sus privilegios. Es una mistificación, desenmascarada ya desde hace algún tiempo, pero todavía presentada en los manuales de escuela, frente a la evidencia de los documentos: éstos demuestran, sin que pueda haber dudas, que la sublevación empezó desde abajo, desde el pueblo, que a menudo, con su iniciativa, arrolló los titubeos del clero y de los nobles (muchos de los cuales prefirieron huir al extranjero en lugar de asumir sus responsabilidades). Insurrección popular, pues, y no «política» —aunque acompañada de contradicciones y errores, como todo lo humano—, y ni siquiera «social», sino fundamentalmente religiosa, contra los intentos de descristianización que una minoría de feroces ideólogos realizaba en la capital.

Ninguna de las ideologías modernas ha tenido una base popular: el marxismo nunca ha llegado al poder a través de elecciones libres y, allá donde estaba en el poder, ha caído sin que nadie moviera un dedo para defenderlo; el 25 de julio de 1943, para acabar con el fascismo bastó un anuncio en la radio y un cartel en las esquinas de las calles; con la caída de Berlín, el nazismo desapareció. Por otro lado (esto tampoco hay que olvidarlo, a pesar de las retóricas), el pueblo tampoco se había levantado para defender el liberalismo cuando Mussolini y Hitler acabaron con él. Y, para quedarnos en la Revolución francesa, el pueblo acogió sin chistar el autoritarismo napoleónico que sofocó los «inmortales» principios de 1789.

La insurrección de las masas en defensa del cristianismo en el oeste de Francia (y más tarde en Italia, en Tirol y en la España invadida por Napoleón) es por lo tanto un hecho único y sorprendente para los historiadores. En todo caso es justo no olvidarlo, como en cambio se ha hecho durante demasiado tiempo en nombre del conformismo de algunos, que temen estar en la parte «equivocada» de la historia. Además, hoy en día, incluso los laicos más honestos están cada vez menos seguros de que fuera realmente «equivocada».

23. Vendée

Ya tenemos aquí el libro aguafiestas, la implacable obra de un joven historiador que ha provocado las iras de la *inteligencia* francesa, que —suntuosamente patrocinada por François Mitterrand— celebró en 1989 «glorias» y «fastos» de la *Grande Révolution* que cumplía entonces doscientos años.

Estamos hablando de *Le génocide franco-français: la Vendée vengée*, de Reynald Secher.

Estas terribles páginas tuvieron en su momento algún eco en nuestros diarios, pero la industria «oficial» del libro, que sin embargo va saqueando de todo, hasta lo irrelevante, especialmente del francés, no había encontrado sitio para ellas. Ha suplido esto una nueva y pequeña editorial que —¡rara avis!— no sólo no esconde su orientación católica, sino que de esta inspiración quiere hacer la única base, sin compromisos, de su producción.

Su programa editorial, por lo tanto, prevé la publicación de obras nuevas, originales o traducciones, pero «malditas», o sea rechazadas por la ideología dominante en las editoriales, incluida alguna que ya fue, o aún se declara, «católica». Pero también prevé la recuperación de obras del pensamiento cristiano de los siglos XIX y XX imposibles de encontrar, muchas veces no por falta de mercado, sino por falta de «simpatía» por parte de cierta cultura que se declara «pluralista», «paladina de la tolerancia», mientras está realizando una dura censura ideológica.

Esta nueva editorial, en la fase inicial de su actividad —antes del libro sobre la Vendée, que hemos mencionado y del que hablaremos más adelante—publicó otro ensayo contrarrevolucionario. Es el panfleto, también aguafiestas, *Pourquoi nous ne célébrons pas 1789*, escrito por Jean Dumont, que en pocas páginas, acompañadas por ilustraciones raras de la época, muestra con vigor e información extraordinarios «los falsos mitos de la Revolución francesa», tal como dice el título de la traducción italiana. En un tamaño y a un precio reducidos aquí tenemos la obra de síntesis que muchos lectores buscaban para aclararse las ideas (en una perspectiva que quiere ser explícitamente católica) acerca de aquella revolución cuyos efectos aún perduran.

Pero vamos a ver ahora *Le génocide franco-français*, ese libro de Secher que, pese al obstruccionismo realizado por el conformismo «políticamente correcto», ha provocado en Francia una profunda conmoción.

Reynald Secher, el joven autor (nacido en 1955) originario de la Vendée, fue a buscar una documentación que muchos consideraban ya perdida. En efecto, los archivos públicos han sido diligentemente depurados, en la esperanza de que desaparecieran todas las pruebas de la masacre realizada en la Vendée por los ejércitos revolucionarios enviados desde París.

Pero la historia, como se sabe, tiene sus astucias: así Secher descubrió que mucho material estaba a salvo, conservado, a escondidas, por particulares. Además pudo llegar a la documentación catastral oficial de las destrucciones materiales sufridas por la Vendée campesina y católica, levantada en armas contra los «sin Dios» jacobinos.

En los mapas de los geómetras estatales de la época está la prueba de una tragedia inimaginable: diez mil de cincuenta mil casas, el 20 % de los edificios de la Vendée, fueron completamente derruidas según un frío plan sistemático, en los meses en que se desencadenó la furia de los jacobinos gubernamentales con su lema aterrador: «libertad, igualdad, fraternidad *o muerte*». Prácticamente todo el ganado fue masacrado. Todos los cultivos fueron devastados.

Todo esto, según un programa de exterminio establecido en París y realizado por los oficiales revolucionarios: había que dejar morir de hambre a quien, escondiéndose, había sobrevivido. El general Carrier, responsable en jefe de la operación, arengaba así a sus soldados: «No nos hablen de humanidad hacia estas fieras de la Vendée: todas serán exterminadas. No hay que dejar vivo a un solo rebelde.»

Después de la gran batalla campal en la que fueron exterminadas las intrépidas pero mal armadas masas campesinas de la «Armada Católica», que iban al asalto detrás de los estandartes con el Sagrado Corazón y encima la cruz y el lema *«Dieu et le Roy»*, el general jacobino Westermann escribía triunfalmente a París, al Comité de Salud Pública, a los adoradores de la diosa Razón, la diosa Libertad y la diosa Humanidad: «¡La Vendée ya no existe, ciudadanos republicanos! Ha muerto bajo nuestra libre espada, con sus mujeres y niños. Acabo de enterrar a un pueblo entero en las ciénagas y los bosques de Savenay. Ejecutando las órdenes que me habéis dado, he aplastado a los niños bajo los cascos de los caballos y masacrado a las mujeres, que así no parirán más bandoleros. No tengo que lamentar ni un prisionero. Los he exterminado a todos.»

Desde París contestaron elogiando la diligencia puesta en «purgar completamente el suelo de la libertad de esta raza maldita».

El término «genocidio», aplicado por Secher a la Vendée, ha desatado polémicas, por considerarse excesivo. En realidad el libro muestra, con la fuerza terrible de los documentos, que esa palabra es absolutamente adecuada: «destrucción de un pueblo», según la etimología. Esto querían «los amigos de la humanidad» en París: la orden era la de matar ante todo a las mujeres, por ser el «surco reproductor» de una raza que tenía que morir, porque no aceptaba la «Declaración de los derechos del hombre».

La destrucción sistemática de casas y cultivos iba en la misma dirección: dejar que los supervivientes desaparecieran por escasez y hambre.

Pero ¿cuántos fueron los muertos? Secher da por primera vez las cifras exactas: en dieciocho meses, en un territorio de sólo 10 000 kilómetros cuadrados, desaparecieron 120 000 personas, por lo menos el 15 % de la población total. En proporción, como si en la Francia actual fueran asesinadas más de ocho millones de personas. La más sangrienta de las guerras modernas —la de 1914-1918— costó algo más de un millón de muertos franceses.

Genocidio, pues; verdadero holocausto; y, como comenta Secher, tales términos remiten al nazismo. Todo lo que pusieron en práctica las SS fue anticipado por los «demócratas» enviados desde París: con las pieles curtidas de los habitantes de la Vendée se hicieron botas para los oficiales (la piel de las mujeres, más suave, era utilizada para los guantes). Centenares de cadáveres fueron hervidos para extraer grasa y jabón (y aquí se superó hasta a Hitler: en el proceso de Nuremberg se documentó —y las mismas organizaciones judías lo confirmaron— que el jabón producido en los campos de concentración alemanes con los cadáveres de los prisioneros es una «leyenda negra», sin correspondencia con los hechos). Se experimentó por primera vez la guerra química, con gases asfixiantes y envenenamiento de las aguas. Las cámaras de gas de la época fueron barcos cargados de campesinos y curas, llevados en medio del río y hundidos.

Son páginas, disponibles ahora, que provocan sufrimiento. Pero la búsqueda de una verdad escondida y borrada bien vale el trauma de la lectura.

24. Venganzas

Dicen que «cristianismo» es vivir con plenitud el *presente*, proyectados hacia el *futuro* y manteniendo firmes las raíces en el *pasado*. Hoy parecemos carecer precisamente de este último aspecto: como una pérdida de la memoria histórica, ya sea por falta de conocimiento de lo que nos ha precedido, ya sea por una especie de olvido, tan vacilantes como somos en reconocernos herederos de un pasado que creemos lleno sólo de infamias y grandes traiciones al Evangelio.

Es preciso reaccionar, en nombre de aquella verdad y aquel respeto que hoy invocamos para todos. En efecto, difamar el pasado es faltarle el respeto —como si hubiera estado formada sólo por hipócritas perezosos o brutos incapaces de entender lo que sólo nosotros entenderíamos— a aquella Iglesia militante que nos ha traído la fe. ¿Acaso el debido respeto sólo es para los «lejanos» y no para nuestros padres, que ciertamente hicieron de las suyas (como nosotros, por otra parte), pero que también escribieron una historia que Juan XXIII, en el discurso de apertura del Concilio, definió, en su conjunto, como «luminosa», haciendo un balance del pasado antes de que los padres conciliares construyeran el futuro?

Para dar un ejemplo, partimos de un suceso: la muerte, en Berlín, de Rudolf Hess, el jerarca nazi huido a Inglaterra, por razones todavía oscuras, al principio de la guerra, y en seguida encarcelado. Un tribunal tan desconcertante como el de Nuremberg lo condenó a cadena perpetua: leyes retroactivas aplicadas por jueces tales como la URSS de Stalin, fiel aliado de Hitler hasta que el amigo lo traicionó; los EE. UU. de Hiroshima y Nagasaki y de crímenes contra la cultura, tal como la inútil destrucción de Montecassino; la Gran Bretaña de los 250 000 muertos inermes de Dresde; Francia, falsa ganadora, que en los cuatro años de Vichy destacó por su esmero anti-judío, que después, en pocos meses de guerra, se cubrió de infamia con sus tropas coloniales y que finalmente, en la espiral de venganzas posterior a la liberación, conoció más de cien mil ejecuciones sumarias e impunes.

Aquella cadena perpetua a Hess, interrumpida sólo por su muerte en la prisión de Berlín-Spandau, ha reabierto el eterno debate sobre la relación entre vencedores y vencidos. Siguiendo un poco esas polémicas, pensaba en lo que había pasado en la Iglesia cuando su enemigo más implacable mordió finalmente el polvo.

Quizás ningún déspota perjudicó tanto a la comunidad eclesial como Bonaparte, ni más obstinadamente trató de borrarla o, no consiguiéndolo, quiso hacer de ella una larva, un dócil *instrumentum regni*. Pío VI, despojado de todos sus bienes, murió prisionero en Francia en 1799, y parecía imposible encontrarle un sucesor («¡Pío sexto y último!», gritaba la *canaille*). Pío VII, elegido tempestuosamente por un grupo de cardenales que pudieron reunirse en Venecia, pasó la mayor parte de su pontificado de una prisión a otra: amenazado, aislado, engañado, testigo impotente de la destrucción de su Iglesia. No hay nada que no se le hiciera, en una espiral de violencias y humillaciones que terminó solamente con la caída del tirano.

La hora de la venganza llegó a finales de mayo de 1814, cuando el Papa desterrado volvió a Roma en lo que fue un triunfo del pueblo. Encontró a novecientos presos, entre franceses y colaboracionistas autóctonos, encerrados en Castel Sant'Angelo. A pesar de las protestas de los romanos —que habían sufrido las vejaciones, la arrogancia y el despojo (archivos y pinacotecas llevadas a París), la movilización de jóvenes en el ejército y los altos impuestos— en seguida liberó a seiscientos de ellos, y menos de dos meses después liberó a los demás mediante una amnistía. También le llegaron protestas, más potentes y amenazadoras, del restaurado en el trono rey de Francia, cuando acogió, visitándola a menudo, a la madre de Napoleón, rechazada por su propia hija, la gran duquesa de Toscana, quien esperaba así ganarse el favor de los vencedores. Alrededor de *Madame Mère* acabó reuniéndose en Roma, única ciudad que la había aceptado, la numerosa parentela del emperador caído.

El prefecto napoleónico, que había sido su carcelero en Savona, recibió una carta paterna de Pío VII para que se librara de los remordimientos que lo afligían. Ese Papa, realmente «extraño» ante los ojos del mundo (y en efecto la diplomacia europea estaba escandalizada), llegó a enviar un mensaje al príncipe regente de Gran Bretaña para que liberara al preso de Santa Elena, o al menos mitigara su encierro. Escribía: «Ya no puede ser un peligro para nadie, queremos que no se convierta en un remordimiento para alguien.» Y cuando le recordaban su furia contra la Iglesia y su persona, el viejo benedictino exhortaba a pensar en sus lados positivos: «Hay que esforzarse para entender y perdonar.» Finalmente, cuando le comunicaron que el preso, enfermo, quería un confesor, él mismo escogió un cura corso que pudiera entender mejor a su coterráneo en Santa Elena. Y lloró con su madre y sus hermanos, y organizó sufragios, cuando llegó a Roma la noticia de su muerte. Todo esto ocurría cuando todavía quedaban abiertas las heridas de la persecución, y la Iglesia pagaba el precio de desastres cuyas consecuencias duraron al menos un siglo; según algunos historiadores, hasta nuestros días.

¿Es siempre tan peligroso y difícil, por lo tanto —como pretende cierta *vulgata* que se difunde en diarios y textos de escuela, y como aseguran incluso algunos católicos, afectados por un curioso masoquismo—, remover en nuestro pasado? A veces; pero no siempre. Siguiendo a uno de esos teólogos que tanto influyeron en el Concilio Vaticano II, el santo y seña del católico de hoy en día tendría que ser *enjamber seize siècles*, saltar dieciséis siglos, borrar hasta su recuerdo, para volver a la Iglesia preconstantiniana; la única, en su opinión, realmente evangélica y presentable en sociedad. Además de imposible, tal propósito muestra desconocimiento de la historia, demasiado mitificada, de la comunidad primitiva —una mirada a las epístolas de Pablo, a los cronistas eclesiales primitivos y a los padres nos recuerda que el bien va acompañado por el mal— y de la historia que siguió. Cortar las raíces siempre es la mejor manera de hacer morir un árbol. Procuremos, por lo menos, ser conscientes de ello.

25. Los regicidas

Noche entre el 16 y 17 de mayo de 1793: la Convención Nacional vota la condena a muerte del rey Luis XVI. Los votantes (con llamada nominal, por lo tanto de forma manifiesta) son 721. De ellos, 361 dicen «sí» a la guillotina, 360 dicen «no». La diferencia es de un solo voto, pero para el rey y la monarquía es el fin.

Ilustran bien el clima en que se desarrollaron la discusión y el voto, declaraciones como la del diputado jacobino Legendre, quien dijo estar convencido de la necesidad de «degollar al puerco» y enviar luego un trozo a cada departamento, como advertencia a los reaccionarios y exhortación para los revolucionarios. Danton recuerda en la Convención: «No queremos juzgar al rey, queremos matarlo.» Y Robespierre: «Ustedes no son jueces, no hay que hacer ningún proceso. Decapitar al rey es una medida indispensable para la salud pública.» El *abbé* Grégoire, el obispo líder de la Iglesia cortesana, quien ha jurado fidelidad al nuevo régimen, truena: «Los reyes son, en el orden espiritual, lo que la gangrena es en el orden material.»

Pero a veces los historiadores son indiscretos. Y alguien se ha molestado en mirar qué ocurrió con los 361 que votaron la guillotina para el que llamaban, despectivamente, «el ciudadano Luis Capeto». De ellos 74 murieron de forma violenta: casi todos, a su vez, degollados. Es la revolución que, como se sabe, siempre devora a sus propios padres e hijos. Otros murieron por otras causas. Pero de los supervivientes, 121 buscaron y obtuvieron cargos públicos, a veces de mucha responsabilidad, bajo el imperio de Napoleón.

Se habían llamado a sí mismos, con orgullo, «regicidas»; y en la petición de condena a muerte para Luis XVI habían visto (eso dijeron) el fin de todos los privilegios, los derechos divinos, las desigualdades, las autoridades que no derivaban del pueblo. Mataron pues a un rey tal vez inepto, pero pacífico; y pocos años más tarde se pusieron al servicio de un emperador feroz que había querido ser coronado por el Papa (lo que nunca pretendió la antigua dinastía), e intentaba restaurar los fastos monárquicos del *Roi Soleil*.

Cosas que es preciso recordar. Pero que no sorprenden a quien conoce un poco a los hombres. A partir, obviamente, de sí mismo.

26. Vandalismo

Vandalismo: «Tendencia a devastar y destruir cualquier cosa con obtusa maldad, especialmente si es bonita o útil.» Así lo define el Diccionario Zingarelli, que no recuerda el origen del sustantivo, limitándose a mencionar la tribu bárbara que saqueó Roma en el año 455.

«Vándalos» era el antiguo nombre de esos terribles germanos. Pero sólo en 1794 nació la palabra «*vandalismo*», por obra de Henri-Baptiste Grégoire, el cura que, desde el principio hasta el final, estuvo con la Revolución francesa; que fue uno de los promotores de aquella Constitución Civil del clero que provocó muerte, deportación o destierro a miles de sus hermanos que se negaron a jurarla (los «refractarios»); que quiso ser elegido obispo «democrático y constitucional» de Bois; que fue uno de los más intransigentes en pedir la guillotina para Luis XVI («Los reyes —dijo— son en el orden moral lo que los monstruos son en el orden material»); que murió muchos años después, en 1831, declarándose aún y siempre católico, pero negándose a reconciliarse con Roma. Y al que en ocasión de las celebraciones de 1989 el presidente Mitterrand hizo trasladar a una tumba del Panteón, entre las glorias de Francia.

La historia enseña que siempre hay «capellanes» al lado de cualquier personaje y cualquier movimiento sociopolítico que llega al poder o que de alguna forma consigue atención y prestigio. Para seguir en nuestro siglo, vimos a curas proponiendo un cierto «modernismo» religioso, también en complaciente respuesta al liberalismo político, y por lo tanto como manera de alistarse en las filas de la burguesía triunfante antes de la Gran Guerra. Vinieron después los curas fascistas, que desfilaban en formación frente a Mussolini en la vía del Imperio, levantando el brazo en el saludo romano y luciendo medallas de guerra en la sotana. Hasta el fascismo agonizante de la república de Salò tuvo sus «asistentes espirituales», virulentos y antisemitas, a veces, como aquel don Calcagno con su *Cruzada itálica*, quien acabó fusilado en una plaza de Milán. Luego fue el turno de los curas comunistas o por lo menos simpatizantes y electores, cuando no elegidos. Soplan ahora otros vientos, y aquí aparecen nuevos capellanes para los nuevos astros: los socialistas de la máxima eficiencia productiva en lo público y el hedonismo en lo privado, o los demócrata-liberales, que han vuelto con gran potencia y gloria.

Siempre ha sido así, desde la época de Constantino (quizás incluso antes), y así será siempre: lo importante es ser conscientes de ello y no dejarse impresionar por tanto revolotear de sotanas —metafóricas, ya se sabe, pues se han abandonado los hábitos eclesiásticos— alrededor de hombres e ideologías besados por la fortuna, el poder o simplemente la moda.

Pero sin olvidar nunca que la decisión de estar en el bando que parece «justo» en un momento dado no siempre se basa en el oportunismo, o en el deseo de ser aceptados, arrebatar un poco de aplausos, librarse de los peligros y la soledad de quien va a contracorriente.

Muchas veces se basa en la buena fe de quien trata de evitar mayores problemas a la Iglesia y a los creyentes, actuando desde el interior del palacio. Se basa en la conciencia, aunque deformada, de que el cristianismo no es una doctrina fuera del tiempo, flotante en el aire, por encima de la historia, sino el anuncio de un Dios que ha tomado tan en serio esta historia como para comprometerse con ella hasta el final, asumiendo no solamente el aspecto físico de hombre, sino la propia naturaleza humana.

«El año decimoquinto del reinado de Tiberio César, siendo Poncio Pilato gobernador de Judea, Herodes tetrarca de Galilea, Filipo su hermano tetrarca de Iturea y de la Traconítida...» (Lc. 3, 1): mensaje histórico como ninguna otra religión, el Evangelio pide que junto a la tensión vertical, hacia el Cielo, haya también un empeño horizontal, en el polvo (que a menudo se convierte en lodo) de la Tierra.

De esta necesidad de «comprometerse», de «ensuciarse las manos» con la historia, también derivan, inevitablemente, lo que podrían parecer, y a menudo son, errores, debilidades inaceptables, amistades dañinas o inoportunas. Y quién sabe si esto no forma parte del plan de un Dios providente, que para llegar a realizar sus fines necesita también de errores y divisiones entre los que creen servirlo; quién sabe, sobre todo, qué hay en «los riñones y el corazón» de quien toma determinadas decisiones, que no podemos «escudriñar» nosotros, sino sólo el «que juzga con justicia».

Pero volvamos a nuestro *abbé* Grégoire, el capellán de la Revolución, el jefe moral de la Iglesia patriótica, y a su invención lingüística, *«le vandalisme»*. Figura compleja, enigmática, pero en primer plano, que no podemos encerrar en el esquema del cura servil por miedo o afán de honores, el obispo «constitucional» de Blois osó sellar con este término —en el aula de la Convención diezmada por la guillotina— la furia infernal que se había desatado sobre el patrimonio artístico francés.

«En este aspecto, las pérdidas fueron irremediables. Después de la tormenta, Francia se quedó más pobre. Los tesoros más nobles del arte cristiano fueron afectados o destruidos para siempre. Hoy al visitante se le habla de "restauraciones". Pero en realidad en muchos casos se trata de reproducciones.» Así escribe en *La Chiesa e la Rivoluzione francese* (Edizioni Paoline) el historiador Luigi Mezzadri. Quien además de la pérdida de los tesoros de muchas bibliotecas eclesiásticas, recuerda la completa destrucción (y, precisamente, por puro «vandalismo») de los monasterios de Cluny y Longchamp, la abadía de Lys, los conventos de Saint-Germain-des-Prés, Montmartre, Marmoutiers, la catedral de Mâcon, la de Boulogne-sur-Mer, la Sainte Chapelle de Arras, el castillo de los Templarios en Montmorency, los claustros de Conques y otras infinitas obras de gran antigüedad y belleza.

En una ciudad como Troyes hubo quince iglesias destruidas, en Beauvais doce, en Châlons siete; y la triste enumeración podría seguir páginas y páginas, sin olvidar que prácticamente no hubo lugar de culto, en cada aldea, que no fuera invadido y saqueado. En Aviñón no se limitaron a devastar el palacio de los Papas sino que, cegados por el odio, alimentaron durante días una gran hoguera con los muebles preciosos y, sobre todo, con las maravillosas obras de la pinacoteca.

De aquí, la vehemente protesta del obispo Grégoire, que sin embargo era padre e hijo de aquella revolución iconoclasta.

Resulta difícil, además, justificar esta destrucción atribuyéndola a la excitación de los ánimos rebeldes. Lo peor, en efecto, aún tenía que llegar. Y llegará con Bonaparte. Quien completó el desastre suprimiendo órdenes y congregaciones religiosas allá donde llegaba y expulsando curas y monjas de sus conventos, monasterios e iglesias. En 1815, veintiséis años después de aquel funesto 1789, no sólo Francia, sino Europa entera, era un campo desolado, una extensión de ruinas amontonadas allá donde los hombres habían trabajado durante siglos para crear belleza. Pero que tenía la grave culpa de haber sido promocionada para finalidades religiosas, para dar gloria a Dios y resplandor visible al culto y la oración.

Remitir así con una palabra —vandalismo— a una población bárbara —los vándalos— no parece absolutamente casual: nunca, desde la época de las invasiones y la decadencia del Imperio romano de Occidente, el continente había conocido tan parecida e inútil destrucción de bellezas.

IV. GALILEO Y LA IGLESIA

27. Galileo Galilei/1

Según una encuesta del Consejo de Europa realizada entre los estudiantes de ciencias de todos los países de la Comunidad, casi el 30 % de ellos tiene el convencimiento de que Galileo Galilei fue quemado vivo en la hoguera por la Iglesia. Casi todos (el 97 %), de cualquier forma, están convencidos de que fue sometido a torturas. Los que —realmente, no muchos— tienen algo más que decir sobre el científico pisano, recuerdan como frase «absolutamente histórica», un «*Eppur si muove!*», fieramente arrojado, después de la lectura de la sentencia, contra los inquisidores convencidos de poder detener el movimiento de la Tierra con los anatemas teológicos.

Estos estudiantes se sorprenderían si alguien les dijera que estamos ahora en la afortunada situación de poder datar con precisión por lo menos este último falso detalle: la «frase histórica» fue inventada en Londres en 1757 por Giuseppe Baretti, periodista tan brillante como a menudo muy poco fehaciente.

El 22 de junio de 1633, en Roma, en el convento dominicano de Santa Maria sopra Minerva, después de oír la sentencia, el «verdadero» Galileo (no el del mito) dio las gracias a los diez cardenales —tres de los cuales habían votado a favor de su absolución— por una pena tan moderada. Porque también era consciente de haber hecho lo posible para indisponer al tribunal, entre otras cosas intentando tomarles el pelo a esos jueces —entre los cuales había hombres de ciencia de su misma envergadura— asegurando que en realidad en el libro impugnado (que se había impreso con una aprobación eclesiástica arrebatada con engaño) había sostenido lo contrario de lo que se podía creer.

Es más: en los cuatro días de discusión, sólo presentó un argumento a favor de su teoría de que la Tierra giraba en torno al Sol. Y era erróneo. Decía que las mareas eran provocadas por la «sacudida» de las aguas, a causa del movimiento de la Tierra. Una tesis risible, a la que sus jueces-colegas oponían otra, que Galileo juzgaba «de imbéciles»: y que sin embargo, era la correcta. Esto es, el flujo y reflujo del agua del mar se debe a la atracción de la Luna. Tal como decían precisamente aquellos inquisidores a los que el pisano insultaba con desprecio.

Aparte de esta explicación errónea, Galileo no supo aportar otros argumentos experimentales, comprobables, a favor de la centralidad del Sol y del movimiento de la Tierra. Y no hay que maravillarse: el Santo Oficio no se oponía en absoluto a la evidencia científica en nombre de un oscurantismo teológico. La primera prueba experimental, indiscutible, de la rotación terrestre data de 1748, más de un siglo después. Y para «ver» esta rotación, habrá que esperar hasta 1851, con ese péndulo de Foucault, tan apreciado por Umberto Eco.

En aquel año 1633 del proceso a Galileo, el sistema ptolemaico (el Sol y los planetas giran en torno a la Tierra) y el sistema copernicano (la Tierra y los planetas giran en torno al Sol) eran dos hipótesis del mismo peso, en las que había que apostar sin tener pruebas decisivas. Y muchos religiosos católicos estaban a favor del «innovador» Copérnico, condenado, en cambio, por Lutero.

Por otra parte, no sólo Galileo se equivocaba al referirse a las mareas, sino que ya había incurrido en otro grave error científico cuando, en 1618, habían aparecido en el cielo unos cometas. Basándose en apriorismos relacionados con su «apuesta» copernicana, había afirmado con insistencia que sólo se trataba de ilusiones ópticas y había arremetido duramente contra los astrónomos jesuitas del observatorio romano, quienes decían, en cambio, que estos cometas eran objetos celestes reales. Luego volvería a equivocarse con la teoría del movimiento de la Tierra y de la fijeza absoluta del Sol, cuando en realidad éste también se mueve en torno al centro de la galaxia.

Nada de frases «titánicas» (el demasiado célebre «*Eppur si muove!*»), de todas formas, más que en las mentiras de los ilustrados y luego de los marxistas —véase Bertolt Brecht—. Ellos crearon deliberadamente un «caso», útil a una propaganda que quería (y quiere) demostrar la incompatibilidad entre ciencia y fe.

¿Torturas? ¿Cárceles de la Inquisición? ¿Hoguera? Aquí también los estudiantes europeos del sondeo se llevarían una sorpresa. Galileo no pasó ni un solo día en la cárcel, ni sufrió ningún tipo de violencia física. Es más, llamado a Roma para el proceso, se alojó (a cargo de la Santa Sede) en una vivienda de cinco habitaciones con vistas a los jardines del Vaticano y con servidor personal. Después de la sentencia, fue alojado en la maravillosa Villa Medici en el Pincio. Desde aquí, el «condenado» se trasladó, en condición de huésped, al palacio del arzobispo de Siena, uno de los muchos eclesiásticos insignes que le querían, que lo habían ayudado y animado, y a los que había dedicado sus obras. Finalmente llegó a su elegante villa en Arcetri, cuyo significativo nombre era «Il gioiello» («La joya»).

No perdió la estima o la amistad de obispos y científicos, muchas veces religiosos. No se le impidió nunca proseguir con su trabajo y de ello se aprovechó, continuando sus estudios y publicando un libro —*Discursos y demostraciones matemáticas sobre dos nuevas ciencias*— que es su obra maestra científica. Ni tampoco se le había prohibido recibir visitas, así que los mejores colegas de Europa fueron a verle para discutir con él. Pronto le levantaron la prohibición de alejarse a su antojo de la villa. Sólo le quedó una obligación: la de rezar una vez por semana los siete salmos penitenciales. En realidad, también esta «pena» se había acabado a los tres años, pero él la continuó libremente, como creyente que era, un hombre que había sido el benjamín de los Papas durante larga parte de su vida; y que, en lugar de erigirse en defensor de la razón contra el oscurantismo clerical, tal como afirma la leyenda posterior, pudo escribir con verdad, al final de su vida: «*In tutte le opere mie non sarà chi trovar possa pur minima ombra di cosa che declini dalla pietà e dalla riverenza di Santa Chiesa*». (En todas mis obras no habrá quien pueda encontrar la más mínima sombra de algo que recusar de la piedad y reverencia de la Santa Iglesia). Murió a los setenta y ocho años, en su cama, con la indulgencia plenaria y la bendición del Papa. Era el 8 de enero de 1642, nueve años después de la «condena» y después de 78 años de vida. Una de sus hijas, monja, recogió su última palabra. Ésta fue: «¡Jesús!»

Por otra parte, más que con los «eclesiásticos», tuvo problemas con los «laicos»: o sea, con sus colegas de las universidades, que por envidia o conservadurismo, blandiendo Aristóteles más que la Biblia, lo intentaron todo para quitarlo de en medio y reducirlo al silencio. La defensa le vino de la Iglesia; la ofensa, de la universidad.

En ocasión de la reciente visita del Papa a Pisa, un ilustre científico deploró, en un «importante» diario, que Juan Pablo II «no puso ulterior y debida enmienda por el trato inhumano de la Iglesia hacia Galileo». Si debemos hablar de ignorancia, por lo que se refiere a los estudiantes del sondeo, con los que hemos empezado, en el caso de estudiosos de tal envergadura, la sospecha es de mala fe. La misma mala fe que se mantiene desde la época de Voltaire y que tantos complejos de culpabilidad ha creado en católicos mal informados. Sin embargo, no solamente las cosas no fueron como pretende la propaganda secular; sino que hoy en día hay nuevos motivos para reflexionar acerca de las no innobles razones de la Iglesia. El «caso» es demasiado importante como para no volver sobre él.

28. Galileo Galilei/2

Galileo Galilei —igual que otro ferviente católico, Cristóbal Colón— convivió abiertamente *more uxorio* con una mujer, con la cual, sin querer casarse, tuvo un hijo varón y dos hijas. Al dejar Padua para volver a Toscana, donde tenía más posibilidades de hacer carrera, abandonó sin más (alguien sospecha también con brutalidad) a su fiel compañera, la veneciana Marina Gamba, quitándole incluso los hijos. «Provisionalmente alojó a sus hijas en casa del cuñado, pero tenía que encontrar una solución definitiva y esto no era fácil, porque, dada la ilegitimidad, no se podía pensar en un futuro matrimonio. Galileo pensó entonces meterlas a monjas. Pero las leyes eclesiásticas no permitían que chicas tan jóvenes profesaran votos, y Galileo se encomendó a altos prelados para que las dejaran entrar igualmente en convento: así, en 1613, las dos jóvenes —de trece y doce años— entraban en el monasterio de San Mateo de Arcetri y poco después tomaban los hábitos. Virginia, que tomó el nombre de sor María Celeste, pudo llevar cristianamente su cruz: vivió con profunda piedad y en activa caridad hacia sus hermanas. Livia, en cambio, sor Arcángela, sucumbió bajo el peso de la violencia sufrida y vivió neurasténica y enfermiza» (Sofia Vanna Rovighi).

En el plano personal, por lo tanto, Galileo habría sido vulnerable.

Decimos «habría sido» porque, gracias a Dios, aquella Iglesia que lo llamó a presentarse delante del Santo Oficio, aquella Iglesia acusada de moralismo despiadado, bien procuró no caer en el error fácil y mezquino de mezclar su vida privada, sus decisiones personales, con sus ideas, lo único que estaba en discusión. «Ningún eclesiástico le reprocharía nunca su situación familiar. Muy diferente habría sido su suerte en la Ginebra de Calvino, donde decapitaban a los "concubinos" como él» (Rino Cammilleri).

Es una observación que vierte un rayo de luz en una situación poco conocida. Ha escrito Georges Bené, uno de los estudiosos que más conocen esta historia: «Desde hace dos siglos Galileo y su caso interesan, más que como *fin*, como *medio* polémico contra la Iglesia católica y su "oscurantismo", que obstaculizaría la investigación científica.» El mismo Joseph Lortz, católico riguroso y completamente ajeno a ese espíritu de autoflagelación de tanta actual historiografía clerical, autor de uno de los más célebres manuales de historia de la Iglesia, cita, compartiéndola, la afirmación de otro estudioso: «El nuevo mundo nace, esencialmente, fuera de la Iglesia católica, porque ésta, con Galileo, expulsó a los científicos.»

Esto no responde a la verdad. La prohibición temporal (llegada, además, y lo veremos más ampliamente, después de una larga simpatía) de enseñar públicamente la teoría heliocéntrica copernicana, es un hecho aislado: ni antes ni después la Iglesia se entrometería nunca (repetimos: *nunca*) para obstaculizar la investigación científica, por otra parte casi siempre llevada a cabo por miembros de órdenes religiosas. El mismo Galileo sólo fue convocado por no respetar los pactos: la aprobación eclesiástica del libro «incriminado», *Diálogos sobre los dos mayores sistemas del mundo*, se le había concedido a condición de que presentara la teoría copernicana como hipótesis (como también exigían los conocimientos científicos de la época, todavía inciertos), mientras que él la daba por demostrada. Pero aún hay más. Prometió adecuarse: y no sólo no lo hizo, entregando a la imprenta el manuscrito tal como estaba, sino que puso en boca del bobo de los *Diálogos*, cuyo nombre ejemplar es Simplicio, los consejos de moderación que le había dado el Papa, que incluso era su amigo y lo admiraba.

Cuando Galileo es llamado a Roma para disculparse, se está ocupando de muchos proyectos de investigación, además de éste sobre el movimiento de la Tierra y del Sol. Había llegado a los setenta años recibiendo siempre honores y ayudas de todos los ambientes religiosos, salvo una platónica admonición en 1616, ni siquiera dirigida a él personalmente. Después de la condena pudo volver en seguida a sus investigaciones, rodeado de jóvenes discípulos que formarán una escuela. Y pudo condensar lo mejor de su vida de estudio en los años que le quedan, en aquellos *Discursos y demostraciones matemáticas sobre dos nuevas ciencias* que es el ápice de su pensamiento científico.

Por otra parte, en esta época el Observatorio Vaticano —hoy todavía activo, fundado y siempre dirigido por jesuitas— consolida su fama de ser uno de los institutos científicos más prestigiosos y rigurosos del mundo. Hasta el punto que cuando los italianos llegan a Roma, en 1870, se apresuran a hacer una excepción en su programa de expulsión de los religiosos, ante todo de la Compañía de Jesús.

Así que el gobierno de la Italia anticlerical y masónica pide al Parlamento que vote una ley especial para mantener al padre Angelo Sacchi como director de por vida del Observatorio, que ya fue papal. El padre Sacchi es uno de los más importantes estudiosos del siglo, uno de los fundadores de la astrofísica, hombre de fama tan universal que de todo el mundo llegan peticiones para que los responsables de la «nueva Italia» no pongan obstáculos a un trabajo unánimemente juzgado de gran valor.

Si a partir del siglo XVII la ciencia parece emigrar primero al norte de Europa y luego al otro lado del Atlántico —es decir, fuera de la órbita de las regiones católicas—, el motivo está en la desviación del curso seguido por la propia ciencia. Ante todo, los instrumentos, muy costosos (de los que el mismo Galileo es pionero), requieren fondos y laboratorios que sólo pueden permitirse países económicamente avanzados. No precisamente la Italia ocupada por los extranjeros, ni la España en decadencia, hundida bajo su mismo triunfo.

Además la ciencia moderna, al contrario de la antigua, tiene estrechos vínculos con la tecnología, con su utilización directa y concreta. En la antigüedad los estudios científicos se practicaban por sí mismos, por el gusto del conocimiento gratuito, puro. Los griegos, por ejemplo, conocían las posibilidades del vapor de transformarse en energía, pero si no aplicaron este conocimiento a una máquina para el trabajo, fue porque no consideraban digno de un hombre libre, de un «filósofo», como era también el hombre de ciencia, dedicarse a actividades tan «utilitarias». (Una actitud, por otra parte, característica de todas las sociedades tradicionales: los chinos, que desde épocas muy antiguas fabricaban la pólvora, no la convirtieron nunca en carga para cañones y fusiles, tal como hicieron los europeos en el Renacimiento, sino que la utilizaron sólo para fines estéticos, para los fuegos de artificio en las fiestas. Y los antiguos egipcios sólo aplicaban sus extraordinarias técnicas de construcción a templos y tumbas, nunca a edificios «profanos».)

Es evidente que la ciencia, desde el momento en

que se pone al servicio de la tecnología, puede desarrollarse sobre todo en países que, como los nórdicos, han conocido una muy temprana revolución industrial; que tienen —como Inglaterra y Holanda— grandes flotas para construir y utilizar; que necesitan de un equipamiento moderno para los ejércitos, infraestructuras territoriales, etc. Es decir, mientras que antes la ciencia sólo tenía relación con la inteligencia, la cultura, la filosofía y las mismas artes, a partir de la época moderna está vinculada al comercio, la industria y la guerra. En suma, al dinero.

Que es ésta —y no la pretendida «persecución católica» de la que, como hemos visto, también hablan historiadores católicos— la causa de la relativa inferioridad científica de los pueblos que han mantenido sus vínculos con Roma, también lo demuestra la intolerancia protestante, que casi nunca se menciona y que es, en cambio, fuerte y precoz. Copérnico, punto de partida de todo (y en cuyo nombre Galileo sería «perseguido») es un catolicísimo polaco. Es más, es un canónigo, que instala su rudimentario observatorio en un torreón de la catedral de Frauenburg. Su obra fundamental, publicada en 1543 —*Las revoluciones de los mundos celestes*— está dedicada al Papa Pablo III, también astrónomo aficionado. El *imprimatur* lo concede un cardenal, de aquellos dominicanos en cuyo monasterio Galileo escuchará su condena.

Pero el libro del canónigo polaco presenta un detalle singular: el prefacio es de un protestante, que se distancia de Copérnico precisando que sólo se trata de hipótesis, preocupado por las posibles consecuencias en la Escritura. La primera alarma no llega, por lo tanto, de parte católica: es más, hasta el drama final de Galileo se sucederán once papas, que no sólo no desaprueban la teoría «heliocéntrica» copernicana, sino que a menudo la alientan. El mismo pisano es acogido triunfalmente en Roma y nombrado miembro de la Academia pontificia, incluso después de sus primeras obras favorables al sistema heliocéntrico.

Es ésta, en cambio, la reacción textual de Lutero a las primeras noticias de las tesis de Copérnico: «La gente le presta oídos a un astrólogo improvisado, que trata de demostrar en cualquier modo que no gira el Cielo, sino la Tierra. Para ostentar inteligencia basta con inventar algo y darlo por cierto. Este Copérnico, en su locura, quiere desmontar todos los principios de la astronomía.» Y Melantone, principal colaborador teológico del fraile Martín, hombre generalmente muy equilibrado, se muestra aquí inflexible: «No toleraremos semejantes fantasías.»

No se trataba de amenazas vacías: el protestante Kepler, fautor del sistema copernicano, expulsado del colegio teológico de Tubinga, para huir de sus correligionarios, que lo juzgaban blasfemo como partidario de una teoría considerada contraria a la Biblia, tuvo que abandonar Alemania y refugiarse en Praga. Y es tan significativo como ignorado (al igual que demasiadas otras cosas en este asunto) que al «copernicano» y reformador Kepler le llegó una invitación para enseñar en territorio pontificio, en la prestigiosa Universidad de Bolonia.

Es siempre Lutero quien más veces repitió: «Se colocaría fuera del cristianismo quien afirmara que la Tierra tiene más de seis mil años.» Esta «literalidad», este «fundamentalismo» que trata la Biblia como el Corán (no sujeta, pues, a interpretación), caracteriza toda la historia del protestantismo, y todavía sigue en vigor, defendido por la actividad de iglesias y sectas inspiradas en la Reforma, en gran expansión en EE. UU. y otros países.

A propósito de universidad (y de «oscurantismo»): habrá pues un motivo si, a principios del siglo XVII; cuando Galileo tenía unos cuarenta años y se hallaba en plena actividad investigadora, había en Europa

108 universidades —esta típica creación de la Edad Media católica—, algunas más en las Américas españolas y portuguesas y ninguna en territorios no cristianos. Y también habrá una razón si las obras matemáticas y geométricas de la antigüedad (principalmente la obra de Euclides), que han constituido la base fundamental para el desarrollo de la ciencia moderna, nos han llegado sólo gracias a las copias de monjes benedictinos y, una vez inventada la tipografía, gracias a libros impresos siempre por religiosos. Alguien ha señalado incluso que, precisamente a principios de este siglo XVII, un Gran Inquisidor de España creó en Salamanca la Facultad de Ciencias Naturales, donde se enseñaba, apoyándola, la teoría copernicana...

Historia compleja, como se puede ver. Mucho más compleja de la que generalmente nos cuentan. Habrá que volver sobre ello.

29. Galileo Galilei/3

Alguien ha señalado una paradoja: en varias ocasiones la Iglesia ha sido juzgada por su retraso, por no estar al día. Pero el curso posterior de la historia ha demostrado que si parecía anacrónica es porque había tenido razón demasiado pronto.

Ocurrió, por ejemplo, con la desconfianza hacia el mito entusiasta de la «modernidad» y del consecuente «progreso», durante todo el siglo XIX y gran parte del XX. Ahora un historiador de la talla de Émile Poulat puede decir: «Pío IX y los demás papas "reaccionarios" se quedaban atrás respecto a su época, pero se han convertido en profetas de la nuestra. Puede ser que no tuviera razón en cuanto a su hoy y su mañana: pero habían visto bien para su pasado mañana, que es esta época nuestra posmoderna, que descubre la otra cara, la oscura, de la modernidad y el progreso.»

Ocurrió, para dar otro ejemplo, con Pío XI y Pío XII, cuyas condenas del comunismo ateo eran juzgadas con desprecio, hasta ayer, como «conservadoras», como «superadas», mientras que ahora los mismos comunistas arrepentidos comparten sus críticas (cuando son suficientemente honestos para reconocerlo) y revelan que esos papas «atrasados» tenían una vista tan aguda como nadie la había tenido nunca. Está ocurriendo, es otro ejemplo, con Pablo VI, cuyo documento que parece y parecerá cada vez más profético, también fue considerado el más «reaccionario»: la *Humanae vitae*.

Hoy estamos en condición de comprender que esta paradoja se ha generado gracias también al «caso Galileo», del que hemos hablado detenidamente en los dos apartados anteriores.

Ciertamente fue un error mezclar la Biblia con la ciencia experimental que entonces estaba naciendo. Pero es demasiado fácil juzgar con conocimientos posteriores: ya hemos visto que los protestantes fueron aquí bastante menos lúcidos; mejor, bastante más intolerantes que los católicos. Seguro que en tierra luterana o calvinista Galileo no habría acabado su vida en la villa, y huésped de jerarcas eclesiásticos, sino en el patíbulo.

Desde la antigüedad clásica hasta esta época, la *filosofía* abarcaba todos los conocimientos humanos, incluidas las ciencias naturales: hoy en día es fácil distinguir, pero entonces la distinción empezaba a abrirse camino entre daños y errores.

Por otra parte, Galileo ya levantaba sospechas por haberse equivocado alguna vez (en el caso de los cometas, por ejemplo), y precisamente en el plano predilecto de lo experimental; no tenía pruebas a favor de Copérnico, y la única que aportaba era totalmente errónea. Un santo y sabio de la envergadura de Roberto Bellarmino —y junto con él, otra figura de gran talla, el cardenal Baronio—, se declaraba dispuesto a atribuir a la Escritura (cuya letra parecía más en sintonía con el sistema tolemaico) un sentido metafórico, por lo menos en las expresiones que las nuevas hipótesis astronómicas pondrían en entredicho; pero sólo cuando los copernicanos fuesen capaces de aportar pruebas científicas irrefutables. Y estas pruebas no llegaron hasta un siglo más tarde.

Un estudioso como Georges Bené piensa incluso que la decisión del Santo Oficio de retirar el libro de Galileo no sólo era legítima, sino también consecuente en el plano científico: «Como el rechazo de un artículo inexacto y sin pruebas por parte de la dirección de una moderna revista científica.» Por otra parte, el mismo Galileo mostró que, a pesar de algunas intuiciones correctas, él tampoco tenía muy clara la relación entre ciencia y fe. No es suya, sino del cardenal Baronio (como confirmación de la abertura de los ambientes eclesiásticos) la célebre fórmula: «El propósito del Espíritu Santo, al inspirar la Biblia, era enseñarnos cómo se va al Cielo, y no cómo va el cielo.»

Pero entre las cosas que habitualmente son silenciadas está su contradicción, su propio caer en el «concordismo bíblico»: frente al célebre versículo de Josué que detiene el Sol, no tenía absolutamente en cuenta un lenguaje metafórico; se quedaba en la lectura literal, afirmando que Copérnico podía explicar esta «parada» mejor que Tolomeo. Poniéndose en el mismo plano que sus jueces, Galileo confirma lo incierta que era la distinción entre el nivel teológico, filosófico, y el de la ciencia experimental.

Pero quizás es en otra parte donde la Iglesia se mostró atrasada, porque estaba tan adelantada a su tiempo que sólo ahora empezamos a intuirlo. En efecto —más allá de los errores en los que pueden haber caído los diez jueces, todos prestigiosos teólogos y hombres de ciencia, en el convento dominico de Santa Maria sopra Minerva, y quizás más allá de lo que ellos mismos advertían— juzgando una presunción (o arrogancia) de Galileo, establecieron de una vez por todas que la ciencia no era y no podía ser nunca una nueva religión; que no se trabajaba para el bien del hombre ni para la Verdad, creando nuevos dogmas basados en la «Razón» en lugar de los que se basan en la Revelación. «La condena temporal (*donec corrigatur*, hasta que sea corregida, decía la fórmula) de la doctrina heliocéntrica, que era presentada por sus defensores como verdad absoluta, salvaguardaba el principio fundamental según el cual las teorías científicas expresan verdades hipotéticas, ciertas *ex suppositione*, por hipótesis, y no en modo absoluto.» Así escribe un historiador de nuestros días.

Después de tres siglos de aquella infatuación científica, de aquel terrorismo racionalista que bien conocemos, Karl Popper nos recordó que los inquisidores y Galileo, a pesar de las apariencias, estaban en el mismo plano. Ambos aceptaban por fe unos supuestos fundamentales como base para construir sus sistemas. Los inquisidores aceptaban como verdades indiscutibles (incluso para las ciencias naturales) la Biblia y la Tradición, en su sentido más literal. Pero también Galileo —y, después de él, toda la serie infinita de cientificistas, racionalistas, ilustrados y positivistas— aceptaba sin discusiones, como nueva Revelación, la autoridad de la razón humana y de la experiencia de nuestros sentidos.

Pero ¿quién ha dicho (y la pregunta es de un laico agnóstico, como era Karl Popper) —si no otra especie de fideísmo— que razón y experiencia, mente y sentidos, nos comunican la «verdad»? ¿Cómo probar que no se trata de ilusiones, igual que muchos consideran ilusiones las convicciones en las que se basa la fe religiosa? Sólo ahora, después de tanta veneración y respeto, empezamos a ser conscientes de que las llamadas «verdades científicas» no son en absoluto verdades indiscutibles *a priori*, sino siempre y solamente hipótesis transitorias, siquiera bien fundadas (y la historia, en efecto, nos enseña cómo razón y experiencia no han preservado a los científicos de caer en infinitas y clamorosas equivocaciones, a pesar de la aclamada «objetividad e infalibilidad de la Ciencia»).

Éstas no son divagaciones apologéticas, sino datos bien documentados: mientras Copérnico y todos los copernicanos (numerosos, lo hemos visto, incluso entre los cardenales, y tal vez entre los mismos papas) se quedaron en el plano de las hipótesis, nadie dijo nada; el Santo Oficio no se entrometió para poner fin a una discusión libre acerca de datos experimentales que iban apareciendo.

Se reaccionó duramente sólo cuando se quiso pasar de la hipótesis al dogma, cuando empezaron a surgir sospechas de que el nuevo método experimental se va convirtiendo en religión, en aquel «cientificismo» en el que, en efecto, degenerará. «En el fondo, la Iglesia no pedía más que una cosa: *tiempo*, tiempo para madurar y reflexionar, cuando a través de sus teólogos más sabios, tales como el santo cardenal Bellarmino, le exigía a Galileo que defendiera la doctrina copernicana sólo como hipótesis, y cuando, en 1616, ponía en el Índice el *De revolutionibus* de Copérnico *donec corrigatur*, es decir hasta que se les diera forma *hipotética* a los pasajes que afirmaban el movimiento de la Tierra de manera *absoluta*. Esto aconsejaba Bellarmino: recoged el material para vuestra ciencia experimental, sin preocuparos, vosotros, de si y cómo puede organizarse en el *corpus* aristotélico. ¡Sed hombres de ciencia, no queráis hacer de teólogos!» (Agostino Gemelli).

Galileo no fue condenado por lo que decía, sino por *cómo* lo decía. O sea, con intolerancia fideísta, propia de un misionero del nuevo Verbo que superaba a sus antagonistas, considerados «intolerantes» por definición. La estima por el científico y el afecto por el hombre no impiden destacar los dos aspectos de su personalidad que el cardenal Paul Poupard definió como «arrogancia y vanidad, a menudo muy vivas». En posición contraria a su teoría, el pisano tenía a los astrónomos jesuitas del Colegio Romano, de los que tanto había aprendido, de los que tantos honores había recibido y a los que la investigación reciente ha mostrado en todo su valor de grandes y modernos hombres de ciencia, también «experimentales».

Como carecía de pruebas objetivas, fue sólo apoyándose en un nuevo dogmatismo, en una nueva religión de la Ciencia, como pudo lanzar contra estos colegas expresiones como las que se encuentran en sus cartas privadas: quien no aceptaba de inmediato y por entero el sistema copernicano era (textualmente) «un imbécil con la cabeza llena de pájaros», alguien «apenas digno de ser llamado hombre», «una mancha en el honor del género humano», alguien «que se ha quedado en la niñez»; y otros insultos. En el fondo, la presunción de ser infalible parece estar más de su lado que en el de la autoridad eclesiástica.

No hay que olvidar, además, que, adelantándose en esto también a la tentación típica del intelectual moderno, fue esta «vanidad» suya, este afán de popularidad el que lo llevó a sacar a la luz delante de todo el mundo (entre otras cosas, con desprecio a la fe de los más humildes) debates que, precisamente por no estar esclarecidos, todavía tenían que desarrollarse ampliamente entre los sabios. De ahí también su rechazo al latín: «Galileo escribía en vulgar, expresamente para pasar por encima de los teólogos y demás hombres de ciencia y dirigirse al hombre de la calle. Pero no era correcto llevar a nivel popular cuestiones tan delicadas y todavía dudosas, o por lo menos resultaba una grave ligereza» (Rino Cammilleri).

Recientemente, el «heredero» de los inquisidores, el prefecto del Santo Oficio, cardenal Ratzinger, ha explicado que una periodista alemana —firma famosa de un periódico laicísimo, expresión de una cultura «progresista»— le pidió una entrevista sobre el nuevo examen del caso Galileo. Naturalmente, el cardenal esperaba escuchar las jeremiadas de siempre sobre el oscurantismo y el dogmatismo católicos. Pero fue al revés: aquella periodista quería saber por qué la Iglesia no había frenado a Galileo, no le había impedido proseguir con un trabajo que está en los orígenes del terrorismo científico, del autoritarismo de los nuevos inquisidores: los tecnólogos, los expertos... Ratzinger explicaba que no se había sorprendido demasiado: simplemente, aquella redactora era una persona informada, que había pasado del culto «moderno» a la Ciencia a la conciencia «posmoderna» de que científico no puede ser sinónimo de sacerdote de una nueva fe totalitaria.

Sobre la utilización propagandística que se ha hecho de Galileo, que lo ha convertido —de hombre con humanísimos límites, igual que todos— en titán del libre pensamiento, en profeta sin mancha y sin temor, ha escrito cosas interesantes la filósofa católica Sofia Vanni Rovighi, uno de los pocos nombres femeninos en esta disciplina. Vamos a ver:

«No es históricamente correcto ver a Galileo como un mártir de la verdad, que por la verdad lo sacrifica todo, sin contaminarse con ningún otro interés y sin utilizar ningún medio extrateórico para que la verdad triunfe, y ver en el otro lado a hombres que no tienen ningún interés en la verdad, que anhelan el poder y sólo utilizan el poder para triunfar sobre Galileo. En realidad, existen dos bandos: Galileo y sus adversarios, ambos seguros de la verdad de sus opiniones y con buena fe; pero el uno y el otro utilizan también medios extrateóricos para hacer triunfar la tesis que cada cual considera cierta. Sin olvidar que en 1616 la autoridad eclesiástica fue especialmente benévola con Galileo y ni siquiera lo nombró en el decreto de condena; y en 1633, aunque pareciera proceder con severidad, le concedió todo tipo de facilidades materiales. Según la legislación de aquella época, Galileo debería haber estado en la cárcel antes del procedimiento, durante y, si era condenado, después; sin embargo, no sólo no estuvo en la cárcel ni siquiera una hora, no sólo no sufrió malos tratos, sino que fue alojado y tratado con toda clase de atenciones.»

Pero continúa Vanni Rovighi, con especial sensibilidad femenina hacia las pobres hijas del gran hombre de ciencia: «No es justo, además, no medir todo por el mismo rasero: hablar, por lo tanto, de delito contra el espíritu refiriéndose a la condena de Galileo, y ni chistar cuando se habla de la entrada forzada en convento que Galileo impuso a sus dos jóvenes hijas, intentándolo todo para eludir las leyes eclesiásticas, que protegían la dignidad y la libertad personal de las jóvenes encaminadas a una vida religiosa, estableciendo un límite mínimo de edad para los votos. Se observará que la acción de Galileo debe ser juzgada teniendo en cuenta la época histórica, y también que Galileo quiso hacerse perdonar aquella violencia, siendo muy bondadoso sobre todo hacia Virginia, sor María Celeste; son consideraciones muy justas, pero pedimos que se aplique igual medida de comprensión histórica y psicológica a la hora de juzgar a los adversarios de Galileo.»

Prosigue la ensayista: «Habrá que tener en cuenta también esto: cuando se juzga severamente a la autoridad que condenó a Galileo, se hace desde un punto de vista moral (pues desde un punto de vista intelectual es evidente que hubo un error de parte de los jueces; pero el error no es delito, y no se olvide nunca que esto no concierne a la fe: tanto el juicio de 1616, como el de 1633, son decretos de una Congregación romana aprobados por el Papa *in forma communi* y como tales no pertenecen a la categoría de las afirmaciones infalibles de la Iglesia; se trata de decretos de hombres de Iglesia, no de dogmas de la Iglesia). Si lo miramos, pues, desde un punto de vista moral, no se debe confundir este valor con el éxito. Tanto vale el tormento del espíritu del gran Galileo como el tormento del espíritu trastornado de la pobre sor Arcángela, obligada por su padre a hacerse monja a los doce años. Y si seguimos diciendo que —¡por Dios!— Galileo es Galileo, mientras que sor Arcángela no es más que una oscura mujercita, para concluir afirmando, al menos implícitamente, que atormentar al uno es culpa mucho más grave que atormentar a la otra, nos estamos dejando encantar por el poder y el éxito. Pero desde este punto de vista ya no tiene sentido hablar de espíritu: ni para reprochar los delitos cometidos en su contra, ni para exaltar sus victorias.»

31. Luna y cercanías

En mi primer empleo, trabajaba como redactor en una editorial. De esa mañana del 21 de julio de 1969 recuerdo bien los ojos de todos, hinchados por el sueño: nadie había dormido. Todo el mundo despierto, durante toda la noche, para ver qué significaba en concreto un verbo hasta entonces sólo teórico: *to moon-land*, «alunizar». Las celebraciones de estos días nos hacen volver la mirada hacia el cielo: hacia la Luna, ciertamente, con algunos residuos diseminados en su superficie (la basura siempre acompaña a la presencia humana); pero también más allá, hacia la inmensidad del espacio.

Entre todas las reflexiones, la más sorprendente, tal vez la más profunda, considero la de André Frossard, el hombre que nunca se olvida de que «Dios existe», por la sencilla razón que —tal como repite insistentemente desde hace medio siglo— «lo ha encontrado».

Escuchen: «El descubrimiento más grande del siglo XX es que no había nada para descubrir. Quiero decir que todas nuestras exploraciones en el universo muestran que está vacío, inhabitado. El hombre está solo. Es impresionante: este enorme montaje, con millones de proyectores, para un único actor representando una comedia de la que no conoce ni el primero ni el último acto.»

¿Qué se deduce de ello? Responde Frossard: «Que los antiguos, Aristóteles, Tolomeo, los teólogos del Papa tenían razón desde el punto de vista filosófico, aunque no la tenían desde el punto de vista físico. Sí, tenía razón el sistema tolemaico y no el de Copérnico y Galileo: es verdad, en el centro del universo está el hombre, la tierra. Era una astronomía equivocada, pero una correcta filosofía, que la ciencia hoy en día no hace más que confirmar. ¿La Iglesia tuvo razón, por lo tanto, en condenar a Galileo? Digamos que, con un error judicial, ha penado un error metafísico. A partir de Galileo, hemos tomado la mala costumbre de considerarnos como insignificantes gusanos en la costra de un pequeño queso. El sentido cristiano, su afirmación que, para nosotros, Dios se ha encarnado para sufrir, nuestra certeza, pues, en la gran dignidad del hombre no podían admitirlo. Y ahora, precisamente la ciencia moderna nacida con Galileo parece confirmarlo.»

Ni nosotros, ni nuestros descendientes, en el plazo de una sola vida, podremos ir nunca más allá del sistema solar: sólo podrían llegar vivos nietos y bisnietos de parejas que procreasen durante el viaje. Y el sistema solar —ahora, gracias a las sondas, lo sabemos con seguridad— está angustiosamente vacío. Pero allá donde no puede llegar todo el cuerpo, puede llegar el oído: desde 1931 los radioastrónomos están en alerta, pero nunca han captado señales de otros seres inteligentes. ¿Llegarán en el futuro? Nadie puede descartarlo, pero es evidente que no sabremos qué hacer con ellas. Esas señales nos llegarían de civilizaciones que las habrían emitido hace unos miles o millones de años y que quizás en el momento de recibirlas nosotros ya habrían desaparecido quién sabe cuándo. Y nuestra «respuesta» tardaría en llegar un espacio igual de tiempo.

Queda confirmada la decepcionante conclusión: por lo que sabemos hasta ahora, no hay nadie más. Y aunque hubiera, el diálogo sería imposible. Por esto también resultan inaceptables *a priori* los sueños seductores de los estudiosos de «ovnis», de los muchos que creen en los «platillos volantes»: aunque dispusieran de medios tan rápidos como la luz (ir más rápido, se sabe, es físicamente imposible) estos «alienígenas» no podrían ir y venir, mejor, tampoco podrían comunicar con su «base» remota.

Realmente la fe no tenía (ni tiene) nada que temer ante el eventual descubrimiento de otros seres inteligentes. En la villa del Papa en Castelgandolfo, paseaba yo por la terraza a plomo sobre el lago de Albano, dominada por dos cúpulas desde las cuales atisban grandes telescopios. Abajo, unas letras de bronce exhortan: *Dum Creatorem venite adoremus.* Estaba ahí para una entrevista con el padre Georges V. Coyne, jesuita, americano de Baltimore, astrónomo de fama mundial, director del glorioso Observatorio Vaticano, el observatorio astronómico del Papa: el más antiguo del mundo, en funcionamiento desde 1579.

El padre Coyne me confirmaba su convicción: podría haber vida en otro lugar, pero es una posibilidad, no una certeza. Y yo le recordaba (se sorprendió, dijo que no había pensado nunca en ello) que —si un día descubriéramos a «otros» en el universo— tal vez recobraría nueva luz la misteriosa palabra de Jesús: «Y tengo otras ovejas que no son de este aprisco. A ésas también tengo que traer; ellas oirán mi voz...» (Jn. 10, 16).

Pues, la fe no temía: ni teme. Mejor, se alegraría de comprobar la fecundidad de un Dios Creador por puro amor.

Sin embargo, a pesar de ello, seguramente un cierto cientificismo ateísta ha ido buscando otros mundos habitados también para encontrar apoyo a su tesis de que la vida puede, debe desarrollarse por azar, por ley estadística, en los miles y miles de cuerpos astrales del universo. Para muchos habría sido una satisfacción el poder hablar de otros «caldos primordiales» que —con el tiempo y los cruces— habrían producido unos seres capaces de lanzar transmisiones radiofónicas en el espacio. De ser así, el hombre habría dejado de ser un misterio tan escandaloso por su unicidad: querían rebajarnos, parecía intolerable que todo fuera sólo para nosotros.

Pero lo es: en sesenta años de escuchas no hemos captado la voz de ningún otro «ser»; en cambio hemos escuchado la que parece la voz del Ser. Es el extraordinario descubrimiento de la radioastronomía: el universo «suena», las galaxias tienen una «voz», que recientemente ha sido descodificada y grabada en una cinta, dando vida a una impresionante sinfonía. Según Job (38, 7), las estrellas cantan en coro; según Isaías (44, 23) los Cielos tienen que cantar; según Zacarías (9, 14) es Dios mismo quien toca; mientras que para el Salmista (148, 3 y ss.) el Sol, la Luna, los lucientes astros, los cielos de los cielos alaban al Señor.

Metáforas, se decía, igual que centenares más que se podrían espigar tanto en el Antiguo como en el Nuevo Testamento (¿qué es aquel sonido de «la Creación entera», que, según Pablo, más que «sonar» o «cantar», «gime»?, Rom. 8, 22). Pero metáforas que ahora hallan singular y concreta correspondencia en las grabaciones de los radioastrónomos.

El tema es demasiado fascinante como para no seguir con él.

V. LOS NAZIS Y LA IGLESIA

32. En los tiempos de la esvástica

Aquí todo está fuera de sospecha. Laterza, el editor italiano, es «de izquierdas» (si es que esta palabra todavía quiere decir algo). Pese a su juventud, el autor posee ya una sólida reputación académica e incluso su nombre —Rainer Zitelmann— parece sugerir un origen judío. Por consiguiente, su ensayo, *Hitler*, no guarda ningún parentesco con la semiclandestina propaganda «revisionista». Éste es otro de los motivos que hacen insólita su lectura, recomendable para el lector que busque objetividad.

Zitelmann nació en 1957, es decir, doce años después de la muerte del personaje al que ha dedicado sus investigaciones desde que se licenció en Historia. Así, estas algo más de doscientas densas páginas dedicadas a Hitler son uno de los primeros frutos del trabajo de una generación libre de recuerdos y de los subsiguientes condicionamientos personales.

En este libro pueden encontrarse párrafos sorprendentes, como este que reproducimos textualmente: «El objetivo de las disposiciones económicas antisemitas era obligar a los judíos a abandonar Alemania. Para este propósito se aunaron los esfuerzos tanto de los nacionalsocialistas como de los sionistas. Ya en 1933 se había iniciado una colaboración entre los organismos oficiales alemanes (Gestapo incluida) y los hebreos, con el fin de favorecer la emigración fuera de Alemania de la población judía. En efecto, en los cinco años comprendidos entre 1933 y 1937, abandonaron Alemania unos 130 000 judíos, de los cuales 38 400 hallaron refugio en la nueva patria palestina.»

Aquí tenemos una buena prueba de la manipulación de la verdad, practicada durante casi medio siglo. Al ofrecernos esta noticia de una colaboración entre nazis y sionistas (los unos tratando de librarse de los judíos, los otros interesados en su expulsión para dar forma al sueño del nuevo Israel en un territorio que llevaba siglos siendo árabe), Zitelmann no nos revela el resultado de descubrimientos en archivos secretos.

La colaboración entre la esvástica y la estrella de David se realizó a la luz del día y hasta los periódicos de la época hablaron de ella. Pero nosotros, que no vivíamos entonces y no podíamos leer esos periódicos, no hemos sabido nada porque los historiadores siempre han ocultado ese embarazoso tema sin darnos ninguna explicación.

Veamos cómo prosigue el joven historiador: «El que el número de emigrados judíos no haya sido superior se debió, por una parte, a la aplicación cada vez más restrictiva que realizaban numerosas naciones de las disposiciones referidas a las migraciones judías; y, por otra parte, a la actitud de numerosos judíos alemanes, que siguieron haciéndose ilusiones sobre el régimen nazi hasta los últimos meses de 1937. Un ejemplo de ello es "la llamada a los judíos de Alemania" lanzada a finales de diciembre de 1937 por la Delegación Nacional de los Judíos Alemanes, en la que se invitaba a la población judía a "no dejarse llevar por injustificados sentimientos de pánico".»

Son dos noticias largamente silenciadas. En primer lugar, el antisemitismo nazi no se topó con una oleada de solidaridad internacional, por el contrario, Estados Unidos, Gran Bretaña y Francia, es decir, los países con las mayores comunidades hebreas (cuyas protestas, cuando las hubo, fueron más bien débiles y rápidamente reprimidas), cerraron las puertas en las narices a los israelitas que salían de Alemania. ¿Fue éste otro de los efectos de la política del poderoso movimiento sionista, que pretendía oponer a toda costa el mayor número de judíos a los árabes de Palestina, obligando a cerrar cualquier otra vía a los exiliados?

Para responder a una pregunta de ese cariz conviene no olvidar los tratados de posguerra (éstos sí que fueron en gran parte secretos) entre Israel y la Unión Soviética, para sacar a los judíos de las fronteras soviéticas y desviarlos directamente y sin escalas a Tel-Aviv. A dichos acuerdos se debe que los aviones rusos no aterrizaran en Viena como de costumbre, ya que, al llegar allí, muchos judíos se negaban a proseguir el viaje hasta Israel.

La noticia de la perseverante ilusión de los judíos alemanes acerca de las intenciones del nazismo puede ser útil en el momento de valorar la airada polémica contra la Iglesia católica por el acuerdo alcanzado con Hitler. La firma de dicho documento es de julio de 1933, cuando el régimen aún no había mostrado del todo sus cartas. ¡Incluso cuatro años y medio después, los propios judíos alemanes juzgaban «injustificado» el alarmismo excesivo!

Pero el 21 de marzo de aquel 1937, en las 11 500 parroquias católicas del Reich se leyó la *Mit brennender Sorge* en la que Pío XI, «con ardiente preocupación», denunciaba «el calvario» de la Iglesia y desenmascaraba el carácter anticristiano del régimen, incluyendo las teorías raciales. Para citar a Zitelmann, «la furia de Hitler contra la Iglesia romana se desencadenó ya sin freno». Goebbels anotó en su diario: «Ahora, los curas tendrán que aprender a conocer nuestra dureza, nuestro rigor y nuestra inflexibilidad.»

En resumen, también en lo referente a la «resistencia» contra la tela de araña nazi, habrá que revisar muchas de las cosas que se nos han dicho hasta ahora.

Volviendo a las desconcertantes relaciones entre nazismo y sionismo, en el mismo libro se informa de la «entusiasta aprobación de Hitler» a la decisión de su ministro de Economía: confiar a un «Comité de Responsables» todo el patrimonio de los judíos alemanes. Hay que señalar que los registrados como «trabajadores» no eran demasiados, unos 240 000, pero poseían la enorme suma de seis mil millones de marcos (o sea, el equivalente del gasto sostenido posteriormente para el rearme del Reich). Con el fondo constituido con aquellos bienes, cualquier judío que deseara emigrar podía extraer lo necesario para reconstruir su vida en el extranjero.

Con la satisfacción de Hitler —y aquí viene la sorpresa— pero también, como dice el historiador, de «las organizaciones asistenciales judías de América e Inglaterra, que decidieron aceptar el plan alemán en sus puntos principales». Los tratados continuaron hasta el otoño de 1939, es decir, hasta la guerra. Pero, todavía en 1941, a través de la embajada alemana en Ankara, al menos una parte del movimiento sionista proponía a Berlín un acuerdo entre el Tercer Reich y la República en ciernes de Israel para el dominio de Oriente Medio.

En efecto, la «verdadera» historia no cesa de cuestionar nuestros esquemas, siempre henchidos de maniqueísmo.

33. Cristianos y nazis/1

A cien años del nacimiento de Hitler, queremos hacer una puntualización. Está dedicada a aquellos católicos que sólo entonan el *mea culpa* en respuesta al viejo coro de acusaciones, como si la Iglesia fuera la responsable de aquel cristiano austríaco.

Pero la verdad es ésta: en mayor o menor medida, todos comparten la responsabilidad de lo acaecido entre 1933 y 1945. Sin embargo, si Alemania hubiera sido católica, no habría responsabilidades que echarse en cara: el nacionalsocialismo habría seguido siendo una facción política impotente y folclórica.

Primero fueron Lutero y sus sucesores y luego, en el siglo XIX, Otto von Bismarck, quienes intentaron, con toda la violencia a su alcance, desterrar de Alemania el catolicismo, considerado como una sumisión a Roma indigna de un buen patriota alemán. El «Canciller de Hierro» definió su persecución de los católicos como *Kulturkamp*, «lucha por la civilización», con el fin de separarlos por la fuerza del papado «extranjero y supersticioso» y hacerlos confluir en una activa Iglesia nacional, al igual que pretendían los luteranos desde siglos atrás. No lo consiguió y al final fue él quien se vio obligado a ceder (sin embargo, la fidelidad a Roma fue hasta 1918 una deshonra que impedía el ascenso a los altos escalafones del Estado y del Ejército).

Después de la Reforma luterana, sólo un tercio de los alemanes siguió siendo católico. Hitler no llegó al poder mediante un golpe de Estado, lo hizo con toda legalidad, mediante el democrático método de elecciones libres. No obstante, en ninguna de aquellas elecciones obtuvo mayoría en los *Länder* católicos, los cuales, obedientes (entonces lo eran...) a las indicaciones de la jerarquía, votaron unidos, como siempre, por su partido, el glorioso *Zentrum*, que ya había desafiado victoriosamente a Bismarck y que también se opuso a Hitler hasta el último momento.

Y esto fue (dato que se olvida pronto), lo que no hicieron los comunistas, para quienes, hasta 1933, el enemigo principal no era el nazismo, sino la «herética» socialdemocracia. Se ha hecho todo lo posible para que olvidemos que Hitler nunca habría desencadenado la guerra sin la alianza con la Unión Soviética que, en 1939, bajó al campo de batalla con los nazis para dividirse Polonia. Y fueron los soviéticos quienes, al librar a Hitler de la amenaza del doble frente, le permitieron llegar hasta París, después de conquistar Varsovia. Hasta la «traición» de Hitler en el verano de 1941, las materias primas rusas sostuvieron el esfuerzo germano durante sus buenos veintidós meses. Los motores de los carros de combate nazis del *Blitz* en Polonia y en Francia y los aviones de la batalla de Inglaterra rodaron con el petróleo de la soviética Bakú. Hasta esa fecha, en los países ocupados, como Francia, los comunistas locales obedecían las directrices de Moscú y estaban de parte de los nazis, no de la resistencia.

Sirvan estos hechos por las décadas de alardes de «importantes méritos antifascistas» del comunismo internacional, tan predispuesto a definir a los católicos (los «clérigo-fascistas») de encubridores de la gran tragedia. No son méritos los que ostentan los comunistas sino responsabilidades gravísimas. Al nazismo no lo venció de ningún modo la iniciativa de Stalin, quien, por el contrario, se sintió traicionado por el ataque imprevisto de la aliada Berlín. Lo venció la resistencia, de cuyos méritos intentó luego apropiarse el marxismo, tras una decisión tardía y obligada por el revés alemán.

El nazismo cayó gracias a la obstinación de Inglaterra, que consiguió atraer tras de sí a la potencia industrial americana y que, de acuerdo con su política tradicional más que por motivos ideales (el propio Churchill había sido admirador de Mussolini y tuvo palabras de aprecio y elogio para Hitler; además, el partido fascista local recogía simpatía y apoyo en la isla), nunca había soportado la existencia de una potencia hegemónica en la Europa continental. Así había ocurrido con Napoleón y la entrada en la guerra de 1914: ésta no fue una guerra de principios sino de estrategia imperial. A principios de siglo, la Gran Bretaña victoriana no había mostrado intenciones y procedimientos muy distintos de los de la Alemania hitleriana contra los bóers sudafricanos. Por desgracia, en política (y en la guerra, que es su continuación), no existen los paladines de ideal inmaculado.

Volviendo al ascenso de Hitler, recordaremos que, también en las decisivas elecciones de marzo de 1933, los *Länder* protestantes le proporcionaron la mayoría, pero las zonas católicas lo mantuvieron en minoría. El presidente Hindenburg, respetando la voluntad de la mayoría de los electores, confió la cancillería a aquel austríaco de cuarenta y cuatro años, de orígenes oscuros (quizás parcialmente judío, según algunos historiadores). El 21 de marzo, día de la primera sesión del Parlamento del Tercer Reich, Goebbels proclamó el «Día de la Revancha Nacional». Las solemnes ceremonias se abrieron con un servicio religioso en el templo luterano de Postdam, antigua residencia prusiana.

Joachin Fest, el biógrafo de Hitler, escribe: «Los diputados del católico *Zentrum* tenían permiso para entrar en el servicio religioso (luterano) de la iglesia de los santos Pedro y Pablo sólo por una puerta lateral, en señal de escarnio y venganza. Hitler y los jerarcas nazis no se presentaron "a causa —dijeron— de la actitud hostil del obispado católico".» La famosa foto de Hindenburg estrechando la mano de un Hitler vestido con casaca se realizó en los escalones del templo protestante. «Inmediatamente después —escribe Fest— el órgano entonó el himno de Lutero: *Nun danket alle Gott,* y que ahora todos alaben a Dios.» Era el principio de una tragedia que vería el asesinato de cuatro mil sacerdotes y religiosos católicos, por el mero hecho de serlo.

Desde 1930, en la Iglesia luterana los *Deutschen*

Christen (los Cristianos Alemanes) se habían organizado siguiendo el modelo del partido nazi en la «Iglesia del Reich» que sólo aceptaba a bautizados «arios». Después de las elecciones de 1933, Martin Niemoller, el teólogo que luego se pasó a la oposición, «en nombre —escribió— de más de dos mil quinientos pastores luteranos no pertenecientes a la "Iglesia del Reich"», envió un telegrama a Hitler: «Saludamos a nuestro "Führer", dando gracias por la viril acción y las claras palabras que han devuelto el honor a Alemania. Nosotros, pastores evangélicos, aseguramos fidelidad absoluta y encendidas plegarias.»

Se trata de una larga y penosa historia que, también en julio de 1944, tras el fallido atentado a Hitler, mientras lo que quedaba de la Iglesia católica alemana guardaba un profundo silencio, los jefes de la Iglesia luterana enviaban otro telegrama: «En todos nuestros templos se expresa en la oración de hoy la gratitud por la benigna protección de Dios y su visible salvaguarda.» Una pasividad, que, como veremos, no fue casual.

34. Cristianos y nazis/2

La historia no perdona. Tal vez deje que pasen los siglos, pero a la larga no se olvida de nadie, llevando la luz a todos los rincones. En este *tout se tient*, todo encaja, incluida la relación directa entre la reforma luterana y la docilidad alemana frente al ascenso del nacionalsocialismo, por un lado, y, por el otro, la fidelidad absoluta al régimen hasta el fin, pese a alguna excepción tan heroica como aislada.

Recordábamos cómo, ya desde 1930, los protestantes se organizaron en la «Iglesia del Reich» de los *Deutschen Christen*, los «Cristianos Alemanes», cuyo lema era: «Una nación, una Raza, un Führer.» Su proclama: «Alemania es nuestra misión, Cristo nuestra fuerza.» El estatuto de la Iglesia se modeló según el del partido nazi, incluido el denominado «párrafo ario» que impedía la ordenación de pastores que no fueran de «raza pura» y dictaba restricciones para el acceso al bautismo de quien no poseyera buenos antecedentes de sangre.

Entre otros documentos que han de hacer reflexionar a todos los cristianos, pero de manera muy especial a los hermanos protestantes, citamos la crónica enviada por el corresponsal en Alemania del acreditado periódico norteamericano *Time*, publicado en el número que lleva fecha del 17 de abril de 1933, es decir, un par de meses después del ascenso a la cancillería de Hitler:

«El gran Congreso de los Cristianos Germánicos ha tenido lugar en el antiguo edificio de la Dieta prusiana para presentar las líneas de las Iglesias evangélicas en Alemania en el nuevo clima auspiciado por el nacionalsocialismo. El pastor Hossenfelder ha comenzado anunciando: "Lutero ha dicho que un campesino puede ser más piadoso mientras ara la tierra que una monja cuando reza. Nosotros decimos que un nazi de los Grupos de Asalto está más cerca de la voluntad de Dios mientras combate, que una Iglesia que no se une al júbilo por el Tercer Reich."» [Alusión polémica a la jerarquía católica que se había negado a «unirse al júbilo». *N. del e.*]

El *Time* proseguía: «El pastor doctor Wieneke-Soldin ha añadido: "La cruz en forma de esvástica y la cruz cristiana son una misma cosa. Si Jesús tuviera que aparecer hoy entre nosotros sería el líder de nuestra lucha contra el marxismo y contra el cosmopolitismo antinacional." La idea central de este cristianismo reformado es que el Antiguo Testamento debe prohibirse en el culto y en las escuelas de catecismo dominical por tratarse de un libro judío. Finalmente, el Congreso ha adoptado estos dos principios: 1) "Dios me ha creado alemán. Ser alemán es un don del Señor. Dios quiere que combata por mi germanismo"; 2) "Servir en la guerra no es una violación de la conciencia cristiana sino obediencia a Dios".»

La penosa extravagancia de los *Deutschen Christen* no fue la de un grupo minoritario sino la expresión de la mayoría de los luteranos: en las elecciones eclesiásticas de julio de 1933 los «cristonazis» obtenían el 75 % de los sufragios de parte de los mismos protestantes que, a diferencia de los católicos, en las elecciones políticas habían asegurado la mayoría parlamentaria al NSDAP (el Partido Nacionalsocialista de los Trabajadores Alemanes).

Todo esto (como ya anticipábamos) no es casual, sino que responde a una lógica histórica y teológica. Como explica el cardenal Joseph Ratzinger, un bávaro que en 1945 tenía dieciocho años y estaba alistado en la *Flak*, la artillería contraaérea del Reich: «El fenómeno de los "Cristianos Alemanes" ilumina el típico peligro al que está expuesto el protestantismo frente al nazismo. La concepción luterana de un cristianismo nacional, germánico y antilatino, ofreció a Hitler un buen punto de partida, paralelo a la tradición de una Iglesia de Estado y del fuerte énfasis puesto en la obediencia debida a la autoridad política, que es natural entre los seguidores de Lutero. Precisamente por estos motivos el protestantismo luterano se vio más expuesto que el catolicismo a los halagos de Hitler. Un movimiento tan aberrante como el de los *Deutschen Christen* no habría podido formarse en el marco de la concepción católica de la Iglesia. En el seno de esta última, los fieles hallaron más facilidades para resistir a las doctrinas nazis. Ya entonces se vio lo que la Historia ha confirmado siempre: la Iglesia católica puede avenirse a pactar estratégicamente con los sistemas estatales, aunque sean represivos, como un mal menor, pero al final se revela como una defensa para todos contra la degeneración del totalitarismo. En efecto, por su propia naturaleza, no puede confundirse con el Estado —a diferencia de las Iglesias surgidas de la Reforma—, sino que debe oponerse obligatoriamente a un gobierno que pretenda imponer a sus miembros una visión unívoca del mundo.»

En efecto, el típico dualismo luterano que divide el mundo en dos Reinos (el «profano» confiado sólo al Príncipe, y el «religioso» que es competencia de la Iglesia, pero del cual el propio Príncipe es Moderador y Protector, cuando no su Jefe en la tierra), justificó la lealtad al tirano. Una lealtad que para la mayoría de los cargos de la Iglesia protestante se llevó hasta el final: ya vimos el mensaje enviado al Führer cuando, después de escapar del atentado de julio de 1944, ordenó acabar con la conjura (en la que estaban implicados, entre otros, oficiales de la antigua aristocracia y la alta burguesía católica) con un baño de sangre.

Si en la época del ascenso al poder del nazismo no hubo movimientos de resistencia apreciables, ya en 1934 una minoría protestante se aglutinaba en torno a la figura no de un alemán sino del suizo Karl Barth, tomando distancias respecto a los *Deutschen Christen* y organizándose luego en el movimiento de la «Iglesia confesante», que tuvo sus propios mártires, entre ellos al célebre teólogo Dietrich Bonhoffer. Sin embargo, como menciona Ratzinger, «precisamente porque la Iglesia luterana oficial y su tradicional obediencia a la autoridad, cualquiera que fuera ésta, tendían a halagar al gobierno y al compromiso en servirlo también en la guerra, un protestante necesitaba un grado de valor mayor y más íntimo que un católico para resistir a Hitler». En resumidas cuentas, la resistencia fue una excepción, un hecho individual, de minorías, que «explica por qué los evangélicos —prosigue el cardenal— han podido jactarse de personalidades de gran relieve en la oposición al nazismo». Era necesario un gran carácter, enormes reservas de valor, una inusual convicción para resistir, precisamente porque se trataba de ir contra la mayoría de los fieles y las enseñanzas mismas de la propia Iglesia.

Naturalmente, dado que la historia de la Iglesia católica es también la historia de las incoherencias, de sus concesiones, de los yerros del «personal eclesiástico», no todo fue un brillo dorado ni entre la jerarquía ni entre los religiosos y fieles laicos.

Se ha discutido mucho, por ejemplo, acerca de la oportunidad de la firma en julio de 1933 de un Concordato entre el Vaticano y el nuevo Reich. Ya lo habíamos mencionado, pero vale la pena repetirlo, al igual que continuamente se repiten las acusaciones contra la Iglesia por este asunto.

En primer lugar hay que considerar —y esto, naturalmente, vale para todos los cristianos, sean católicos o protestantes— que hacía pocos meses desde el advenimiento a la Cancillería de Adolf Hitler, que todavía no había asumido todos los poderes y por lo tanto no había revelado al completo el rostro del régimen, cosa que sólo se aprestaría a hacer inmediatamente después. Recuérdese que hasta 1939, el primer ministro británico Chamberlain defendía la necesidad de una conciliación con Hitler y que el mismo Winston Churchill escribió (algo que, para mayor apuro de los aliados, recordarían los acusados en el Proceso de Nuremberg): «Si un día mi patria tuviera que sufrir las penalidades de Alemania, rogaría a Dios que le diera un hombre con la activa energía de un Hitler.»

Joseph Lortz, historiador católico de la Iglesia, que vivió aquellos años en Alemania, su país, dice: «No hay que olvidar nunca que durante mucho tiempo, y de una forma refinadamente mentirosa, el nacionalsocialismo ocultó sus fines bajo fórmulas que podían parecer plausibles.» Ahora nosotros juzgamos aquellos años sobre la base de la terrible documentación descubierta: pero sólo *después*. Como se demostró en el mismo Proceso de Nuremberg, sólo muy pocos de los miembros de las altas esferas sabían lo que en realidad estaba sucediendo en los campos de concentración (para judíos; pero también para gitanos, homosexuales, disidentes o presos comunes, en su mayoría eslavos). Las órdenes para la «solución final del problema judío» se mantuvieron con tal reserva que no tenemos ningún rastro escrito de las mismas, hecho que permite a los historiadores «revisionistas» poner en duda que hubiesen llegado a proclamarse.

En cualquier caso, en lo referente al Concordato de 1933 cabe señalar que no debía de ser un texto tan impresentable si, aunque con alguna modificación, todavía sigue vigente en la República Federal Alemana, limitándose casi a repetir los acuerdos firmados tiempo atrás con los Estados de la Alemania democrática prenazi. Recuérdese también que en 1936, apenas tres años después del pacto, la Santa Sede ya había presentado al gobierno del Reich unas 34 notas de protesta por violación del citado Concordato. Y como punto final a aquellas continuas violaciones, al año siguiente, en 1937, Pío XI escribió la célebre encíclica *Mit brennender Sorge*.

Pero luego, volviendo a las raíces del tema; los opositores a cualquier concordato, no entienden que éstos sean posibles en virtud de una concepción de la Iglesia que es preciosa, sobre todo en épocas dramáticas como aquéllas. Es la concepción católica de una Iglesia como sociedad anónima, independiente, con sus estructuras, su organización, su vicario terreno y cuyo único jefe y legislador es Jesucristo.

En resumen, una esperanza que toma realmente en serio la inaudita palabra del Evangelio: «Dad al César lo que es del César, a Dios lo que es de Dios.» Es extraordinariamente importante el hecho mismo de que un gobierno (y más uno como el del Führer), acepte pactar con la Iglesia, estableciendo derechos y deberes recíprocos: es el reconocimiento de que el hombre también tiene deberes con Dios, no sólo con el Estado. Es la afirmación de que el césar no lo es todo, como casi llega a hacer el protestantismo con la sofocante creación de las «Iglesias de Estado», al menos en lo que concierne a los hechos. Pese a sus inconvenientes y, pese, como en el caso del nazismo, a no ser siempre respetado, la mera existencia del Concordato confirma que a la larga existe otro poder capaz de resistir y vencer al poder terrenal.

Bien es verdad que, una vez declarada la guerra, el Concordato de 1933 fue para Berlín poco menos que papel mojado. Sin embargo, recordó a los creyentes perseguidos que en Europa no sólo existía el omnipotente Tercer Reich. También existía la Iglesia romana, desarmada pero temible hasta para el tirano que, por más que desafiara al mundo entero, no osó pedir a los paracaidistas que tenía situados en una Roma de la que había huido el gobierno italiano, que rebasaran las fronteras de la colina vaticana.

35. ¡Dale al católico!

Auschwitz, una vez más, ese pasado que «no quiere pasar», o, mejor dicho, que no se desea dejar pasar. Dicen que debería ser el lugar del silencio, de la meditación y de la oración. Pero, precisamente, entre gritos, insultos y amenazadoras advertencias, se expulsa tal vez a las únicas personas —las monjas de clausura polacas— que querían vivir de esa manera.

Se produce otro combate, nada edificante, en aquel lugar de dolor. Convendría hacer aquí alguna acotación, para la memoria futura, pues son estas pequeñas piezas, que podríamos ignorar u olvidar, las que componen el mosaico de esa difamación del catolicismo ante la cual tantos «católicos» parecen no saber ya reaccionar hoy día. Si no es que, arrepentidos, no acaban por echar una mano a los difamadores. Pero si la humildad es un deber para el creyente del Evangelio, asimismo lo es la búsqueda y el testimonio de la verdad.

Esto, en efecto, es lo que ocurre ahora. Entre las edificaciones de aquel campo hay una que alberga un instituto de investigación dirigido por el historiador polaco Franciszek Piper. Éste, haciéndose eco de que la misión de la historia es reconstruir la verdad, ha hecho quitar la gran lápida colocada desde hace décadas a la entrada de Auschwitz, según la cual habrían muerto en el campo cuatro millones de prisioneros. «Es una cifra muy equivocada —ha declarado el profesor Piper—. Al cabo de muchos años de investigación en los archivos hemos alcanzado la certidumbre de que los muertos no fueron más de un millón y medio. Algo más de un tercio de la cifra que se ha dicho siempre. Una diferencia demasiado grande para que pueda ser avalada por un historiador. De ahí la necesidad de modificar la lápida e indicar la cifra exacta.»

Los minuciosos cálculos realizados por el equipo de investigadores señalan que si el mayor número de víctimas era de origen judío, entre aquel millón y medio había también 150 000 polacos, 23 000 gitanos, 15 000 rusos y otras nacionalidades en número decreciente.

Mientras que todas las partes interesadas han reaccionado aceptando este cómputo basado en una sólida documentación, no ha ocurrido lo mismo con la comunidad hebrea. En su seno se han elevado inmediatamente clamores, acusaciones candentes y sospechas de querer «banalizar el Holocausto», una reacción perfectamente comprensible. Pues es cierto que para una persona con cabeza y sentimientos esos dos millones y medio de muertos menos en Auschwitz no contribuyen a reducir el horror de lo que allí aconteció. ¿Quién puede rebajar su propio espanto y su condena del crimen, si la historia decreta que «sólo» fueron asesinadas un millón y medio de personas?

Pero en estas reacciones en caliente resulta desconcertante el habitual intento de aprovechar la ocasión para verter sobre el «catolicismo» la acusación de querer desmitificar un lugar donde, por el contrario, los católicos murieron en masa junto a los judíos. Y basta con citar al padre Kolbe por todos ellos.

Ésta es la declaración de la directora del periódico judío de mayor tirada en Italia: «Es difícil no relacionar este revisionismo con los fenómenos de antisemitismo que se están manifestando en Europa y que son muy fuertes en Polonia, auspiciados por la Iglesia y presentes en un ala del sindicato Solidaridad.»

Otros representantes de las comunidades judías en el mundo han llegado a declarar que historiadores como Piper hacían añorar la época en que en el Este de Europa detentaban el poder los comunistas y no los católicos. Para su información, convendría dirigirse a los millones de judíos soviéticos, y en general del Este europeo, que durante décadas sólo han tenido un sueño: huir lejos de cualquier lugar donde los comunistas estuvieran en el gobierno.

El director del Centro de Documentación Judía Contemporánea de Milán en sus declaraciones a *La Stampa* echa por tierra estas acusaciones tan acaloradas como inmotivadas: «Conocemos a los historiadores del instituto de Auschwitz porque colaboran con nosotros y son personas serias. Es cierto, sus cifras se corresponden con las nuestras.» Resulta así que desde hace mucho tiempo, la comunidad israelita también sabía que los judíos muertos en Auschwitz eran algo más de 1 300 000 y no los casi cuatro millones que se han citado siempre. Lo cual, por si es preciso repetirlo, no modifica de ninguna manera el horror. Éste seguiría siendo el mismo aunque sólo se hubiese matado a una persona por el hecho de pertenecer a una «raza». Pero hay que reflexionar de todos modos sobre las inmediatas acusaciones de «antisemitismo católico» cuando un investigador polaco comunica unas cifras que luego resultan confirmadas por las propias fuentes hebreas.

Pero, por desgracia, ni siquiera la verificación de los datos detiene el deseo de seguir maldiciendo a los cristianos. De hecho, el mismo director del Centro de Documentación añade inmediatamente con desdén: «No se han trasladado de Auschwitz el gran crucifijo y el convento de las carmelitas, a pesar de los acuerdos realizados. Es una muestra de la intención católica de deshebreizar aquel lugar.» Y la directora del periódico judío, la misma que en seguida habló de «maniobra antisemita polaca» a propósito de los datos que luego resultaron ser ciertos, anuncia: «En señal de protesta, en octubre nos movilizaremos a nivel mundial para expulsar a las monjas de Auschwitz.»

Se cuenta que Joseph Fouché, el ministro de la policía de Napoleón, ante cualquier caso que se le presentaba daba la misma orden a sus investigadores: «*Cherchez la femme!*», buscad a la mujer. Estaba completamente convencido de que detrás de cualquier *affaire,* había una mujer como inspiradora o cómplice. En casos como el de Auschwitz parece que se haya cambiado la orden: «*Cherchez le catholique!*» Suceda lo que suceda, la culpa siempre será de un «católico».

VI. LOS HERMANOS SEPARADOS Y LA IGLESIA

36. Víctimas que no hay que olvidar

Ya se sabe que en este mundo no todos los muertos son iguales: los hay «excelentes» y otros omisibles. Así, el fascismo exaltó a sus mártires y lanzó a la oscuridad de la memoria a los caídos por el otro bando. Una vez invertida la situación política, también se invirtió el objeto de aquel culto necrófilo a los caídos por el propio bando, culto que es parte importante del poder.

Es interesante señalar, por otro lado, que este género de cultos políticos no sabe de ecumenismos: es una liturgia que expulsa implacablemente a las demás y relega a las catacumbas políticas la memoria de los muertos de los otros credos políticos. (Recientemente se produjo en Milán un escándalo cuando un cronista descubrió que durante la rigurosa depuración del callejero se habían olvidado de una calle dedicada a un fascista. ¡No se la había rebautizado con el nombre de un mártir de la Resistencia! Se calificó de sacrilegio, y con toda la razón, ya que realmente se trata de un culto en el que los muertos se seleccionan para legitimar a los poderosos del momento.)

Pero tampoco son iguales en este mundo esos muertos especiales que la Iglesia propone como santos. A algunos se los considera aceptables; a otros, en cambio, se los condena al ostracismo. Como muestran las crónicas periodísticas —descarnadas, cuando no aliñadas con alguna pregunta sobre la oportunidad de tales gestos—, entre los que no resultan «simpáticos» se cuentan los 85 sacerdotes, religiosos y laicos martirizados en Gran Bretaña por los anglicanos y ahora proclamados beatos. Al contrario de lo que pretenden algunas lecturas superficiales, el Papa ha realizado un gesto verdaderamente ecuménico. El encuentro entre cristianos presupone la revelación plena de la verdad y no su ocultamiento. No puede nacer ningún diálogo provechoso del olvido, la hipocresía o del temor de quien no osa mirar la realidad a la cara. Merece un elogio la Iglesia anglicana por haberlo comprendido enviando en representación una delegación oficial a San Pedro de Roma. Por encima del justificado sentimiento de vergüenza, y gracias al tacto del Papa, prevaleció el valor evangélico: *Veritas liberabit vos.*

Pero entonces, ¿cómo es posible que a la valentía de las comunidades anglicanas se oponga la reticencia de algunos medios de comunicación laicos, por no hablar de algún influyente «círculo» católico? En algunos ambientes clericales parece tener lugar una concepción del ecumenismo según la cual, debido a un curioso masoquismo, sólo deberían exponerse las culpas de los católicos, los únicos «malos».

Frente al planteamiento de los cultos a medias se propone el recuerdo, también evocado ahora en San Pedro, de una realidad que como de costumbre demuestra que la verdad es compleja y no tolera propagandas: si nos atenemos a Raphael Holisend, historiador protestante fuera de toda sospecha, Enrique VIII, el rey de las seis esposas (ordenó decapitar a un par de ellas), que se autoproclamó cabeza de la nueva

Iglesia anglicana, hizo matar a 72 000 católicos. Su hija Isabel I, en muy pocos años, y también en nombre de un cristianismo «reformado» y, por tanto, «purificado», causó más víctimas (y con métodos más atroces, si es lícito llevar una clasificación del horror) que la Inquisición española y romana juntas a lo largo de tres siglos. Desde Ginebra, Calvino enviaba a Inglaterra mensajes con los que incitaba al exterminio: «Quien no quiere matar a los papistas es un traidor: salva al lobo y deja inermes a las ovejas.»

No sólo los ingleses que permanecieron fieles a Roma conocieron esta política sino también los irlandeses, a los cuales no sólo se les negó la vida y los derechos civiles (¡hasta 1913!) sino que incluso se les robó la tierra. ¿Quién recuerda que las raíces del drama de la isla que aún continúa en nuestros días procede de la decisión de Cromwell de instalar en el Ulster (la zona más rica en recursos), por la fuerza y con fines anticatólicos, a los presbiterianos?

¿Quién recuerda que en las «Pascuas piamontesas» (la expedición de los Saboya contra los valles valdenses) participó, y no por casualidad, un batallón de voluntarios irlandeses cuyas familias habían sido masacradas por los anglicanos? ¿Quién recordaba, antes de la beatificación de los 85 mártires, que Roma, «la intolerante» por definición, jamás concibió una ley tan inaudita como la que decretó en 1585 el «democrático» Parlamento inglés, que llevó a la muerte a los nuevos beatos, por la que se imponía suplicio a los ciudadanos de la Gran Bretaña que regresaran a la patria después de consagrarse sacerdotes (en la isla estaba prohibido el ordenamiento católico), así como también a quien hubiera tenido contacto con éstos?

Es comprensible que todo esto resulte difícil de asimilar por la mentalidad general, contaminada con el mismo rosario de nombres dirigido en sentido único: «Torquemada, Alejandro VI, Galileo, Giordano Bruno, Pizarro, Cortés...» Como me recordaba aquel amigo, aquel caballero que fue el pastor valdense Vittorio Subilia, presidente de la Facultad de Teología de su Iglesia y director de la respetada revista *Protestantismo*: «Nunca será posible la unión sin que *todos* los cristianos se conviertan a Cristo.» No hay inocentes en el pecado que nos une a *todos*.

37. Arrepentimientos protestantes

Todos los años, a finales de agosto, se reúne en Torre Pellice el Sínodo de la Iglesia valdense, federada desde hace algún tiempo con la Iglesia metodista.

En esta ocasión se respira tensión entre los representantes de la única comunidad cristiana no católica de origen italiano. Hasta tal punto que en una intervención especialmente apreciada incluso por el moderador, un delegado ha pedido para su Iglesia «una moratoria penitencial de cinco años».

Entre las razones de esta propuesta de «penitencia» se cuenta el dato que incluso en los más altos niveles, los valdenses habían escogido muchos años atrás la «opción socialista», alineándose abiertamente no sólo con el «comunismo a la italiana» de los seguidores de Berlinguer, sino también, al menos en algunos sectores de las altas jerarquías, con el marxismo «puro y duro» de los grupos y grupúsculos extraparlamentarios.

Muchos pastores habrían presentado su candidatura en las listas comunistas, y no sólo para colaborar en el plano práctico. Ésta se justificaba a menudo teológicamente, con la Biblia, como si Jesucristo hubiera aparecido entre los hombres para allanar el terreno al verdadero, definitivo y «científico» Mesías, aquel otro judío llamado Karl Marx. Por otro lado, todavía se encuentra en el catálogo de la editorial valdense el nombre de Ferdinando Belo, el ex sacerdote portugués, autor de la grotesca «lectura materialista del Evangelio», que por desgracia fue tomada en serio. En el mismo catálogo se encuentran decenas de títulos semejantes que parecían anunciar el futuro y que, sin embargo, han acabado en la basura de la historia.

Cosas también acaecidas en la casa católica; sin embargo aquí, el paso a Marx para reforzarlo con la bendición de Abraham, Moisés y Jesucristo trastornó a no pocos religiosos y laicos, pero sólo a algunos obispos y, naturalmente, no salpicó a las élites. De esta suerte, el prefecto de la Congregación para la Fe se animó a definir el marxismo como «vergüenza de nuestro siglo» y fue atacado desde numerosos frentes, incluso en el seno de la propia Iglesia (y eso que ya estaban en 1985), pero la expresión que se utilizó entonces confirmaba una continuidad doctrinal que ya lleva siglo y medio de andadura.

En los documentos del Vaticano II no se cita nunca al marxismo y al comunismo, debido a un acuerdo secreto, hoy confirmado, entre la Santa Sede y la Iglesia ortodoxa rusa, cuyos jerarcas eran nombrados por el ministro soviético para los cultos, naturalmente con el visto bueno del KGB. El silencio sobre el marxismo, la ausencia de condena al comunismo, fue el precio puesto por los soviéticos a cambio de permitir participar a los observadores ortodoxos en el concilio y justificar así el calificativo de «ecuménico» que Juan XXIII anhelaba por encima de todo.

Un pacto desconcertante que algún cristiano amargado del Este aún no ha olvidado. También es cierto que el comunismo a la soviética, aunque silenciado, estuvo implícitamente incluido en la condena del ateísmo teórico pronunciada por los Padres conciliares en el documento final.

De cualquier modo, es preferible, naturalmente, el silencio «católico» que convertir a la Biblia en criada de *Das Kapital*, como sucedía tanto en las obras de los teólogos como también en los documentos oficiales de no pocas Iglesias protestantes, incluida la valdense. Con la oposición, todo sea dicho, de numerosos afiliados «de base», quienes enviaban al que esto escribe sus afligidos documentos en contra de la transformación de la fe en política «siniestra». Estos hermanos recordaban al grupo de mayoría valdense que «quien desposa el mundo, sus poderosos proveedores y sus modas, pronto queda viudo». Lo que sucedió puntualmente. Muchos tendrán ahora ocasión de meditar que el Evangelio no puede apresarse para ponerlo al servicio de los nuevos emperadores, aunque lleven haz y martillo y se proclamen «al servicio de los pobres».

El luto por el imprevisto y vergonzoso final de una «esperanza» mundana bautizada con entusiasmo es otro motivo de la solicitud de «moratoria penitencial» efectuada al Sínodo valdo-metodista.

Pero ya en los titulares de la primera página, el semanario que publica las crónicas y los actos de la audiencia de Torre Pellice habla de «sufrimiento».

La que sí ha sido sufrida es la decisión de revisar los pactos con el Estado y solicitar una participación en el reparto de la nada despreciable tarta del ocho por mil del IRPF.

Cuando tuvo lugar la revisión de los Pactos Lateranenses y se decidió este tipo de financiación para la Iglesia católica, así como para alguna pequeña comunidad que quiso acceder a ellos, entre los valdenses se elevó un coro de comentarios donde la indignación parecía ir acompañada de aquel afectado desprecio hacia el «papismo» que desde sus orígenes hasta nuestros días identifica a tantos sectores del mundo reformado.

Una vez más se atacó la «lógica concordatoria» que sólo identificaba al catolicismo romano. Por su parte, los valdenses también se habían puesto de acuerdo con el Estado italiano, pero a su pacto quisieron llamarlo «Intesa» y no «Concordato» porque esta última palabra les parecía antievangélica por excelencia. Así, rechazaron casi horrorizados la posibilidad de obtener aquel ocho por mil que los contribuyentes asignaban libremente, calificándola de «constantiniana».

Aun siendo un lector atento de la prensa valdense y considerándome algo versado en la historia del cristianismo, debo confesar que quedé sorprendido: es precisamente la propia Reforma la que sustituye al Papa con el príncipe y tiende a unificar la Iglesia y el Estado. La Alemania luterana, la Suiza calvinista, la Inglaterra anglicana ponen las finanzas de su Iglesia a cargo del Estado; sin ir más lejos, el sistema alemán todavía hoy tiene en el Estado a su recaudador de la «tasa eclesiástica». Por no hablar del Parlamento inglés, habilitado para legislar incluso sobre asuntos eclesiásticos, tanto teológicos como administrativos.

Por otro lado, como ya se le recordó al Sínodo, «los valdenses nunca han tenido problemas de conciencia por aceptar importantes contribuciones de las Iglesias hermanas en el extranjero, financiadas por sus propios Estados». Desde esta perspectiva resulta difícil el escandalizado rechazo, que se justificó en nombre del protestantismo y ahondando la polémica contra el «servil y venal catolicismo», de incluir también a la comunidad valdense entre las posibles destinatarias de la opción de los contribuyentes italianos. ¿Por qué hablar desde el púlpito de quien comparte la teología de la Iglesia de Estado de la «habitual búsqueda de privilegios de la Iglesia romana»?

En cualquier caso, la vida siempre es más fuerte que las teorías. Y los administradores «evangélicos» han divulgado que sin el dinero del ocho por mil, el 80 % de las obras valdo-metodistas está destinada al cierre. De ahí que en el Sínodo se produjera el sufrido debate, la votación y el predominio de una mayoría favorable a solicitar al Estado incluirlos también a ellos, los «puros», en la declaración de la renta como posibles beneficiarios de una cuota de los impuestos de los ciudadanos. El moderador votó en contra, pero al ser reelegido de inmediato, prometió, no sin cierta alusión a su «tormento», que respetaría la decisión del Sínodo y pediría al Estado que incluyera a su Iglesia en la «lógica concordatoria» tanto tiempo despreciada y anatemizada por los católicos.

Naturalmente, deseamos lo mejor a los valdo-metodistas, al igual que a cualquier otro hermano en Cristo, y sentimos hacia ellos una solidaridad de la que formamos parte. Por esta razón, una experiencia como la anterior nos parece muy positiva desde una perspectiva evangélica.

Es una lección de humildad cristiana, amarga pero benéfica; una llamada a no juzgar o despreciar a nadie, ni siquiera a aquellos católicos de quienes hasta hace poco fuentes valdenses decían que «vendían la pureza del Evangelio por un plato de lentejas».

A la luz de la fe no hay sólo «puros» o sólo «corruptos»: la condición humana y sus contradicciones nos unen a todos. Sólo Cristo está libre de pecado.

38. Crímenes

La tendencia italiana a la autodifamación, alimentada sin tregua desde los medios de comunicación o en las conversaciones de café, cada vez está más inclinada a pensar que nuestro país es el pozo de los vicios de todo el mundo.

Los países del norte europeo ponen mucho cuidado en alimentar el complejo inverso, es decir, el de superioridad, sustentado en la convicción de que el catolicismo estropeó irremisiblemente el carácter de los pueblos afligidos por él. En cambio, el protestantismo...

Esto es lo que expone en un diario inglés un tal

Paul Johnson que, además de periodista informado, es un historiador bastante inconformista (lo citamos más adelante, al tratar de Gandhi). Johnson llega a proponer una Europa dividida por una barrera sanitaria que seguiría las fronteras confesionales: al sur la prosería en la que confinar a los viciosos y supersticiosos «papistas», vigilando que sus virus no contagien a los demás; al norte los ciudadanos superlativamente íntegros, purificados por Lutero, Calvino y Enrique VIII. Unos ciudadanos a los que el simple recuerdo de la hoy remota Reforma (se trata de países ya muy lejanos de cualquier forma de cristianismo, por «puro» o «contaminado» que sea) les borra cualquier resto de pecado original.

Sin embargo, alguien ha intentado poner en cifras estos datos. Lo ha intentado hasta nuestro ministro del Interior, pero ha sido acallado por los colegas parlamentarios y nuestros *opinion-maker* (forjadores de opinión). El masoquismo nacional, que para muchos se sustenta en la polémica anticatólica que, como veremos en estas páginas, empieza con Maquiavelo y Guicciardini, no pretende renunciar al maillot negro para Italia en la clasificación de los asuntos sucios.

Baste citar unas pocas cifras para demostrar que no nos corresponde el primer puesto en la escala de la mala vida. Si, para empezar, tomamos el número de crímenes (de todo tipo, sin considerar su gravedad) observaremos con sorpresa que la ciudad más «criminal» de Europa es Copenhague. Pues sí, precisamente la muy luterana capital de la muy protestante Dinamarca, donde un católico es una rareza que se contempla con altanera sospecha.

Allí arriba, entre aquellos míticos «ciudadanos ejemplares», la incidencia del crimen fue en 1990 de 21 198 por cada cien mil habitantes, lo que a grandes rasgos significa que más de un danés sobre cinco tuvo que vérselas con la ley. Alguien podría objetar que el porcentaje es tan elevado porque en el bloque se cuentan los evasores fiscales, cuyo comportamiento se incluye en la categoría de «crímenes». Pero la objeción no sirve como atenuante sino que pasa a ser retomada por la acusación. Así, según la autodifamación italiana y la difamación nórdica, defraudar al fisco ¿no es un comportamiento típico de pícaro católico, a quien la Contrarreforma ha extirpado cualquier sentimiento cívico?

De cualquier modo, la segunda en la clasificación es París, con 14 665 crímenes por cada cien mil habitantes. Sigue Londres (10 594), es decir, otra de las capitales, y de las más virulentas, en su desprecio al catolicismo, precisamente la ciudad del tal Paul Johnson que pretendía aislar el sur de Europa. Sigue después Viena, casi a la par con Londres: 10 202. Finalmente, Roma que, con «sólo» 6 492 crímenes por cada cien mil habitantes, delinque tres veces menos que Copenhague y casi la mitad que Londres.

Si pasamos de las cifras generales a las particulares no hallaremos un solo sector criminal en el que Italia vaya en cabeza: ni en los robos, que en un año han sido 49 633 en Francia y 36 830 entre nosotros, seguidos con un número casi idéntico (36 200) por los ingleses y galeses. En realidad, el conjunto de la Gran Bretaña nos supera ampliamente, ya que en la cifra anterior no se incluyen Escocia y el Ulster, que poseen una administración de policía autónoma y otros criterios estadísticos.

Luego, en último término respecto a robos, está la «tranquila» Alemania, con 35 111, siempre en el mismo año. Sin embargo, los alemanes se hallan en un pavoroso primer lugar respecto al número de suicidios: 9 216 contra 3 806 en Italia (Francia: 8 500). Con 3 776 casos los franceses encabezan con gran gran ventaja la triste clasificación de la violencia carnal, seguidos por Alemania, Inglaterra y Gales, mientras que Italia aparece muy distanciada, con sólo 680 casos en todo 1990.

Pero volviendo al capítulo más negro, el de los homicidios, el país con mayor número de ellos es Alemania: 2 387. Italia cuenta con un poco honorable segundo lugar, si bien bastante distanciada de los alemanes: 1 696. El «caso italiano» se caracteriza por el hecho de que el 75 % de los homicidios se concentra en las zonas meridionales, y sólo en unas pocas de ellas. Sin el sur de mafias y camorras varias, Italia sería uno de los lugares del mundo donde menos se mata. Pero no todo el sur es igual: al parecer, la menor tasa de criminalidad de toda la península se da en Molise; también la Basilicata es, al menos por ahora, una de las zonas inmunes a la furia sanguinaria del sur y además una de las regiones europeas menos afectadas por la ilegalidad. Según las estadísticas, las «católicas», aunque «meridionales», Campobasso, Isernia, Potenza, Matera son infinitamente más seguras que muchas otras ciudades del norte de Europa, pese a los Lutero y Calvino de sus respectivos pasados.

Como de costumbre, las cosas son muy distintas de lo que cierta propaganda ideológica divulga y que nuestra credulidad acepta como bueno.

39. Pastores

Se ha publicado un voluminoso documento (unas 867 páginas «pesadas como el plomo», como las ha definido alguien) compilado por el historiador luterano Gerhard Bieser y editado por un protestante de la antigua Alemania comunista libre de toda sospecha.

En la obra se reconstruyen las relaciones entre los «evangélicos» y el disuelto régimen «democrático». Es un cuadro que el propio Sínodo de la reunificada EKD, la Iglesia evangélica alemana, define como «alarmante» y «como para solicitar un acto público de contrición».

Del dossier se desprende que tres mil de los cuatro mil pastores protestantes de la Alemania autodenominada «popular» eran informadores estables u ocasionales de la terrible Staatsichereit, la policía secreta del Estado, llamada Stasi. Según Bieser, la apertura de los archivos ha mostrado que la colaboración del estamento eclesiástico luterano con el régimen, incluso como espías, «no fue ocasional ni estuvo limitada al marco de la vida religiosa sino que constituyó un problema estructural para la Iglesia evangélica».

Siguiendo al mismo historiador, se dice que entre los informadores de la Stasi «todavía no han aparecido nombres de eclesiásticos católicos», pero, añade a modo de consuelo para sus colegas luteranos, «es sólo cuestión de tiempo».

También señala como igualmente cierto que, como ocurrió con el nazismo, cuando se lleve a cabo el balance definitivo, la implicación de los protestantes será bastante superior a la de los católicos. Y, según observa el propio historiador, no sólo se debe a la desastrosa tradición evangélica de las «Iglesias de Estado» sino también al hecho de haber sustituido al Papa por el poder de turno; otro factor es la tradición, que se remite al mismo Lutero, de apoyarse en las autoridades laicas vendiéndoles las «protecciones» de la Iglesia. Pero también, señala el reverendo Bier, porque «los pastores están casados, tienen familia y son más susceptibles de ser chantajeados que el clero católico, que es célibe».

Así lo reconoce el mismo Sínodo evangélico alemán al buscar las razones que llevaron a tres mil de los cuatro mil pastores a hacerse informadores de la policía secreta al servicio de una tiranía oficialmente atea.

VII. LA PENA DE MUERTE
Y LA IGLESIA

40. Pena de muerte/1

Por mucho que nosotros los periodistas nos esforcemos en hacer creer lo contrario, a menudo los periódicos, por su propio deseo, no representan del todo a la opinión pública.

El problema de la pena de muerte es uno de esos casos en los que la escisión entre los ciudadanos y los medios de comunicación parece más profunda. Estos últimos, casi sin excepción, rechazan indignados la simple posibilidad de debatir una cuestión que consideran tan anacrónica e incívica que no merece la menor atención.

En los periódicos donde he tenido ocasión de trabajar, he visto tirar a la papelera con repugnancia las numerosas cartas que envían los lectores sobre ese tema. Sin embargo, todos los sondeos muestran que si se sometiera a referéndum popular, el resultado se decantaría sin la menor duda por la reimplantación del pelotón de ejecución o del verdugo, al menos para los crímenes especialmente execrables.

El informe anual de Amnistía Internacional nos ofrece una prueba concreta de ello al señalar que la pena de muerte está incluida en el derecho penal de 99 Estados (el 80 % de las ejecuciones tienen lugar en países que manifiestan la pretensión de servir de modelo, como Estados Unidos, la Unión Soviética o China), sin que importantes movimientos de opinión reclamen su abolición. En los casi treinta estados de la Unión norteamericana en los que se ha mantenido la pena capital, la voluntad popular se ha opuesto a todas las iniciativas llevadas a cabo para eliminarla. Es más, en algunas ocasiones han sido los propios ciudadanos quienes han impuesto su restauración.

Hay un tipo de corifeos de la democracia, periodistas y políticos en primera línea, bien conocidos por lo selectivo de su criterio: para ellos, la mayoría de las opiniones y de los votos son «una noble manifestación de la voluntad popular» cuando coincide con su propia orientación, pero resultan «una despreciable vomitera reaccionaria» cuando su expresión contraría sus prejuicios y planteamientos.

El hecho es que, desde la más remota antigüedad hasta que algún intelectual de la Europa occidental del siglo XVIII empezó a manifestar sus dudas, la pena de muerte se admitía pacíficamente en todas las culturas de todas las sociedades del mundo.

Es falso que aquel curioso personaje llamado Cesare Beccaria pidiera su abolición. En el capítulo veintiocho de *De los delitos y sus penas* se dice: «La muerte de un ciudadano sólo puede considerarse necesaria en dos casos...» Principalmente, Beccaria rechaza la tortura y luego lo que denomina pena de muerte «fácil», tal como se aplicaba en su época, pero no la excluye de modo categórico ni la declara ilícita, hasta el punto de juzgarla «necesaria» en algunos casos. Por otro lado, la alternativa que propone Beccaria con el fin de suscitar mayor espanto, tal como él mismo especifica, es «la esclavitud perpetua». Algo que no parece un beneficio ni para la sociedad ni para el reo.

También es falso que mantener la pena capital sea «de derechas» y su abolición «de izquierdas». Entre las ignoradas paradojas de nuestras reconfortantes ideas fijas se cuenta que Luis XVI abolió dicha pena pocos años antes de la Revolución francesa. Ésta volvió a implantarla por iniciativa de la «izquierda» jacobina, haciendo tal uso de la misma que, por una vez justificadamente, el imaginario popular ha hecho de las palabras guillotina y revolución un todo inseparable.

Aquellos «progresistas» rogaron sin ambages al doctor Guillotin que perfeccionara su máquina para pasar de la fase artesanal a la industrial. Así nos ha llegado el escalofriante prototipo de un instrumento capaz de cortar sesenta cabezas al mismo tiempo.

Además, para mayor turbación de los filotercermundistas occidentales, para quienes la barbarie únicamente tiene origen en el hombre blanco, tan pronto como alcanzaron la independencia, la práctica totalidad de las ex colonias africanas y asiáticas se apresuraron a reintroducir la pena de muerte —a veces con sistemas «tradicionales» del lugar, como el empalamiento, la horca, la inmersión en agua hirviente, el estrangulamiento lento, etc.— incluso en aquellos lugares donde los europeos la habían abolido siguiendo el derecho penal de la madre patria. Además, ¿acaso no se contaban entre sus practicantes más fervientes todos los países del «socialismo real», los del marxismo en el poder, fueran éstos del primer, segundo o tercer mundo? Y no se está hablando de los lejanos tiempos del estalinismo: en los primeros cinco años de la *perestroika* de Gorbachov los tribunales soviéticos mandaron a la horca o al patíbulo a más de dos mil acusados por delitos comunes.

Al margen de lo que ocurra en la legislación civil, el problema resulta más delicado para un creyente cuando se plantea desde una perspectiva religiosa. La Iglesia católica (con el consenso, por otro lado, de las ortodoxas y protestantes y exceptuando a algunas pequeñas sectas heréticas de los propios reformados) nunca ha negado que la autoridad legítima posea el poder de infligir la muerte como castigo. La propuesta de Inocencio III, confirmada por el Cuarto Concilio de Letrán de 1215, según la cual la autoridad civil «puede infligir sin pecado la pena de muerte, siempre que actúe motivada por la justicia y no por el odio y proceda a ella con prudencia y no indiscriminadamente» es materia *de fide*. Esta declaración dogmática confirma toda la tradición católica anterior y sintetiza la posterior. De hecho, hasta ahora no ha sido modificada por ninguna otra sentencia solemne del Magisterio.

Si la Iglesia siempre ha sido contraria a llevar directamente a alguien a la muerte, no es el caso del Estado pontificio, como institución política, donde era bien conocido el significado de entregar a los herejes obstinados al «brazo secular». Por otro lado, las Iglesias surgidas de la Reforma todavía tenían menos miramientos y habitualmente procedían a llevar a cabo directamente sus propias sentencias de muerte sin confiar al reo a la autoridad civil para su ejecución. Es más, así como para la Iglesia católica el verdugo era un mal necesario, en la jerarquía de la opresiva «Ciudad Cristiana» que Calvino instauró en Ginebra, el verdugo era un personaje de rango, un notable respetado que recibía el título de «Ministro del Santo Evangelio». No le faltaba trabajo: durante los cuatro años que van de 1542 a 1546 Calvino condenó a muerte a cuarenta personas sólo por razones de fe.

Actualmente la situación ha cambiado, como ya sabemos. Pese a que no se ha modificado nada en el plano dogmático, no sólo teólogos sino conferencias episcopales al completo han ido más lejos hasta definir cualquier tipo de pena capital como «contraria al espíritu cristiano» o «en desacuerdo con el Evangelio». Como de costumbre, hay creyentes que se destacan por su celo, superando la mencionada polémica laicista lanzándose contra una presunta «barbarie oscurantista» e «infidelidad a Cristo» de raíz bimilenaria, protagonizada por una Iglesia que no había declarado ilícito el suplicio que cualquier Estado podía infligir a sus reos.

Ésta es una de las situaciones privilegiadas para la «estrategia del remordimiento» de la que ya habíamos hablado, impulsada por una propaganda anticristiana que cuenta con el apoyo entusiasta de muchos católicos «adultos e informados». En realidad, la cuestión es realmente grave porque si cualquier ejecución es un delito, un homicidio legalizado abusivamente (como ahora declaran numerosos teólogos y también obispados), la Iglesia ha sido cómplice de ellos durante muchos siglos. Entonces, aquellos que se dedicaban a reconfortar a los condenados, como san Cafasso, sólo eran hipócritas defensores de una violencia ilícita. No es suficiente, ya que también el Antiguo y el Nuevo Testamento, que recomiendan o no prohíben la pena de muerte, se han visto arrastrados al banquillo de los acusados. Si en este punto realmente nos hemos equivocado, las consecuencias para la fe son ruinosas, implicando a la autoridad de la Iglesia y de las mismas Escrituras. Habrá que buscar las causas.

41. Pena de muerte/2

A fin de evitar equívocos, vamos a exponer inmediatamente lo que aclararemos mejor en las siguientes líneas: lo que tratamos de expresar con el tema planteado no es una especie de «elogio del verdugo» a la manera de Joseph De Maistre, con una defensa por nuestra parte de la reinstauración de la pena de muerte en aquellos países del mundo, actualmente una minoría, que la han suprimido. Nada más lejos de nuestras intenciones. Lo que intentamos es demostrar que en éste, como en tantísimos otros ámbitos, hemos olvidado aquella capacidad de discernir *(distinguere frequenter!)* que tan justamente preocupaba a quienes sabían razonar con claridad antes del advenimiento de la autodenominada «Era de la Razón».

En el caso que nos ocupa, a menudo no se sabe discernir entre la *legitimidad* del patíbulo y la *oportunidad* del mismo; entre el *derecho* de la sociedad a condenar a muerte a uno de sus miembros y el *ejercicio* de ese derecho. Pero, sobre todo, como ya citábamos, lo que debe preocupar al creyente es la actitud de la Iglesia, quien desde lo más alto de su Magisterio ha afirmado siempre la legitimidad de la pena de muerte decretada por las autoridades reconocidas y ha concedido a la sociedad ese derecho.

Tras el concilio este derecho fue contestado a varios niveles. Entre los muchos ejemplos posibles, tenemos el *Dizionario di antropologia pastorale* («Diccionario de Antropología pastoral»), fruto del trabajo de la Asociación de Moralistas Católicos en lengua alemana, publicado en Alemania y Austria en 1975 con todos los *imprimatur* y gracias al patrocinio del obispado. Esta obra, que no expresa la opinión de un teólogo particular sino la posición «católica» de toda una facción, dice: «El cristiano no tiene el menor motivo para invocar la pena de muerte o declararse a favor de ella.»

El documento de una comisión teológica del obispado francés declaraba en 1978 que la pena capital era «incompatible con el Evangelio», aunque, en un arrebato de prudencia, los teólogos que habían redactado el documento lo titularon *Elementi di riflessione* («Elementos de reflexión») y llegaban a sus conclusiones (contrarias a la Biblia y a la Tradición) con rebuscados juegos de palabras. Con el mismo estilo capcioso se manifiestan en Estados Unidos y Canadá los *church-intellectuals,* esos «intelectuales clericales» que desde el anonimato elaboran los documentos que los obispos presentarán después con su propia firma.

En 1973, Leandro Rossi, director del *Diccionario de Teología moral,* que también contó con la aprobación eclesiástica, iniciaba así la voz *Pena de muerte*: «Éste es uno de los típicos temas donde se han invertido las posturas en la época actual, si bien no de manera universal y definitiva. Desafortunadamente, el proceso de sensibilización no tuvo origen en el ámbito cristiano sino en el laico, viéndose los católicos remolcados con esfuerzo por cuantos se mostraban más coherentes con la orientación humanizante del Evangelio. Nos hallamos ante uno de esos casos en los que no es la Iglesia la que ha ofrecido un don al mundo, sino la que lo ha recibido de éste.»

Semejantes posturas resultan gratificantes para los sacerdotes que las expresan, quienes, sin embargo, no parecen conscientes de sus devastadoras consecuencias. Tanto desde el magisterio solemne de los papas y los concilios, pero también de los Padres o los grandes teólogos que llegaron a santos como Tomás de Aquino, con sus hombres más prestigiosos y autorizados, a lo largo de toda su historia y no sólo en un corto período, la Iglesia ha declarado legítima sin excepción la pena capital, algo que según las creencias actuales sería un delito, un crimen y una traición al Evangelio.

Como se ha observado: «Si eso es cierto, ¿cómo defender a la Iglesia de la acusación de complicidad con los jefes de gobierno, responsables de los innumerables asesinatos que habrían sido las ejecuciones de todos los individuos muertos en nombre de una falsa "justicia"?»

Más allá del plano doctrinal, en la práctica se plantea: «¿Cómo atenuar, considerando la hipótesis de que la pena de muerte sea siempre totalmente injusta y criminal, la responsabilidad de los papas que durante más de un milenio han actuado en sus Estados de igual modo que los magistrados civiles de las demás naciones?» En resumen, una sombra oscura se cierne sobre toda la enseñanza y la praxis católicas: «¿Cómo seguir tomando en serio una moral que hoy critica como gravemente ilícito, como una traición a la propia misión de Cristo lo que hasta ayer había considerado no sólo legítimo sino incluso como un deber?»

Parece ser que también sobre este tema hay alguna corriente teológica, e incluso algunos centros episcopales (dando por válido que su pensamiento se expresa realmente en los documentos que los «expertos» les preparan), que no ven, o peor aún, que no se preocupan de las consecuencias que tienen para la fe popular estas variaciones en la doctrina. Pero también parece manifestarse aquí ese fenómeno paradójico y contradictorio que identifica a cierta teología de hoy día que protesta afirmando su total adhesión a las Escrituras pero al mismo tiempo las manipula, cambia, ignora o trata con cierta incomodidad cuando no responde a su propio «espíritu», considerado el «espíritu de los tiempos» y en sintonía con el del mismo Cristo.

La verdad es que no hay que derrochar demasiadas palabras para demostrar que en el Antiguo Testamento Dios no sólo permitía la pena de muerte sino que la ordenaba Él mismo. De tal suerte que la normativa elaborada por los maestros de Israel siguiendo a la Torá prescribía la pena capital para 35 crímenes: desde el adulterio a la profanación del sábado, de la blasfemia a la idolatría, desde la rebelión (aunque sólo fuera de palabra) contra los progenitores. Baste recordar entre los muchos fragmentos posibles, el versículo del Génesis (9, 6) en el que Yahvé dice a Noé: «Aquel que derrame la sangre del hombre, verá su sangre derramada por el hombre, porque Él ha hecho al hombre a imagen de Dios.» Véase también el capítulo 35 del libro de los Números donde se confirma en los casos allí especificados, no el derecho sino el deber de la pena de muerte, precisando: «Que éstas os sirvan, de generación en generación, como reglas de derecho en todos los lugares donde habitaréis» (Núm. 35, 29). Para la ley de Israel, la muerte de ciertos acusados era voluntad de Dios mismo, más por principios religiosos que por conveniencia social. La orden «¡No matarás!» de los Mandamientos significa «no asesinar, no matar injustamente», y no se refiere a la pena de muerte legal porque se dirige al individuo y no a quien posee autoridad legítima sobre el pueblo.

Estas consideraciones, que a nosotros nos parecen duras pero que para el creyente siguen siendo Palabra de Dios, la Palabra a la que ahora se pretende ser más fiel que nunca, se han visto sustituidas apresuradamente por las tendencias que citábamos. O bien, se intenta resolver el problema diciendo que el Nuevo Testamento supera al Antiguo, que el espíritu evangélico revoca la ley mosaica. Pero con esta actitud tampoco se respeta la Palabra, en este caso la del mismo Jesucristo, quien declaraba «no he venido para revocar la Ley sino para completarla», advirtiendo que «no pasaré por alto ni un punto de la Ley».

En efecto, Cristo no contradice a Pilatos, sólo le recuerda de dónde procede su autoridad (que además le reconoce) cuando el gobernador inquiere: «¿No sabes que yo tengo el poder de ponerte en libertad o llevarte a la cruz?» (Jn. 19, 10). Según Lucas, tampoco contradice al «buen ladrón», al que además luego le hace la gran promesa cuando éste dice que él y su cómplice han sido condenados «justamente» a aquella pena: «Recibimos lo que nos corresponde por nuestras acciones.»

Como ha sido señalado: «En los Actos 5, 1-11, se desprende que la comunidad cristiana primitiva no abominó de la pena de muerte de inmediato, ya que se presentó a los cónyuges Ananías y Safira ante san Pedro, acusados de fraude y mentira en perjuicio de los hermanos de fe, y fueron castigados con ella.»

Pero fue Pablo principalmente quien concedió el *jus gladii*, el derecho a usar la espada del verdugo a los príncipes, a los que llamó «ministros de Dios para castigar a los malvados», y enviarlos a la muerte si fuera necesario. Y no hay que olvidar el capítulo trece de la Carta a los Romanos, famoso en otra época y actualmente silenciado con una cierta incomodidad, donde se dice: «¿Deseas no tener que temer a la autoridad? Haz el bien y recibirás recompensa porque aquélla está al servicio de Dios por tu bien. Pero, si haces el mal, témela entonces, porque no es en vano que lleva la espada; de hecho, está al servicio de Dios para imponer la justa condena a quien obra mal» (Rom. 13, 3-4).

No podemos sacarnos de encima estas transparentes declaraciones de Pablo con argumentos desconcertantes, dictados por el deseo de librarnos de una palabra de las Escrituras contraria a nuestras teorías, como ocurre en el ya citado *Dizionario d'antropología pastorale*: «Pablo, en Romanos 13, seguramente pensaba en la práctica de la decapitación de los grandes criminales vigente en el Imperio romano. Sin embargo, lo que le urgía recomendar con dicha alusión era sólo la obediencia debida a la autoridad estatal legítima...» Sorprendente y un tanto penoso acto de escamoteo. De hecho, durante dos mil años no se le ocurrió la idea a ninguno de los grandes teólogos, pastores o concilios que, basándose también en Romanos 13, no negaron la legitimidad de la pena de muerte infligida con un proceso regularizado por las autoridades constituidas. Sin olvidar que este reconocimiento eclesiástico no se hacía a la ligera, de forma que el Derecho Canónico tachaba de *irregulares* (es decir, con prohibición de acceder a las órdenes sagradas) al verdugo, a sus ayudantes e incluso al juez que, aun respetando la ley, dictaba una sentencia de muerte.

Pero este horror a la sangre no sólo no podía hacer olvidar la prescripción bíblica sino también otras considraciones actualmente desplazadas que trataremos de exponer en el próximo apartado.

42. Pena de muerte/3

Como creemos haber demostrado, algo que no requería demasiado esfuerzo dada la claridad y celebridad de los textos, la práctica de la pena de muerte por parte de la sociedad es una imposición de Dios en la ley del Antiguo Testamento, admitida por Jesús y los Apóstoles en el Nuevo Testamento. El *Catecismo holandés*, obra libre de toda sospecha, se ve obligado a reconocer que «no se puede defender que Cristo haya abolido explícitamente la guerra o la pena de muerte».

No es posible comprender en qué se basan los citados teólogos y exegetas de la Biblia que juzgan a la Iglesia «infiel a las Escrituras». ¿A qué Escrituras se refieren? Quizás a *The Wish-Bible*, la «Biblia del Deseo», la que habrían escrito ellos hoy día.

Sin embargo, hay que mencionar una diferencia importante en el paso del Antiguo al Nuevo Testamento: en la ley entregada a Noé y a Moisés, la condena a muerte de los reos de ciertos delitos era una obligación, una obediencia debida a la voluntad de Dios. En cambio, en el Nuevo Testamento (tal y como lo ha entendido la gran Tradición, desde los Padres de la Iglesia) la pena capital es indiscutiblemente *legítima*, pero no se concluye que ésta sea siempre *oportuna*. La oportunidad depende de un juicio que varía según los tiempos. Una cosa es el *derecho* reconocido a la autoridad que, utilizando las palabras de Pablo, «no lleva la espada en vano», y otra cosa es el *ejercicio* de este derecho.

En lo que respecta a nuestro juicio, en la sociedad y cultura del actual Occidente secularizado no sería oportuno reimplantar la pena capital allá donde se hubiera abolido; es mejor no ejercer lo que sigue siendo un derecho de la sociedad.

No vamos a detenernos en las estadísticas que, para unos confirmarían y para otros negarían la eficacia de la amenaza de muerte como sistema de prevención del crimen.

De hecho, no carecen de lógica las afirmaciones extraídas de un editorial de *Civiltà Cattolica* de 1865 que lleva el significativo título de «La francmasonería y la abolición de la pena de muerte», en donde, obviamente, los jesuitas se pronunciaban a favor del mantenimiento de esa terrible institución en el nuevo código italiano.

Se leía en aquel célebre periódico, que era sin la menor duda la verdadera «voz del Papa»: «En estas líneas no intentamos mostrar la licitud, conveniencia y necesidad relativa de la pena de muerte, dato que suponemos demostrado y aceptado por la gente sabia y de bien, sino declarar que mientras los hombres sabios y honrados se manifiestan a favor de la conservación de esta pena, en la práctica la están aboliendo, lo que se demuestra fácilmente con la palabra y con los hechos.»

Continúa *Civiltà Cattolica*: «Con la palabra, porque ¿cuál es el objetivo subyacente de quienes desean mantener la pena de muerte? Evidentemente, el objetivo que persiguen es disminuir y, si es posible, quitar totalmente de en medio a los asesinos. Así, ¿quién no es capaz de percibir que lo que ellos pretenden es abolir directamente la pena de muerte? Y no tanto en favor de los asesinos, como pretenden los liberales, sino también de los asesinados, e incluso de las posibles víctimas inocentes, de las que nunca se hacen cargo los liberales. Es, pues, evidente que los que abogan por el mantenimiento de la pena de muerte cooperan eficazmente a favor de la abolición total de la pena de muerte, por los inocentes en primer lugar, y luego, necesariamente, por los reos y asesinos.»

Pero, en el fondo, opiniones de ese cariz son secundarias pero no irrelevantes respecto al problema principal para un cristiano: «Si Dios sólo da la vida, ¿es lícito que el hombre se la quite a otro hombre? ¿Existe un derecho a la vida igual para todos, incluso para el asesino, un derecho que no puede ser violado nunca?»

En realidad, quienes responden a estas cuestiones en sentido contrario a la pena de muerte, admiten en cambio el derecho de la sociedad a encerrar en prisión a los culpables de los crímenes. Ahora bien, si Dios ha creado al hombre libre, ¿cómo pueden los hombres quitarle esta libertad a otros hombres? Existe un derecho a la libertad (derecho «innato, inviolable, imprescriptible», dicen los juristas) que cualquier juez infringe cuando condena a un semejante siquiera a una hora de reclusión forzada.

Pero se dice que la vida es un valor superior al de la libertad. ¿Estamos seguros de ello? Los espíritus más puros y sensibles lo niegan. Como Dante Alighieri, con su famoso verso: «Voy buscando la libertad, que tan apreciada es, como bien sabe quien por ella rechaza la vida.»

Pero, así como no es posible comprender por qué todas las culturas tradicionales, y por tanto religiosas, nunca han considerado innatural, ilícita y en consecuencia impracticable la pena capital, tampoco es posible escapar de las contradicciones si no es desde una perspectiva que vaya más allá del horizonte mundano. Es decir, una perspectiva religiosa, y cristiana en particular.

Una perspectiva que distinga entre vida biológica, terrenal y vida eterna; que esté convencida de que el derecho inalienable del hombre no es salvar el cuerpo sino el alma; y que distingue entre la vida como *fin* y la vida como *medio*.

Aunque tratamos de evitar las citas largas, en esta ocasión es necesario reproducir una porque cada una de sus palabras ha sido meditada a la luz de una visión católica que actualmente parece completamente olvidada. La cita es de ese excepcional solitario laico y católico, el suizo Romano Amerio. Éstas son sus palabras:

«Actualmente, la oposición a la pena capital deriva del concepto de inviolabilidad de la persona en cuanto sujeto protagonista de la vida terrena, tomándose la existencia mortal como un fin en sí mismo que no puede destruirse sin violar el destino del hombre. Pero este modo de rechazar la pena de muerte, aunque muchos lo consideren *religioso*, es en realidad *irreligioso*. De hecho, olvida que la religión no ve la vida como un *fin* sino como un *medio* con una función moral que trasciende todo el orden de los valores mundanos subordinados.

»Por ello —continúa Amerio—, quitarle la vida no equivale a quitarle al hombre la finalidad trascendente para la que ha nacido y que constituye su dignidad. En el rechazo a la pena de muerte se percibe un sofisma implícito: o sea que, al matar al delincuente, el hombre, y en concreto el Estado, detenta el poder de truncar su destino, sustrayéndole su función última, quitándole la posibilidad de cumplir su oficio de hombre. Lo contrario es cierto.

»En efecto —prosigue el estudioso católico—, al condenado a muerte se le puede quitar la existencia terrena, pero no su finalidad en la vida. Las sociedades que niegan la vida futura y ponen como meta el derecho a la felicidad en este mundo deben rehuir la pena de muerte como una injusticia que apaga la facultad del hombre de ser feliz. Es una verdadera y completa paradoja que los que impugnan la pena de muerte están realmente a favor del Estado totalitario, ya que le atribuyen un poder muy superior al que ya posee, es más, un poder supremo: el de segar el destino de un hombre. En cambio, desde la perspectiva religiosa, la muerte impuesta por un hombre a otro no puede perjudicar ni al destino moral ni a la dignidad humana.»

Entre muchos otros desconcertantes testimonios acerca de la pérdida de la noción de lo que realmente es el «sistema católico que se percibe en el seno de la Iglesia», el autor cita la aportación de un reconocido colaborador del *Osservatore Romano* fechada el 22 de enero de 1977: «La comunidad debe otorgar la posibilidad de purificarse, de expiar la culpa, de redimirse del mal, mientras que la pena capital no la concede.»

El comentario de Amerio resulta comprensible: «Con estas palabras, hasta el periódico vaticano niega que la pena capital sea una expiación. Niega el valor expiatorio de la muerte que es supremo para la naturaleza mortal, al igual que lo es dentro de la relatividad de los bienes terrenales el bien de la vida, cuyo sacrificio consiente quien expía la culpa. Por otro lado, ¿acaso la expiación que el Cristo inocente realizó por los pecados del hombre no está relacionada con una condena de muerte?» Así pues, «el aspecto menos religioso de la doctrina que rechaza la pena capital se basa en la denegación de su valor expiatorio, que es la cuestión más importante desde una perspectiva religiosa».

En efecto, la Tradición siempre ha visto en el delincuente un candidato seguro al paraíso porque, al reconciliarse con Dios, acepta libremente el suplicio como expiación de su culpa. Tomás de Aquino instruye: «La muerte que se inflige como pena por los delitos realizados, levanta completamente el castigo por los mismos en la otra vida. La muerte natural, en cambio, no lo hace.» Precisamente, muchos reos reclamaban rotundamente la ejecución como un derecho propio. Y así, el ajusticiado arrepentido y provisto de los sacramentos era un «santo» y el pueblo se disputaba sus reliquias. Tanto es así que hasta había forjado un proverbio, que aparece citado en *Civiltà Cattolica*: «De cien ahorcados, uno condenado.»

Esto no son más que tanteos «religiosos» sobre un tema que en la actualidad hasta los creyentes parecen encarar con la típica e iluminada superficialidad laica. Se podría y debería decir algo más como complemento a las razones de la Iglesia, esa que todavía es responsable de las Escrituras y la Tradición. Por ejemplo, la idea bíblica y paulina de la sociedad entendida no como una suma de individuos sino como un cuerpo u organismo vivo con derecho a extirparse aquel de sus miembros que considere infectado. Se trata del concepto de legítima defensa que correspondería al individuo, como propugnarían los individualistas, pero también al cuerpo social. O asimismo, del concepto de restitución del orden de la justicia y la moral quebrantadas.

Desde la perspectiva de su propia fe, la pena capital es legítima para la Iglesia. Pero, actualmente, ¿es también oportuna? La mejor síntesis para justificar nuestro rechazo a la posibilidad de reponer la pena capital en nuestra época, nos la ofrece de nuevo Romano Amerio: «La pena de muerte resulta bárbara en el seno de una sociedad irreligiosa que, al vivir encerrada en el plano terrenal, no tiene el derecho de privar al hombre de un bien que para éste es único.»

Así pues, un «no» al patíbulo, motivado no por la fe sino por la irreligiosidad de la vida contemporánea.

VIII. LA LEYENDA DE LA SÁBANA SANTA

43. La Sábana Santa/1

El cardenal Anastasio Ballestrero, arzobispo de Turín, aseguró en la rueda de prensa del 13 de octubre de 1988 que el hecho de que la tela de la Sábana Santa se remontase a la Edad Media no le planteaba ningún problema de orden teológico ni pastoral. Dijo que la Iglesia tiene otras preocupaciones muy distintas y más graves que las vinculadas a las «reliquias». Asimismo afirmó que si consultara dicho tema con sus colegas obispos, los monseñores le dirían que le sobraba el tiempo.

Aprovecha la ocasión para bromear diciendo que, pese a todo, la prueba de que el Sudario hace «milagros» es que los análisis no le han costado nada a la Iglesia ya que han sido realizados gratuitamente por tres laboratorios internacionales. Sí, pero sin olvidar que, por el tono despectivo de alguno de estos científicos, habrían pagado el trabajo de su propio bolsillo con tal de obtener unos resultados que corroborasen sus propias convicciones de agnósticos o protestantes horrorizados por las «supersticiones papistas». Otro dato destacable es que en el extranjero las entrevistas no son gratuitas como en nuestro país, sino que se retribuyen generosamente. Además del habitual afán de protagonismo y el vanidoso deseo de ver el nombre de uno en la prensa, también hay que añadir la codicia al vergonzoso comportamiento de esos profesores que los ingenuos turineses tomaron por caballeros cuando en realidad se han comportado como vulgares trapicheadores de la indiscreción más rentable, actitud que hasta el benigno arzobispo ha destacado con amargura en su comunicado oficial. Eran suizos, ingleses y americanos, para que tomen nota los masoquistas que siempre están dispuestos a decir que «algunas cosas sólo pasan en Italia».

El cardenal Ballestrero me permitirá que diga, con todo respeto y firmeza, que no estoy tan seguro de que las cosas sean tan sencillas, y que el «veredicto» presentado como «científico», y que él aceptó con tanta docilidad, no tenga consecuencias pastorales. Es cierto que la Iglesia no se había comprometido sobre la autenticidad del Lienzo, que la fe no depende de este tema, que debería bastarnos con las Escrituras y el Magisterio y demás obviedades por el estilo. En lo que a mí respecta, muchos me reprocharon no haber citado la Sábana Santa en *Ipotesi su Gesù* («Hipótesis sobre Jesucristo») como principio de credibilidad de la fe. El caso es que para mí su valor era, como mucho, alimentar una certidumbre ya adquirida.

Y aún así... podría hacerse un razonamiento semejante para el caso de Lourdes. De nada serviría recordar la teología o el simple catecismo o decir «no hay problema» si un día hubiese que demostrar que santa Bernadette no era una mitómana y los hechos acaecidos en la cueva la afortunada invención de un grupo de comerciantes.

Hace diez años vi con mis propios ojos aquellas colas kilométricas a pleno sol, tres millones de peregrinos que aguantaban todas las molestias con tal de desfilar delante del Lienzo expuesto en la catedral turinesa, la propia sede de Ballestrero. He visto ese Semblante en mis viajes alrededor del mundo, tanto en las barracas como en los edificios religiosos. Y en lo que a mí concierne, es de las pocas imágenes que se hallan en el solitario estudio milanés donde suelo escribir.

Si me observo a mí mismo, cristiano de a pie, si pienso en la cantidad de personas como yo, no logro compartir el tono demasiado ligeramente desmitificador del arzobispo, que además es el «custodio» oficial del Santo Sudario. Es cierto que es un «icono», como repite continuamente Ballestrero, quien ahora revela que siempre la ha considerado bajo esa única forma. Pero, como diría Claudel, también es una «presencia». Una imagen, sí, pero con la esperanza de que fuera una ventana abierta al misterio, que ese Semblante fuese uno de esos signos de los que estamos necesitados en nuestra indigencia. No hay que rezar *al* Sudario sino *gracias* a él, esperando que un día podremos ver alzarse esos párpados: «Creo en Ti, Señor, pero ¡ayuda a dominar mi incredulidad con señales como ésta!»

De todos modos, me esfuerzo en ser amigo de esa verdad que libera, pero no oculto mi malestar. Sé que detrás de un icono oriental está el monje que lo ha pintado. Pero ¿qué hay detrás de este «icono» que, como afirma alegremente el cardenal, debería seguir aceptando y venerando como si nada hubiera ocurrido?

¿Hay detrás una estafa simoníaca practicada por cínicos fabricantes orientales de reliquias que, partiendo del cadáver de un joven, extraen primero un molde en yeso, lo funden luego en bronce, después dejan que el simulacro adquiera color, obteniendo la imagen sobre una sábana para retocarla al final con sangre humana? ¿Acaso no será —sospecha escalofriante— la prueba de un delito? Es decir, un pobre hombre martirizado a propósito según los datos proporcionados por los Evangelios para luego manipular el cuerpo, siempre con el fin de obtener una falsificación lucrativa. ¿Y si fuese una reliquia encargada y fabricada como *instrumentum regni*, para dar un prestigio blasfemo a una familia ilustre?

Son preguntas que ahora vuelven a surgir como una pesadilla, incluso después de estas sospechosas pruebas con el radiocarbono. Preguntas que estos días me han preocupado a mí y a tantos otros crédulos como yo. Confieso que al principio recordé las palabras de Riccardo da San Vittore: «Señor, si el nuestro ha sido un error, ¿no has sido tú quien nos ha engañado?» ¿Tú, que en los últimos noventa años has permitido que una cantidad impresionante de indicios «científicos» se acumularan sobre aquella tela, haciendo cada vez más plausible la creencia y llevándonos casi de modo inevitable a caer en el error? Si cada vez resulta más difícil creer, ¿por qué esta trampa, más insidiosa si cabe con las ciencias modernas? Apunta un grito no muy diferente al que lanzó un atormentado Pablo VI en los funerales por Aldo Moro: «¿Por qué, Señor?»

Pero ¿hemos de pedir cuentas a Cristo o a nosotros mismos? Una vez más, «desventurados» (*maledecti*, según la palabra bíblica) por «haber confiado en el hombre», en sus ciencias, en las investigaciones que nos engañaban hasta que ellas mismas nos han desengañado. La honestidad y la realidad nos imponen reflexionar muy seriamente sobre todo lo ocurrido. A pesar de la ostentosa y despreocupada serenidad eclesiástica, el escándalo afecta y afectará a muchos, especialmente a aquellos pocos a los que el Evangelio concede privilegios. Encogerse de hombros como si no pasara nada implicaría no querer recoger la «lección» o «advertencia» que (¿podría ser de otro modo?) Alguien ha querido darnos.

44. La Sábana Santa/2

Uno de los obispos más prestigiosos declara a un diario *liberal* y anticlerical en relación a los análisis sobre la Sábana Santa: «Los religiosos nos alegramos de los resultados aportados por la ciencia, a la que reconocemos el mérito de haber aclarado y purificado el asunto.» El «custodio» del Lienzo, el cardenal arzobispo de Turín, acepta «serenamente» los resultados de esa misma ciencia y, haciendo a propósito de ello algún chiste que a él le parece ingenioso, también confirma «serenamente» la devaluación de reliquia (la más importante de todas, si hubiese sido auténtica) a «icono» de oscuros orígenes pero, dice, igual de venerable.

En cuanto a los pobres laicos como nosotros, tal vez un tanto ingenuos pero no hasta el punto de arrodillarnos sin crítica ante la santa Madre Ciencia y su criatura, san Carbono 14, con sus locuaces sacerdotes oficiando en los templos de los laboratorios de datación radiológica de Tucson, Oxford y Zurich, nos cuesta persuadirnos de que no exista ningún problema. Nos parece que archivar lo que ha ocurrido con la «serenidad» que tanto se nos recomienda sería como rechazar culpablemente la ocasión que Alguien nos da (pues ¿acaso desde una perspectiva de fe ocurre algo por azar? y más con un tema así...) de interrogarnos con valor y sinceridad, por más doloroso que resulte.

Después de siglos de veneración y, principalmente, tras noventa años de investigaciones interdisciplinares que han acumulado una impresionante cosecha de indicios de credibilidad, el problema que plantea el Santo Sudario es tan sencillo como terrible: o es la perturbadora «fotografía» del Dios que se encarnó para los cristianos en el Nazareno crucificado o es la estafa (o burla) más colosal de la historia. ¿Quizá es una propuesta intermedia la del arzobispo «custodio» de un «icono» que reproduciría el rostro de un desconocido y no el de Jesús, pero al que habría que venerar tranquilamente porque en cierto modo nos recuerda la Pasión del Salvador?

Ojo, advierte el profesor Pierluigi Baima Mollone, uno de los mejores estudiosos del tema. Ojo, porque si la datación nos remite a la Edad Media, entonces la hipótesis científica más probable es la de un delito atroz, ya que se habría martirizado a un pobre desgraciado para obtener una falsificación. De este modo, el Lienzo no sería un objeto de veneración sino un objeto criminal y simoníaco que debería exorcizarse. En resumen, es la misma ciencia la que parece afirmar: *Aut Deus aut Diabolus, tertiur non datur*. O es la luz del misterioso instante que precede a la Resurrección o son las tinieblas de un nido de maleantes (puede que incluso de asesinos) en un Oriente medieval en el que pululaban los falsarios.

Comparado con éste, resulta insignificante el chasco de las cabezas de Modigliani, fabricadas por unos jóvenes de Livorno con intención de burla. De cualquier modo, cuando se descubrió la broma nadie pensó en una «vía intermedia», es decir, que eran esculturas falsas que debían exponerse en un museo y seguir admirándose porque de alguna manera recordaban a aquel gran artista; las habían realizado por diversión pero en cierta forma seguían siendo «iconos» de Modigliani... Entonces, si detrás de esas piedras se hallaban muchachos juerguistas, ¿quién está detrás del Sudario, en el caso de que sea verdaderamente medieval?

La honradez impone constatar que no es tan fácil librarse del problema religioso diciendo que nunca existió una declaración de autenticidad por parte de la Iglesia. Sí, pero sólo en las últimas décadas del siglo XV y las primeras del siglo XVI, los papas concedieron catorce indulgencias como respuesta a otras tantas peticiones de los Saboya. Un duque de esta estirpe, Amadeo IX, proclamado beato por la Iglesia, hizo construir para el Sudario la *Sainte Chapelle* de Chambéry. Julio II, con la bula del 25 de abril de 1506, instituyó la «Misa de la Sábana Santa», aprobó el Oficio canónico y estableció la fecha anual de las fiestas litúrgicas, que desde entonces, incluido este año, siempre se celebran el 4 de mayo. Sus sucesores, León X y Sixto V, ampliaron aún más las concesiones del Rito. Y como la liturgia es decisiva para la fe (*lex orandi, lex credendi*...), decisiones de este tipo crean problemas no sólo «devocionales» sino, al parecer, teológicos. Recordemos, entre otros, a san Carlos Borromeo, quien atravesó los Alpes a pie para venerar la Sábana y fue uno de los que motivaron su traslado a Turín; o a los papas del siglo XX, todos «comprometidos» de alguna manera, desde Pío XI («desde luego que no es obra del hombre») a Pablo VI, que aprobó primero la presentación televisiva de 1973 y luego, calurosamente, la de 1978, con un mensaje emocionado sobre lo que denominó «el misterio de esta sorprendente y misteriosa reliquia». Y quien esto escribe vio, junto a millones de peregrinos a menudo guiados por sus obispos, la devoción ante el relicario expuesto en la catedral turinesa del entonces reciente cardenal arzobispo de Cracovia, Karol Wojtyla.

Podríamos continuar largo y tendido en la demostración de que, aun en ausencia de una declaración oficial, desde hace siglos la Iglesia, empezando por los simples creyentes y acabando por los sumos pontífices, no consideró el Sudario un simple «icono» que hay que dejar de cuestionar, según pretendía el arzobispo, limitándose a ver en él un recuerdo de la Pasión que como mucho ayudaría en la meditación, a semejanza de cualquier imagen sacra surgida de las manos de un artista. Además, el propio cardenal Ballestrero, uno de los más insignes cultivadores de las gloriosas tradiciones de la orden de los carmelitas a la que pertenece, no olvida —o eso esperamos— a aquella hermana de su orden que con apenas quince años consiguió entrar en el Carmelo de Lisieux, aquella muchachita que tomó como nombre de religiosa el de «Teresa del Niño Jesús y *del Santo Semblante*», que para ella era precisamente el muy venerado *Saint*

Suaire de Turín, si bien en aquella época todavía no se habían descubierto sus extraordinarias características. O, para dar otro ejemplo de entre los muchos posibles, quien conoce el ambiente de las misiones sabe que en el Tercer Mundo, tan receptivo a las «señales» de lo sagrado, se hacían y se siguen haciendo muchas catequesis basándose en la imagen del Sudario. «¡Es el Señor!» (Juan 21, 7), decían a los indígenas los misioneros, animados por superiores, obispos y científicos. Y ahora ¿qué?

El problema de la veracidad de aquella Sábana es un «asunto serio», con repercusiones gravísimas que aunque teóricamente no implican a la fe, en la práctica la rozan peligrosamente. Siempre dispuestos a exigir sinceridad y honradez de los «demás», ¿vamos a echarnos atrás encogiéndonos de hombros cuando nos toca a nosotros demostrar esas virtudes? Es un deber no archivar el *affaire,* porque esperamos volver sobre él para intentar extraer alguna reflexión de cuanto ha sucedido. Y no es en modo alguno un hecho marginal, como de folclore para incautos, sino que incumbe a toda nuestra forma de contemplar lo sagrado.

45. La Sábana Santa/3

Durante dos «entregas» hemos intentado demostrar la seriedad del desafío que planteaba la sospecha de que, partiendo de los análisis «científicos» de datación, el Santo Sudario sea una falsificación medieval. La reacción inmediata de los lectores nos confirma que no somos los únicos en querer reflexionar hasta el final sobre todo lo ocurrido.

Intentemos, entonces, abandonar el punto de vista de un «cientificismo» decimonónico planteándonos interrogantes desde una perspectiva religiosa que, al final, puede revelarse como la más «científica» posible.

En efecto, mientras que el no creyente debe excluir numerosos elementos, el creyente es alguien que *a priori* no excluye nada. Nada: ni siquiera la hipótesis del engaño diabólico. ¿Acaso existe algún vestigio de que en el origen de esta presunta «falsificación» sindónica no subyace una intención de lucro o de mofa sino una trampa de aquel que es «padre de la mentira» (Jn. 8, 44)? Uno de los que se han hecho esta pregunta es Kenneth E. Stevenson, ingeniero, que no visionario, portavoz oficial de los cuarenta científicos norteamericanos que en 1978 sometieron el Lienzo a los análisis más sofisticados para acabar rindiéndose frente a este «objeto imposible» y abrirse a su misterio. (Tampoco estaría mal revisar el libro *Verdetto sulla Sindone* [«Veredicto sobre el Santo Sudario»] del mismo Stevenson, editado por Queriniana y aún a la venta.)

Pero «misterio» puede significar Dios o diablo. El científico americano muestra su experiencia de escéptico que al final se ve obligado a acoger a ese Jesús cuyo amor le parece suficientemente confirmado por sus propios instrumentos tecnológicos: «Mi vida se transformó.» Así les sucedió a muchos otros, como al criminólogo de Zurich, Max Frei, que descubrió polen de Palestina sobre la prenda. Incluso Ballestrero afirma: «El Santo Sudario ha hecho muchos milagros y seguirá haciéndolos.» Unos milagros mucho más difíciles que los denominados «físicos», milagros de curación espiritual, de fe consolidada por la contemplación de aquel Semblante.

«Ahora bien, si Satanás bate a Satanás estará en desacuerdo consigo mismo, y, entonces, ¿cómo podrá sostenerse su reino?» (Mt. 12, 26). Uno de los rasgos de lo demoníaco es la asechanza de la fe, mientras que esta «señal» la ha ayudado, ha alimentado la contemplación de los santos y ha llegado a los corazones de un modo que sólo Dios conoce.

Si, además, *diabolos* etimológicamente significa «el que divide», numerosos protestantes y ortodoxos se unieron a los católicos para reconocer al único Señor en aquella Huella, haciendo de ello un motivo de encuentro y no de desunión.

Y si la belleza es la huella de lo Divino, como enseña toda la Tradición, ¿puede ser un engaño de las tinieblas la «reliquia» para la que el muy beato padre Guarino Guarini ejecutó, dibujando de rodillas, una de las creaciones más excelsas del Barroco europeo, la maravillosa capilla que desde hace tres siglos domina el cielo de Turín?

Si no es el diablo el que nos ha engañado, ¿nos hemos engañado solos al tomar en serio estos signos tangibles en lugar de convertirnos a una fe «pura y dura», como la de los jansenistas o calvinistas que desdeñan cualquier tipo de ayuda? Entre otros, ha respondido don Giuseppe Ghiberti, uno de los mejores estudiosos italianos de la Biblia, que ha dedicado rigurosos estudios a la relación entre la Sábana Santa y el Nuevo Testamento y que ha confesado que la fecha en que se divulgaron los resultados de los análisis con el radiocarbono fue «un día penoso» para él. Ese riguroso exegeta, apreciado a escala internacional, ha recordado que «la fe no debe desencarnarse hasta el punto de impedir cualquier relación con los sentimientos humanos más profundos». Ghiberti añade que «no era cierto lo que se dijo en la fecha de la emisión de 1978, que un fenómeno como el del Sudario era impensable como puente material con el Cristo-hombre porque en la dimensión de la fe no hay lugar para hechos semejantes. La fe no le dice a Dios de qué instrumentos puede y debe valerse para ayudarnos en el camino que nos conduce hasta Él, sino que queda a disposición de los dones que Él quiera hacernos». No hemos sido los creyentes los que hemos buscado un Sudario, tampoco hemos programado su misteriosa aparición en Lirey en 1356, y mucho menos aún la foto de 1898 que puso en marcha el impresionante aluvión de investigaciones científicas.

Aunque, como ya señalábamos, estamos dispuestos a aceptar cualquier aspecto de la «lección», por duro que sea, no creemos que una de las consecuencias a extraer sea la de rechazar a priori todas las huellas tangibles de divinidad, que deben aceptarse con prudencia y gratitud como una posible contribución frente a la incredulidad que siempre nos acosa. La fe debe purificarse continuamente, es cierto, pero la propia lógica de la Encarnación parece advertirnos que no debemos desmaterializarla hasta llevarla al límite de lo inhumano con la soberbia de quien, «estando de pie», da gracias a Dios «porque no es como los demás» (Lc. 18, 11). El creyente que a priori rechaza escandalizado la posibilidad de un contacto con la materialidad del cristianismo, un mensaje de almas y cuerpos (cuerpos destinados a la vida eterna, en la carne), conocerá la amenaza del espiritualismo gnóstico que separa al credo del hombre.

¿Y entonces? Quizá debamos cuestionar la validez de los análisis, tal vez recordando la posibilidad nada remota de haber datado los hilos de uno de los remiendos medievales, tan perfectos como para que sea imposible distinguirlos entre sí. O recordando cuando fue puesto a hervir en aceite como una especie de «juicio de Dios», los incendios, las demostraciones, el paño que se adhiere por detrás y que sin duda ha dejado sus huellas, tal como reconoció uno de los laboratorios que halló restos en la muestra. O recordando que fue uno y no tres el análisis efectuado, porque todos utilizaron el mismo método y los mismos equipos.

Probablemente, el problema es más complejo. Desde una perspectiva religiosa y también, como advertían algunos expertos, en nombre de una correcta concepción de la ciencia y sus límites, es una obligación resistirse al chantaje: «No aceptáis la prueba del C14 por miedo.» ¿Miedo de qué? Hablemos mejor de distinción de planos y competencias respecto a

195

una Vida que, en el caso de que la Sábana Santa sea auténtica, invistió a aquella tela con su misteriosa fuerza y la hizo también misteriosa. Se trata de un misterio que por su naturaleza se mostrará siempre esquivo o hará perder el control a los instrumentos de factura humana más sofisticados. Lo veremos. Y si parecen excesivas más «entregas», estoy de acuerdo. Pero es culpa mía porque quizá no he conseguido todavía hacerles comprender qué es lo que aquí se está poniendo en juego.

46. La Sábana Santa/4

El arzobispo de Turín, «custodio» del Santo Sudario en nombre de la Santa Sede, ha vuelto a hablar por fin tras el silencio de la jerarquía de la Iglesia después de la conferencia de prensa del 13 de octubre, que numerosos observadores juzgaron demasiado apresurada, como si todo siguiese más o menos igual que antes.

Resulta excelente la iniciativa del cardenal Ballestrero de retomar un asunto que únicamente podría parecer «secundario» a aquellos religiosos encerrados en los asépticos laboratorios de una teología superflua por la ausencia de contacto con el «pueblo de Dios», al que sin embargo no cesan de aludir. Los centenares de cartas, telegramas y llamadas de teléfono que recibimos nosotros los periodistas comparten sentimientos de agitación: desconcierto, desilusión, amargura, rechazo a entregarse sin condiciones a la «Ciencia», incluso resentimiento por el modo en que se ha llevado a cabo y luego presentado el asunto. Aun admitiendo que el problema no sea «teológico» (incluso si, como apuntábamos, seis siglos de devoción y de liturgia planteen serios interrogantes al respecto), sigue siendo un importante problema pastoral que los hombres de Iglesia no pueden ignorar.

Manteniendo, pues, la «franqueza», el «hablar claro» —la *parresía* del Nuevo Testamento en lengua griega— que actualmente hasta los sínodos episcopales recomiendan a los laicos, consideramos un deber no ocultar nada. Nada. Ni siquiera el estado de ánimo que como periodistas (y, por tanto, intérpretes por oficio del humor popular) hemos advertido últimamente en el seno de esa «base de la Iglesia» a la que se dice querer tomar tan en serio como merece.

Es un estado de ánimo que puede empujar a un creyente, no precisamente lego en la materia, a escribir con amargura: «El Santo Lienzo fue custodiado y venerado religiosamente por los Saboya durante siglos y resulta que tan pronto llega a manos de los hombres de la Iglesia, por donación de la ilustre familia, se le hace pedazos y se le lanza a una irrespetuosa investigación a manos de extraños científicos que luego pregonan su falsedad.» Quien así se expresa es el mismo especialista (el archicatólico Romano Amerio, presidente emérito del Liceo cantonal de Lugano, reconocido internacionalmente por sus notables y acaso polémicos ensayos religiosos), que incluso llega a acusar a esos mismos «hombres de Iglesia» de «pecar contra la *virtud religiosa*, sin la menor consideración por el sentimiento del pueblo de Dios al que durante siglos mostraron la Sábana de Turín como una imagen impresionada directamente por el Santo Cuerpo del Señor, y no como un simple "icono", tal y como se pretende ahora». Más aún, según el mismo Amerio, «el pecado de los clérigos» sería nada menos que triple, incluyendo el de ir «contra la doctrina, otorgando a la ciencia una seguridad y exactitud que según el sistema católico no le competen». Y después, «el pecado contra la *prudencia*, por hacer dogma de la sentencia de tres peritos en lugar de proceder a nuevas pruebas, anulando de esta forma un siglo de estudios sindonológicos».

Son palabras duras que quizá estén dictadas por la comprensible conmoción del momento. Pero la *pa-*

rresía recomendada por la propia jerarquía obliga a reconocer que se trata de palabras que, aun llevándolos a un extremo inaceptable, expresan sentimientos realmente presentes en el seno del «pueblo de Dios», es decir, «signos de los tiempos» a los que deben enfrentarse los pastores de la Iglesia.

Volviendo a las declaraciones que el cardenal Ballestrero concedió en una entrevista al semanario de su diócesis, en ella dice: «Se ha dado crédito a la ciencia porque así lo ha pedido ella.» «Un gesto —añade— de coherencia cristiana.» Pero nunca hay nada sencillo, todo es siempre complicado. También el especialista inglés Christopher Derrick se remitía a la «coherencia», observando con el típico pragmatismo británico: «La ciencia y por tanto el C14 pueden considerarse exactos si damos por descontado que nunca tuvo lugar la Resurrección. Pero resultan menos creíbles si partimos de la hipótesis de que ésta haya podido tener lugar.»

En efecto, la ciencia sólo puede aplicarse a lo que es «repetible». Pero la Resurrección de Cristo es precisamente todo lo contrario. Como repite tres veces la carta a los Judíos es *ápax* por excelencia: algo que sucedió «una vez y para siempre». La fe nos induce a «apostar» por aquella Realidad fundacional de la propia fe, pero no sabemos nada de ella, empezando por lo que en el plano físico pueda significar esa misteriosa irrupción de vida en la tela del sudario al ponerse en contacto con aquel Cuerpo.

¿Y si los resultados de los análisis no fueran, como dicen algunos, una advertencia para conceder menos importancia a las «reliquias» sino, por el contrario, una llamada a tomarlas *verdaderamente* en serio, respetando su misterio y no cediendo al chantaje de los científicos que quieren «demostrar» con esos instrumentos suyos, que en este caso podrían manifestarse impotentes? ¿Quizás se trata de un «no tiréis las perlas...» con lo que va detrás (Mt. 7, 6)? Paul

Claudel: «"De Él salía una fuerza que sanaba a todos" (Lc. 6, 19). Ha sido esa fuerza la que ha estampado las prodigiosas huellas.» ¿Ha sido esa misma fuerza la que de algún modo también ha trastornado la tela, cegando a nuestras máquinas?

Después de quedar excluida desde hace años cualquier otra hipótesis (imposible la pintura o la teoría de los vapores) parece existir un acuerdo sobre el hecho de que esa imagen es como «una ligera quemadura» imposible de obtener con medios humanos. ¿Qué «fuego» produjo tal fenómeno en el misterio de un sepulcro del que salió un ruido «como el de un gran terremoto» (Mt. 28, 2)? La «ciencia» es adecuada para el sudario de una momia. Pero si es «auténtico», éste es el Lienzo del que salió vivo de nuevo el Único que «Dios resucitó» (Ac. 2, 32). El carbono es un producto del Sol, ¿qué sucede si hipotéticamente se le pone en contacto con el Hijo de Aquel que ha creado y mueve el Sol? ¿Cómo «ponerle fecha» nosotros si está escrito: «Para Él un día es como mil años y mil años son como un día (2 Pe. 3, 8)»?

No, el caso del Sudario ya no se reduce, como afirma el cardenal, a la conservación y restauración de un «icono» medieval de origen desconocido. La misma razón en la que se apoya la ciencia (que cuando es auténtica es consciente de sus límites), nos asegura que el caso no está cerrado de ninguna manera.

47. La Sábana Santa/5

Pascal advierte que lo que pertenece al «orden», a la dimensión de la fe, debe juzgarse con categorías adecuadas. Es decir, con categorías que también pertenezcan a la fe desde una perspectiva religiosa.

Para llegar a las verdades científicas utilizamos el intelecto, la razón, el método experimental; para las verdades religiosas esos instrumentos pueden ayudar y deben acompañar hasta un cierto punto del camino, pero no son decisivos. Para «probar» la fe se necesita aquella *scientia sanctorum*, que nada tiene que ver con la *scientia* de los laboratorios, que es la mística, es decir «la experiencia concreta de la Divinidad», «el conocimiento verdadero y objetivo del Misterio», como si fuera por contacto directo. Las doctas dudas del «especialista» que se «vanagloria de su ciencia» (1 Cor. 8, 1) no pueden competir con el místico que «sabe» porque «ha visto» y «ha tocado». La mística es así la fuente de conocimiento más segura porque se basa en la experiencia objetiva, si bien misteriosa, de quien no precisa «apostar» por la fe ya que consta los hechos, es decir, se basa en la evidencia.

Por supuesto, como advertía Pablo, hay que actuar con prudencia, pues no todos los «místicos» lo son realmente. La Iglesia lo ha sabido siempre, mostrándose prudente incluso de modo exagerado.

Entre los místicos que parecen haber sido aprobados por el severo filtro eclesiástico, se halla Anna Caterina Emmerick, la humilde pastorcilla nacida en Westfalia en 1774, que fue rechazada por todos los monasterios y acogida después de padecer infinitas humillaciones entre las agustinas y que desde 1813 hasta su muerte en 1824 no abandonó el lecho. Emmerick mostró los estigmas y fue protagonista de impresionantes visiones que suscitaron desconfianza e incomprensión, tal vez por el modo incorrecto en que se recogieron. Por esta causa, así como por motivos políticos ligados a la situación alemana, pese a la veneración popular que siempre la rodeó, la causa de su beatificación no se puso en marcha hasta 1981. Mientras tanto, la Iglesia ya la ha declarado «sierva de Dios».

Gracias a la amabilidad de dos lectores, tengo sobre la mesa la cuarta edición de las visiones de Emmerick referidas a *La dolorosa Passione de N. S. Gesù*

Cristo («La dolorosa Pasión de N. S. Jesucristo»), editada en Bérgamo el año 1946 con *imprimatur* del obispo monseñor Bernareggi y, anterior a éste, el del vicario general de la diócesis de Ratisbona en Baviera. Pues bien, en estas páginas, garantizadas por el «imprímase» de dos autoridades eclesiásticas, se dicen cosas sorprendentes sobre algo que Emmerick vio desde su lecho de estigmatizada, hace unos ciento setenta años. En efecto, se trata del Sudario.

Así se nos informa que la que se venera en Turín no sería la original sino una «huella» (una copia) obtenida por vía milagrosa mucho tiempo después, aplicando sobre la antigua prenda de lino otra nueva. Respecto al Sudario «auténtico», éstas son las palabras textuales de la vidente: «He visto el original, un poco estropeado y rasgado, que honran en algún lugar de Asia cristianos no católicos. He olvidado el nombre de la ciudad, situada en las cercanías de la patria de los tres reyes (los Magos).»

Siguiendo con las misteriosas visiones de la sierva de Dios (visiones que, por otro lado, muchas veces precedieron el descubrimiento de la moderna arqueología bíblica), se envolvió en vendas al Crucificado y, enfajado de este modo, se le tendió sobre una sábana. Devolvámosle la palabra una vez más: «Un conmovedor milagro se operó entonces ante sus ojos. El cuerpo ultrasagrado de Jesús apareció con todas sus heridas reproducido sobre el sudario que lo envolvía con un color rojo oscuro, como si Jesús hubiese querido recompensar los cuidados y el amor que le dispensaban dejando su propia imagen a través de los velos que lo envolvían [...]. Su maravilla fue tan grande que abrieron la sábana y todavía fue mayor cuando vieron todas las vendas que enfajaban su cuerpo tan blancas como antes [...]. El lado de la sábana en el que se había acostado el cuerpo había recibido la marca del dorso del Redentor, mientras que el lado que le cubría recibió el de la parte delantera.»

Emmerick continúa diciendo que «vio muchas cosas relacionadas con la historia posterior de esta tela», como por ejemplo, que «se le honró en diversos lugares». Luego hace una precisión insólita: «Una vez fue causa de disputa y para poner fin a la misma se la lanzó al fuego.» Parece una mención a aquel «juicio de Dios» al que fue sometido realmente el Sudario, pero que la ignorante monja no podía conocer. También es un hecho sorprendente que sin haberse desplazado nunca de su región pudiera describir con exactitud el color de la imagen del sudario («rojo oscuro») y decir que éste reprodujo «todas sus heridas», dato que sólo ha podido plasmarse ochenta años después, con las primeras fotografías.

Éste es el pasaje desconcertante que ya habíamos mencionado: «Gracias a la plegaria de algún personaje santo se obtuvieron tres huellas, tanto de la parte posterior como de la anterior, con la simple aplicación de otra pieza de lino. Estas reproducciones, al recibir por contacto una consagración que la Iglesia quería concederles, han obrado grandes milagros.» Después siguen las frases ya referidas acerca de la suerte del original, oculto en Asia.

Y por último, sorpresa final, aparece de repente el nombre de Turín: «También he visto en estas visiones otras cosas referidas a Turín...» Esas «otras cosas» parecen aludir al hecho de que la mística se refería precisamente a aquella ciudad (que no había mencionado antes) al hablar de las prodigiosas «reproducciones».

El «testimonio» de la tal vez futura beata debe acogerse con reserva desde una perspectiva «religiosa» pero no puede rechazarse a priori porque, como ya recordábamos, sobre hechos semejantes el místico «sabe» más que el científico y porque en la Iglesia ya existe un precedente famoso en materia de «huellas»: el manto del indio mexicano sobre el que en el siglo XVI la Virgen estampó, también como un acto prodigioso, la imagen venerada por toda América latina. ¿Es Turín una Guadalupe? Una pregunta que sólo rechazará con disgusto sin tratar de reflexionar sobre ella quien haya perdido el respeto al Misterio.

48. La Sábana Santa/6

No cayó en el vacío (vistas las inmediatas reacciones de los lectores) el hecho de recordar a la sierva de Dios Anna Caterina Emmerick, la estigmatizada cuyo proceso de beatificación está en curso y que hace 170 años habría «visto» el Sudario original escondido en Asia y la sábana de Turín como una copia de las tres obtenidas «mucho tiempo después» (¿en la Edad Media?) mediante un prodigio. Igual de milagroso sería el origen de la Sábana primitiva, obtenida «por proyección» y no por contacto, si nos atenemos a las visiones de la mística, publicadas con las habituales advertencias de «fe sólo humana», si bien provista de dos *imprimatur* obispales.

Resulta insólito que la ciencia sindonológica hable hoy día de una inexplicable «proyección» como la única génesis posible de las huellas. Y es igualmente insólito que la campesina iletrada «viese» con exactitud tanto el color de la imagen como los detalles que sólo iban a confirmarse en posteriores investigaciones de archivo, o también la *ordalía* o «juicio de Dios» pasado por fuego a que se sometió la reliquia.

Otros datos que confirman que no ha caído en el vacío los ofrecen la acumulación de cartas y también la prensa, que ha retomado claramente el tema. Recordábamos también que si estos prodigios estuvieran en el origen de la Sábana Santa, la Iglesia no ignoraría el detalle. La «reliquia medieval» de Turín sería asimilable a la *tilma* de Guadalupe, el mantón del pobre indio en el que la Virgen estampó su efigie y que tuvo una importancia decisiva en la evangelización de América latina y que aún hoy ve desfilar anualmente a millones de peregrinos arrodillados ante él. También se sabe que las investigaciones científicas a que se sometió la *tilma* acabaron con el diagnóstico de «objeto imposible». Además, el tejido vegetal con el que se fabricó el manto se deshace al cabo de pocos años, mientras que el de Guadalupe están tan fresco al cabo de casi cuatro siglos, dos de ellos pasados al aire libre, como si se hubiera hecho ayer, presentando unas cualidades misteriosas como la de rechazar el polvo. Se ha divulgado el dato de que el examen con microscopio electrónico está revelando cosas impresionantes, como sería la increíble «fotografía» que quedó impresionada sobre la pupila de la Virgen y que reproduce la escena circundante (el obispo y otros altos cargos) en el momento en que la imagen se formó repentinamente.

A la espera de que también en Guadalupe prevalezca algún anacrónico iluminismo científico carente de respeto al misterio y a los creyentes que no frecuentan los centros en los que se fragua una fe «adulta» (pero ¿no ordena el Evangelio «volverse como criaturas» para entender algo?); a la espera de los Rambo que se abren paso a golpes de C14 entre las «devociones hechiceras y supersticiosas»; a la espera de que también en Guadalupe se deshagan apresuradamente de los numerosos y sólidos resultados de una investigación científica multidisciplinar, que ha durado casi un siglo, en nombre de otro dato «científico» tomado como un absoluto en sí mismo y que debería ridiculizar a todo el resto, a la espera, pues, de todo lo dicho intentemos extraer resultados provisionales de la reflexión sobre el *affaire* que tanto nos afecta, pues no es como para que se le archive «serenamente».

Una relectura de lo ya escrito hace que parezca innecesario cambiar lo que se dijo muchos meses antes de que se divulgara el resultado de los desconcertantes análisis, empezando con estas palabras: «Que no se ilusionen aquellos que están convencidos de que en otoño los resultados de las investigaciones con el radiocarbono "por fin nos dirán la verdad".» Recordábamos que la misteriosa estrategia del Dios bíblico era, como diría Pascal, «revelar y ocultar a la vez», «dar luz a la fe y oscuridad a la incredulidad»; en resumen, la salvaguarda de nuestra libertad, para que la fe sea «un don, una elección, una apuesta y no una entrega a la certidumbre humana». Decíamos que «si el Sudario está realmente ligado al misterio de Cristo, debe respetarse su lógica, hecha de ambigüedad y no de evidencias. El *Deus absconditus* que profetizaba Isaías y que se revela y oculta en Jesucristo no pretende acorralar a nadie ni quitarle al hombre el derecho a la duda».

Me decía a mí mismo que, realmente, aquel «claroscuro» que permite la apuesta por la fe quedaría protegido por las contradicciones respecto a las fechas. Yo esperaba tres resultados distintos e irreconciliables, nunca esperé un veredicto unívoco que confirmase la fecha «exacta», la del siglo I. Pero no había tenido en cuenta que eran tres laboratorios y que utilizaban el mismo método y tipo de instrumental. La contradicción que esperaba sólo por la sencilla lógica de la fe se ha puesto de manifiesto con el contraste insalvable entre diferentes disciplinas en el seno de la misma ciencia. Por un lado la ciencia que dice «Edad Media», por el otro la que dice «no es posible, si eso es cierto, el verdadero milagro se convierte en falsificación».

El método del radiocarbono pertenece a la ciencia, si bien con unas limitaciones que no parecen haberse tenido en cuenta, pero también es ciencia la «sindonología» (y además extraordinariamente multidisciplinar porque recurre a la física, la química, la botánica, la medicina, la arqueología, etc.), forjada a lo largo de noventa años no precisamente por legos y visionarios. Ahora, en lo que respecta al Sudario, quien desee «negar» dará prioridad a la ciencia del radiocarbono, mientras que quien desee «afirmar» se volverá hacia esa enorme masa de resultados científicos de otro género que contradicen aquel veredicto. Y así, como en todo lo que se refiere a Cristo, cada uno será llamado a hacer su elección, habiendo buenas razones (al menos aparentes) para unos y otros.

Naturalmente, aquel que quiera seguir «afirmando» no olvidará, como último consuelo para la opción escogida, todo lo que hemos intentado decir, empezando por el hecho de que si es «verdadero», aquella pieza de lino es un *unicum* en el que ha tenido lugar aquel acto único por excelencia que fue la Resurrección, con unos efectos sobre la materia que nos resultan totalmente desconocidos. Tampoco olvidará que desde el punto de vista de la fe, la «ciencia de los santos», es decir, la mística, es más fiable que la «ciencia de los científicos» cuyos instrumentos son ciegos e incluso desorientadores, si de verdad nos hallamos frente a un prodigio del «tipo» Emmerick o Guadalupe.

¿Qué esperábamos para esta Imagen? Que siguiera quedando a salvo el espacio de la *ambigüedad*, la dimensión del misterio que hace que la fe en el Dios de Jesús no sea la del Dios de Mahoma, para quien el incrédulo no tiene derecho de ciudadanía y es un loco porque niega la evidencia. Si bien de un modo imprevisible (como es natural: «Mis caminos no son los vuestros»), se ha respetado la espera, y el Misterio no sólo permanece intacto sino que se ha espesado, mostrando unas divergencias que ponen a la ciencia en contradicción consigo misma. Nuestro cometido es no cerrar el caso, prosiguiendo la investigación sindonológica y acumulando cada vez un mayor número de datos para espesar ese misterio que es garantía de libertad. Hay que poder decir «no» pero también «sí». Tanto en nombre de la fe como de la razón.

49. La Sábana Santa/7

La culpa, si es de alguien, no es toda nuestra. Son los lectores que, casi inundándonos con pruebas apasionadas, exigen que se vuelva a analizar aquel Enigma que se exhibe enrollado en un bastón y protegido por una triple cámara bajo la fascinante cúpula turinesa diseñada por el fraile matemático Guarino Guarini.

Ese «pueblo de Dios» que con toda justicia no se resigna, que se esfuerza en hallar una salida a la contradicción en la que parece haber caído la ciencia con sus resultados incompatibles (los del C14 y los acumulados en noventa años de sindonología), ese pueblo de creyentes que, como confirma nuestra abultada carpeta de correspondencia, parece «estar en todo».

Así, algunos insisten en que se preste atención a un aspecto hasta ahora poco considerado. Tampoco yo había reflexionado demasiado sobre el tema, aun siendo un lector interesado en todo lo que se escribe al respecto (a propósito: las Edizioni San Paolo ponen a la venta las Actas del IV Encuentro de Sindonología con el título *La Sindone. Indagini scientifiche* [«La Sábana Santa. Estudios científicos»]. Es un volumen al que echar una ojeada para ratificar la riqueza de unos estudios que no pueden ser anulados por la existencia de un *solo* resultado discordante).

Después de los sospechosos resultados de la datación «medieval» efectuada por medio del radiocarbono, formulamos la pregunta principal: ¿es posible asegurar la existencia del Sudario antes de finales del siglo XIII o principios del XIV? Es sabido que muchos expertos consideran insuficientes los textos que nos han llegado hasta ahora. Pero los archivos de las Iglesias orientales todavía siguen casi inexplorados. ¿Por qué teniendo más de seiscientos ateneos, universidades e institutos universitarios católicos en el mundo, hasta ahora esta y todas las demás investigaciones sobre el Lienzo se han dejado en manos y a expensas de la iniciativa de «particulares» de buena voluntad? ¿Por qué no programar una serie sistemática de estudios de historia, arqueología y ciencias físicas?

Desde el momento en que hay algo más que documentos escritos, algunos investigadores se han adentrado por la senda del arte, documentando el hecho de que en Oriente, a partir del siglo IV, el rostro de Jesucristo se reproduce con las mismas facciones, como si hubieran sido calcadas, a menudo con una fidelidad impresionante, del rostro del Sudario. Es posible que en los primeros siglos Occidente reconociera una mayor autoridad a Oriente y se adecuara también a ese canon, representando un Jesús siempre lampiño, tal vez de cabello rizado, y no largo y liso, o con la barba y el bigote que nosotros damos ahora «por descontado». Pero ¿quién podría haber sugerido estas facciones si no un «prototipo»?

Éste es un dato bastante conocido, aunque no tanto como el hecho de que los antiguos Padres de Oriente (y solamente ellos u otros con quienes mantuvieron contacto) insistieran en que Jesús era cojo, casi renco. Se cree que se inspiraron en Isaías («no tiene presencia ni belleza», 53, 2) o en el salmista («pero yo soy gusano, no hombre», 21, 7). No obstante, en ningún pasaje de las Escrituras se dice que el Mesías cojease.

Y sin embargo esta convicción fue tan profunda que en el arte griego, e inmediatamente en todo el arte ruso y el del Oriente eslavo, se representó la cruz con un *suppedaneum,* un apoyo para los pies, inclinado como para un hombre con una pierna larga y otra corta. Y no sólo eso: con frecuencia se representa a ese hombre con la famosa «curva bizantina», es decir, con el cuerpo sometido a una torsión lateral, como sucedería con un renco. En la representación estilizada que sigue vigente hoy día, la cruz greco-eslava todavía conserva inclinado aquel sostén para los pies.

Se ha tratado de explicar este detalle con simbologías —por ejemplo, la balanza de la justicia como un signo del poder de Cristo que habría desplazado la madera—, pero se revelan tardías e insuficientes. Esto también se debe a que una investigación sobre los iconos más antiguos ha reparado en que a menudo María sostiene en brazos a un Jesús niño con las piernas y los pies deformes. En un monasterio se encontró una conmovedora imagen de la Virgen, que contempla entristecida a su criatura, coja de nacimiento.

No existe ninguna explicación para las afirmaciones de aquellos padres y los usos del arte oriental. Niguna, salvo que el Sudario procede del mismo Oriente. No uno de los muchos apócrifos sino *este* Sudario, el cual, si se mira por la parte posterior, nos muestra a un Jesús cojo, con la pierna derecha bastantes centímetros más larga que la izquierda. No sólo nos muestra a un hombre cojo sino desviado por la luxación de la cadera y la deformación del hombro agravada por el peso de la cruz. Los numerosos médicos que han estudiado la Sábana no guardan dudas al respecto: primero se clavó el pie derecho, el izquierdo fue retorcido clavándolo más arriba y de lado. Todo el eje del cuerpo quedó desequilibrado por los malos tratos. Cuando se descolgó el cadáver, el *rigor mortis* dejó las piernas deformadas, mientras que la cadera permaneció elevada y el hombro bajado. De este modo dejaron sobre la Sábana las huellas que llevaron a engaño a los orientales, quienes pensaron en malformaciones congénitas.

Es cierto que si el Sudario que nosotros conocemos es anterior a lo que indica el C14, durante siglos tuvo que llevar una vida semiclandestina. Primero, por la oposición de los judíos (en sus visiones, Emmerick habla en dos ocasiones de la «captura» de la

prenda por los judíos); luego, por la lucha iconoclasta. Pasada ésta, por el temor a los robos (temor
justificado si acabó en Europa gracias a una incur-
sión de los cruzados). Ello no impidió una presencia
subterránea, sino todo lo contrario, que parece manifestarse discreta pero tenazmente a lo largo de las
páginas de los Padres, que presentan a Jesús como
cojo y deforme, o en el arte de los iconos que,
como es sabido, no se dejaban al arbitrio del monje
pintor sino que respondían a rígidas prescripciones
oficiales de la Iglesia.

Estos datos también deben servir para contrastar
la hipótesis de la «falsificación medieval». Con esto y
con todo lo que ha inducido a la revista *Civiltà Cattolica* a dedicar al Sudario este profundo verso de
Eliot: «*All our knowledge bring us nearer to our igno-
rance*», todo nuestro saber nos acerca a nuestra ignorancia, abriéndonos así al misterio. De éste tal vez
forme parte también el hecho de que, pese a todas las
investigaciones, no se han hallado otras imágenes
equiparables al Sudario. Con una sola excepción: en
1898 (justo el año de las primeras fotos turinesas del
abogado Secondo Pia) moría el monje eremita liba-
nés Sarbel Mekhluf. Los restos mortales permanecieron intactos y sin la rigidez habitual, y mantuvieron
además una temperatura igual a la de un ser vivo,
transpirando líquido hasta el punto que se le tenía
que cambiar el hábito dos veces a la semana. Y esto
siguió hasta que en 1950, al pasarle los comisarios
encargados de su beatificación un amito por la cara,
quedó impresionada en la prenda la única imagen conocida similar a la del Sudario. En diciembre de
1965, en presencia de todos los sacerdotes del Vaticano II, Pablo VI lo beatificó: era el primer santo
oriental desde el siglo XIII. ¿Qué significa esto? ¿Una
casualidad? ¿Pero es que existen «casualidades» en
esta dimensión?

IX. LAS OTRAS HISTORIAS

50. Esclavos negros

Por casualidad, tuve ocasión de ver algunas secuencias de una película que se reponía estos días por televisión sobre aquel gran campeón de boxeo que fue Cassius Clay y que al convertirse en líder de los Musulmanes Negros tomó el nombre de Muhammad Ali. En la película (que, según me han dicho, reproduce fielmente la realidad) se deshace en virulentos ataques contra aquellos malvados cristianos que redujeron a sus antepasados a la esclavitud y lanza una apología a favor de esos buenos hermanos que resultarían ser los seguidores del islam.

Caigo de las nubes: pase que un boxeador no sepa nada de historia, pero es intolerable que se hallen en semejante estado de ignorancia todos los no negros que muestra la película (reproduciendo la realidad, repito), avergonzados y mudos ante ese huracán de insultos. Valdría la pena pensar un momento en esto, dado que se trata del enésimo ejemplo de una franca manipulación de la verdad.

Antes que nada, Muhammad Ali parece ignorar que las únicas zonas del mundo en que la esclavitud, además de tolerarse, está regulada legalmente (contraviniendo los acuerdos internacionales) son precisamente aquellas donde la saria, el derecho extraído directamente del Corán, está plenamente en vigor. Para éstos, la esclavitud no constituye ningún problema, es más, se trata de una institución inmutable de la sociedad. Según Mahoma, el creyente puede suavizarla pero no abolirla. Todavía en la actualidad, las víctimas privilegiadas de las razzias de los árabes musulmanes son, como siempre, los negros precisamente, aunque también sean islámicos como Clay. En los países donde conviven árabes y negros, caso del Sudán, estos últimos son sometidos de manera cruel y habitual.

Jean François Revel, un laico de toda confianza, escribe: «El único tráfico de esclavos que se recuerda siempre es el de las Américas. La memoria histórica ha olvidado el crimen del esclavismo en el mundo árabe, los veinte millones de negros que fueron arrancados de sus pueblos y transportados por la fuerza en el mundo musulmán, entre los siglos VII y XX. Se olvida que, por ejemplo, a finales del siglo XIX en Zanzíbar había doscientos mil esclavos sobre trescientos mil habitantes. También se olvida que en un país islámico como Mauritania la esclavitud todavía era legal en 1981. Fue abolida formalmente en 1982, pero, allí como en todas partes, sigue perdurando sin obstáculos.»

Respecto a los casi cuarenta millones de africanos deportados a las dos Américas entre el siglo XVI y 1863 (fecha de abolición de la esclavitud en Estados Unidos), es sin lugar a dudas una tragedia espantosa de la que deben avergonzarse calvinistas holandeses, luteranos alemanes, anglicanos británicos, católicos portugueses y españoles. (Hay que aclarar que para estos últimos, como «malvados» católicos, la condena de la trata por parte de Roma se produjo de inmediato, desde finales del siglo XV; Pablo IV ratificó la prohibición de la esclavitud en 1537 y Pío V en 1568; Urbano VIII repite en 1639 acaloradas palabras contra «un semejante y abominable comercio de hombres»; en 1714 le toca a Benito XIV bramar contra el hecho de que los cristianos conviertan en siervos a otros hombres. En esta misma línea «oficial» se manifestaban santos como Pedro Claver, que realizaron prodigiosos actos de caridad a favor de los hermanos negros. Por el contrario, muchos ignoran que la esclavitud en las colonias francesas se restableció en 1802, por orden de aquel hijo predilecto de la Revolución que fue Napoleón.)

Pero también deberían avergonzarse de la trata «cristiana» hacia las Américas algunos animistas negros y muchos árabes musulmanes. A estos últimos se les adjudicó la captura de los esclavos y el transporte hasta los puertos; en cuanto a los negros, es un dato desgraciadamente cierto que no con poca frecuencia eran los jefes de las tribus quienes ofrecían a la venta a sus hermanos. La historia (que es cruel porque siempre desbarata nuestro deseo de dividir la humanidad en buenos y malos) debe registrar además otros hechos penosos. Por ejemplo, que muchos esclavos liberados en el siglo XIX pensaron en sacar provecho de la experiencia madurada en sus propias carnes y no supieron hacer nada mejor que dedicarse a la trata de otros negros. O que los esclavos emancipados por algunos filántropos americanos y asentados en el país que, justo por esta causa, se llamó Liberia, desde 1822 hasta hoy han estado oprimiendo cruelmente a los otros negros que ya habitaban en el territorio por considerarlos «inferiores».

Y aquí nos detenemos. Lo que nos empuja es recordar que el pecado nos une a todos: a los cristianos, sí, pero también a los «devotos musulmanes y a los bondadosos negros».

51. Cinturón de castidad

La entrada es cara y me disgustaría ser también uno de los que contribuyen a una iniciativa cuyo éxito estimula nuestro lado oscuro. Pero, ya que para los periodistas la entrada es gratuita, me cuelo en la exposición, itinerante por Europa, de antiguos instrumentos de tortura. El título —*ça va sans dire*— es «La Inquisición», casi como si «la peor cara del hombre» (así se ha subtitulado la exposición) sólo se hubiera manifestado en esos remotos tribunales. Éstos, a decir verdad, causaron menos víctimas en medio milenio que un solo año de los regímenes estalinistas, hitlerianos, sudamericanos o iraníes. En cuanto a la tortura, ya se sabe que ésta había sido un atributo achacable únicamente a la fanática intolerancia cristiana y que, al liberarse de ella, el «hombre nuevo» se negaría siempre a practicarla... ¡Como testimonian los informes anuales de Amnistía Internacional!

Entre los objetos expuestos se hallan algunos cinturones de castidad, que, según explica el catálogo, no eran en absoluto «instrumentos de tortura». Dentro de la sistemática campaña de difamación contra la Edad Media, se atribuyó su uso sobre todo a los cruzados («inexplicablemente, sin la menor prueba documental»), escriben los comisarios de la muestra: pero la explicación está en la difamación, que no rehúye las falsedades, de esa época marcada por la fe y, en particular, de aquella bestia parda que fue el extraordinario movimiento por las Cruzadas. Ateniéndonos a un cierto estilo de contar la Historia, el individuo que salía para las Cruzadas tenía que ser, además, un sanguinario salteador, un católico misógino y tal vez algo cornudo; o que, para no llegar a serlo, no encontraba mejor solución que encerrar a la mujer en un cepo de hierro.

En realidad —como informa dicho catálogo— bastaría con pensar un poco para advertir que semejante sistema habría causado en poco tiempo la muerte a la mujer por septicemia o tétanos. ¿Y entonces? Entonces, está documentado que eran casi siempre las propias mujeres las que se procuraban esos arneses en caso de viaje, estancias en albergues o al paso de bandas militares. En resumen, se trataba de un método de autodefensa contra una violencia en la que los maridos (ni siquiera los cruzados) nada tenían que ver. Algo de especial actualidad en estos días nuestros de violencia sexual creciente...

De acuerdo, esto no es más que una pequeña anécdota, pero no resulta irrelevante cuando constituye una de las tantas piezas falsas de un mosaico exagerado.

52. *Jus primae noctis*

«*Jus primae noctis*: delante de ciertas interpretaciones aberrantes basadas en juegos de palabras, de las que este presunto "derecho" es un ejemplo clamoroso, cabe preguntarse si la Edad Media no habrá sido víctima de un complot de los historiadores.»

Así escribe Régine Pernoud en un pequeño diccionario sobre tópicos (casi siempre falsos) referidos a la Edad Media.

En realidad, es indudable que ha habido un «complot», al menos en el sentido de presentar bajo la luz menos halagüeña posible un período abominado por los iluministas, que lo veían marcado por las «tinieblas de la superstición religiosa» y no por la Razón; y por los protestantes, que percibían en esa época el triunfo de una Iglesia católica a la que identificaban con el Anticristo mismo.

Vamos a detenernos esta vez en uno de los aspectos más peculiares de aquella difamación. ¿En qué consistió realmente el *jus primae noctis*, aquel «derecho de pernada» que todavía hoy muchísima gente está convencida de que se practicaba en la Europa «cristiana»? Con ayuda tal vez de los manuales mal leídos en clase, se cree que consistía en el privilegio del feudatario de «iniciar» la misma noche de la boda a las jóvenes que contraían matrimonio en los territorios en los que señoreaba. Se supone que los pobres villanos, los míseros siervos de la gleba, habrían tenido que aguantar la suprema humillación de acompañar a su joven esposa al castillo para que probara hasta la mañana siguiente la cama del lúbrico patrón.

No faltan novelas populares —pero también, *hélas*, textos de los denominados «históricos»— en las que se hace creer que pretendían hacer uso de ese derecho hasta los obispos propietarios de tierras. En cualquier caso, si la «consumación» del matrimonio ajeno la perpetraba un feudatario laico, la Iglesia, que tenía el poder de impedir el suplicio, o no se habría opuesto o lo habría tolerado, haciéndose cómplice del mismo.

Todo esto es completamente falso, al menos en lo que concierne a la *christianitas* de la Europa occidental y católica. Subrayamos «occidental» porque en la oriental, de tradición greco-eslava (aunque, todo sea dicho, con la manifiesta oposición de la Iglesia ortodoxa), parece ser que hasta el siglo XVII los grandes latifundistas pretendieron realmente conseguir semejante «derecho» de sus siervos. Éste también estaría aceptado en las castas sacerdotales de algunas religiones no cristianas. Entre otros, estaba vigente en algunas tribus africanas y, especialmente, en la América precolombina. Ese *jus* sexual se practicaba entre el clero budista de zonas asiáticas como Birmania. No hay ninguna huella en lo que respecta a la Europa católica.

Pero, entonces, ¿cómo ha podido surgir una leyenda todavía hoy tan firmemente aceptada?

Para entenderlo hemos de recordar qué era lo que se denomina «siervo de la gleba». Esta expresión suele pronunciarse con horror, como si se tratase de una continuación de la antigua esclavitud. Pero no es así en modo alguno: los «siervos de la gleba» eran campesinos que obtenían en concesión de un señor, el feudatario, un lote de tierra suficiente para mantenerse a sí mismos y a sus familias. El uso del suelo venía compensado por el campesino mediante una cuota sobre la cosecha, en ocasiones con un pago en moneda y con prestaciones varias sobre las otras tierras del señor (las famosas *corvées*, que —a pesar de la difamación que de ella hará la propaganda revolucionaria— solían revestir un carácter social, en beneficio de todos, como la construcción y mantenimiento de puentes y caminos y el saneamiento de terrenos pantanosos).

Como sigue diciendo Pernoud: «El término "siervo" se ha comprendido mal, ya que se ha confundido la servidumbre del Medievo con la esclavitud que fue la base de las sociedades antiguas, y de la que no se halla *ningún rastro* en la sociedad medieval. La condición del siervo era completamente diferente a la del antiguo esclavo: el esclavo es un objeto, no una persona; está bajo la potestad absoluta del patrón, que posee sobre él derecho de vida y muerte; le está vedado el ejercicio de cualquier actividad personal; no tiene familia ni esposa ni bienes.»

La investigadora francesa continúa: «El siervo medieval es una persona, no un objeto: posee familia, una casa, campos y, cuando le ha pagado lo que le debe, no tiene más obligaciones hacia el señor. No está sometido a un amo, está unido a una tierra, lo cual no es una servidumbre personal sino una servidumbre real. La única restricción a su libertad reside en que no puede abandonar la tierra que cultiva. Pero, hay que señalar, esta limitación no está exenta de ventajas ya que si no puede dejar el predio tampoco se le puede despojar de éste. El campesino de la Europa occidental de hoy día debe su prosperidad al hecho de que sus antepasados eran "siervos de la gleba". Ninguna institución ha contribuido tanto a la suerte, por ejemplo, de los agricultores franceses. El campesino francés, asentado durante siglos en la misma superficie, sin responsabilidades civiles, sin esas obligaciones militares que el campo tuvo ocasión de conocer por vez primera con los reclutamientos masivos impuestos por la Revolución, se convirtió así en el verdadero dueño de la tierra. Sólo la servidumbre medieval podía crear un vínculo tan íntimo entre el hombre y el suelo. Si la situación del campesino de la Europa oriental ha permanecido tan miserable se debe a que no conoció el vínculo protector de la servidumbre. Así, el pequeño propietario, abandonado a sus recursos y a cargo de una tierra que no podía defender, padeció las peores vejaciones que permitieron la formación de inmensos latifundios.»

Son detalles que, por otro lado, deberían inducir a una mayor prudencia a quienes, partiendo de prejuicios ideológicos o de la sugestión de las palabras (*servus glebae*, feudo, feudatario...), no captan el lado positivo de instituciones tan poco abominadas por los interesados, al punto que sólo se produjeron revueltas entre los siervos de la gleba cuando, por instigación monárquica, se impuso su liberación...

A este arraigo, socialmente benéfico, a la propiedad se debe el nacimiento del presunto *jus primae noctis*. Al principio de la era feudal, el campesino tenía prohibido contraer matrimonio fuera del feudo porque ello causaba un deterioro demográfico en áreas y zonas cuyo mayor problema era la falta de población. Pernoud refiere: «Pero la Iglesia no cesó de protestar contra esa violación de los derechos familiares que, en efecto, desde el siglo x en adelante fue atenuándose. Se estableció en sustitución del mismo la costumbre de reclamar una indemnización monetaria al siervo que abandonase el feudo para contraer matrimonio en otro. Así nació el *jus primae noctis* del que se han dicho tantas tonterías: sólo se trataba del derecho a autorizar el matrimonio de los campesinos fuera del feudo. Dado que en la Edad Media todo se traducía en una ceremonia, este derecho dio lugar a gestos simbólicos, por ejemplo poner una mano o una pierna en el lecho conyugal, utilizando unos términos jurídicos específicos que han provocado maliciosas o vengativas interpretaciones, completamente erróneas.»

Nada que ver, pues, con un presunto «derecho» a desvirgar a la aldeanita. Y nada que ver, con mayor razón, con la completa licencia sexual de la que disponía en la antigüedad pagana el amo sobre sus esclavos, considerados como puros y simples objetos de trabajo o placer.

Por lo que, según la humorada, verídica, de un historiador: «La servidumbre de la gleba medieval provocó vivas protestas: las de los propios siervos cuando se los quiso "liberar", exponiéndolos de ese modo a la pérdida de seguridad proporcionada por un terreno a cultivar en su beneficio y en el de sus descendientes; puestos a merced, ya sin la defensa de los guerreros del señor, de las incursiones de los salteadores; haciéndolos caer en poder de los ricos latifundistas y de los usureros; exponiéndolos al servicio militar y a los agentes fiscales de la autoridad estatal.»

53. Riquezas vaticanas

Solamente dos datos —pequeños, pero significativos e irrefutables— a propósito de las habladurías acerca de las habituales «riquezas de la Iglesia».

El presupuesto de la Santa Sede —es decir, de un Estado soberano con, entre otras cosas, una red de más de cien embajadas, «nunciaturas» y todos esos «ministerios» que son las congregaciones, además de los secretariados y un sinfín de oficinas—, ese presupuesto en 1989 era, pues, igual a menos de la mitad del presupuesto del Parlamento italiano. En resumen, tan sólo los diputados y senadores que acuden a los dos edificios romanos (en otro tiempo pontificios) de Montecitorio y Palazzo Madama cuestan al contribuyente más del doble de lo que cuesta el Vaticano a los ochocientos millones de católicos en todo el mundo.

Estos católicos ¿son muy generosos? No lo parece, dado que esos ochocientos millones de cristianos ofrecen cada año a su Iglesia donaciones inferiores a las que dan los dos millones de americanos miembros de la Iglesia Adventista del Séptimo Día. Por no hablar de los Testigos de Jehová o de las demás sectas —la Iglesia de la Unificación de Sun Moon, por ejemplo—, las cuales disponen de capitales que mueven e invierten en todo el mundo y que ponen en ridículo las «riquezas» del Vaticano. Las únicas, sin embargo, de las que se habla con indignación.

A esos que se indignan se les escapa el detalle que semejantes riquezas (a diferencia de lo que ocurre con las nuevas sectas, iglesias y cenáculos que no dejan nada por demás) se han puesto a trabajar a lo largo de los siglos con una «inversión» que dio, da y dará siempre dividendos extraordinarios. Y a la «inversión» en arte se debe la prosperidad de innumerables ciudades de Europa, y sobre todo de Italia.

¿Qué sería Roma si sólo contase con esas escasas ruinas imperiales, si una serie ininterrumpida de papas no le hubiese puesto encima las famosas y criticadas «riquezas» para crear el que tal vez sea el mayor conjunto artístico del mundo, repartido por todos los barrios? Alguien debería recordar a políticos, periodistas y demagogos varios que se dedican a moralizar en Roma sobre el «dinero del Vaticano» que en esa misma ciudad casi la mitad de la gente vive de los ingresos del turismo surgido, precisamente, de gastar dinero «católico», siglo tras siglo, a favor del arte. Si —aquí como en cualquier otro sitio— se reconoce al árbol por los frutos, hay que decir que tantos siglos de administración pontificia de Roma, aun con sus sombras (pero no más graves que la media del tiempo) han dado como fruto dotar a la ciudad de un capital capaz de producir una riqueza sin fin.

A propósito del dinero, la campaña de escándalo contra el ocho por mil del impuesto sobre la renta de las personas físicas que los contribuyentes pueden poner libremente a disposición de la Iglesia italiana ignora (o pretende ignorar) cuál es el trasfondo histórico.

En 1860 los piamonteses, con el fin de alcanzar (y bloquear) a Garibaldi en el sur, aprovechando para aniquilar por la fuerza al nuevo reino, invadieron las regiones pontificias de la Romaña, las Marcas y Umbría. De todas sus posesiones, a la Iglesia sólo le quedó el Lacio, que también se vio invadido y confiscado por los Saboya en 1870. Todo esto fue considerado como una completa y verdadera rapiña por los historiadores de derecho internacional, y por cierto que no todos católicos: se escandalizaron por la superchería hasta los grandes juristas de la luterana Alemania de Bismarck. A esto siguió ese otro clamoroso abuso del secuestro y confiscación de todos los bienes eclesiásticos italianos: desde los monasterios a las instituciones benéficas, los campos y las iglesias mismas. Confiscación a la que, atención al dato, no precedió ninguna indemnización.

Para intentar salvar la cara frente a la comunidad internacional —y para dar una cierta seguridad a las masas católicas que representaban la enorme mayoría, silenciosa porque estaba excluida del voto, de los súbditos del nuevo reino de Italia— inmediatamente después de la apertura de Porta Pia, el gobierno de los liberales aprobaba la llamada Ley de las Garantías (*Guarentigie*). Una ley que, reconociendo implícitamente que la conquista sin ni siquiera declaración de guerra, de todos los territorios de un Estado violaba el derecho de gentes, atribuía un «reembolso» al Papa, como soberano saqueado. La suma se estableció como una renta de casi tres millones y medio de liras-oro: una enormidad para un Estado como el italiano cuyo presupuesto era de pocos centenares de millones de liras. Una enormidad que confirmaba sin embargo la magnitud de la «rapiña» perpetrada.

Sin embargo, el Tratado de las Garantías no fue aceptado por ambas partes, pues era una ley unilateral del gobierno saboyano: los papas nunca la reconocieron ni quisieron aceptar ni un céntimo de esa llamativa cifra. Para subvenir a las necesidades de la Santa Sede prefirieron confiar en la caridad de los fieles, instituyendo el Óbolo de san Pedro.

Sólo casi seis décadas después, en 1929, se alcanzaron los Pactos Lateranenses, que incluían un concordato y un tratado que regulaba también las relaciones financieras. El tratado restablecía el principio de aquel «reembolso» por la confiscación del Estado pontificio y de los bienes eclesiásticos que el mismo gobierno italiano de 1870 había juzgado necesario. Se estableció de ese modo que Italia pagaría 750 millones al contado y que asumiría algunos gastos como el de una paga para los sacerdotes «al cuidado de las almas». Esa paga se basaba en parte en los créditos que la Iglesia vertía al Estado italiano, y en parte surgía de las nuevas funciones públicas —como la celebración y el registro de matrimonios con rito religioso, que también poseían validez civil— que los pactos atribuían a la Iglesia.

Así pues, las concesiones económicas de 1929, motivo de tanto escándalo por la polémica anticlerical, no eran un «regalo», el fruto de un favor «constantiniano», sino el abono (si bien, sólo parcial) de una deuda derivada de las expoliaciones del siglo XIX.

La reciente revisión de los Pactos Lateranenses, obra del gobierno socialista encabezado por Bettino Craxi (y no democristiano, como podría esperarse), debería juzgarse desde esta perspectiva histórica. En esa revisión, por otro lado, se supera el concepto, absolutamente legítimo a la luz del derecho internacional, de «reembolso» y se instaura el de la contribución voluntaria de la que el Estado se limita a hacer de recaudador. El famoso «ocho por mil», pues, se enmarca en una coyuntura más que centenaria de la historia italiana. Pero ¿quién se acuerda de ella?

Pues sí: intentemos vender —a beneficio, qué sé yo, de los pobres negritos— los tesoros del Vaticano. Empecemos, por ejemplo, con la *Piedad* de Miguel Ángel, que está en San Pedro. El precio de salida, según dice quien ha intentado aventurar una valoración, no podría ser inferior a los mil millones de dólares. Sólo un consorcio de bancos o multinacionales americanas o japonesas podría permitirse semejante adquisición. Como primera consecuencia, esa maravillosa obra de arte abandonaría Italia.

Y luego, esa obra que ahora se exhibe gratuitamente para disfrute de todo el mundo caería bajo el arbitrio de un propietario privado —sociedad o coleccionista multimillonario— que podría incluso decidir guardársela para sí, ocultando a la vista ajena tanta belleza. Belleza que, además, al dejar de dar gloria a Dios en San Pedro, daría gloria en algún búnker privado al poder de las finanzas, es decir, a lo que las Escrituras llaman «Mammona». Tal vez el mundo tendría un hospital más en el Tercer Mundo, pero ¿sería verdaderamente más rico y más humano?

54. Islam

Hace algún tiempo nos preguntábamos cuál era el significado, la función del islam en el misterioso plan divino. ¿Por qué, después de Jesucristo, Mahoma? ¿Qué misión iba a cumplir en la organización providencial este monoteísmo surgido de improviso e imprevisto?

A estas consideraciones que intentamos hacer al plantearnos estas cuestiones, tal vez se le añadiría otra de igual importancia, cuyo rango se pone de especial manifiesto a causa de la guerra en el golfo Pérsico contra el Iraq de Saddam Hussein.

El despliegue en los desiertos de Arabia de la mayor coalición de la historia, con una potencia de alcance varias veces superior a la exhibida en toda la segunda guerra mundial, sería del todo incomprensible desde una perspectiva puramente política o militar. ¿Se ha hecho todo este gigantesco esfuerzo sólo para permitir el retorno a la patria a un emir multimillonario y a su corte de esposas, concubinas, eunucos y demás acaudalados cortesanos? ¿Las democracias occidentales en acción de guerra —y, por si fuera poco, ondeando motivaciones idealistas— para reinstaurar un régimen semifeudal? ¿El mundo entero decidido a llegar hasta el final en nombre de un país como Kuwait que prácticamente no «existe», siendo poco más que una construcción artificiosa del colonialismo europeo, trazada con una regla sobre el desierto más estéril y sin casi población «indígena», puesto que casi todos los habitantes son emigrados recientes?

En efecto, creemos que, tras la rendición de Iraq, nadie se conmovió viendo a emires y cortesanos abandonar, con sus gruesos anillos y relojes de oro macizo, el lujoso hotel de Arabia Saudí utilizado como «sede del gobierno en el exilio» para regresar a Kuwait City con un cortejo de Rolls Royce. Por otro lado, Kuwait era famoso (y criticado) en el mundo por su fuerte rechazo a compartir con los «hermanos musulmanes» la increíble riqueza producida por el petróleo. Alguna que otra dádiva, como la efectuada para la construcción de la mezquita de Roma, no anulaba en modo alguno la fama de avaricia egoísta. ¿Se había enviado a la juventud de Occidente a sufrir y a arriesgar la vida por amor a estos sátrapas mimados?

Por supuesto, el petróleo explica algunas cosas. Estados Unidos e Inglaterra, los líderes de la coalición pro Kuwait, poseen en sus respectivos territorios pozos suficientes como para llegar a la autosuficiencia. Pero el pequeño país del golfo Pérsico no interesa tanto por ser proveedor de crudo como por su enorme concentración financiera: de sus miles de millones de dólares (de los que sólo una pequeña parte se consigue invertir en el propio país) dependen increíbles intereses con sede en las bolsas de Londres y Nueva York. Estados Unidos (y, en parte también Gran Bretaña) tienen además una deuda pública alarmante apuntalada con los medios financieros que obtienen sin esfuerzo los magnates kuwaitíes de esos novecientos pozos que los iraquíes han incendiado por el camino.

Probablemente, la cruzada internacional proclamada por Estados Unidos, con la cobertura de la ONU, a favor de aquel remoto arenal es uno de los poquísimos casos en los que el tosco esquematismo marxista (la guerra como medio de defensa y ofensa del capitalismo) se ha acercado en cierto punto a la realidad. Pero tampoco aquí, como de costumbre, puede explicarlo todo la economía. En esta guerra ha habido «algo» más. Ese «algo» que se esconde detrás del «Nuevo Orden Mundial» del que tantas veces habló el presidente norteamericano Bush, al igual que el líder británico y el presidente francés.

¿No parecería demasiado excesivo sacar a colación un «Nuevo Orden Mundial» para una guerra de trasfondo regional, contra un país cuyo ejército, a pesar de estar armado por rusos y también por occidentales, prácticamente no pudo reaccionar? El balance de víctimas en la coalición occidental fue al final igual a una pequeña parte de los muertos en las carreteras de cualquier fin de semana.

Un principio de explicación puede venir del hecho, recordado explícitamente por el Gran Maestro de la masonería italiana, Di Bernardo, en una entrevista publicada en *La Stampa* en marzo de 1990. Al igual que casi todos sus predecesores desde los tiempos de George Washington, George Bush es desde siempre un seguidor de las logias. Es más, posee «un grado 33 del Rito Escocés Antiguo y Asmitido». O sea, ocupa el grado más alto de la pirámide de los «Hermanos». El Dios tantas veces invocado por el presidente, antes, durante y después de la guerra es, sin la menor duda —según la tradición del poder americano, por otro lado—, el Gran Arquitecto, cuya simbología se basa antes en el dólar que en el Dios de Jesucristo.

Éstas son ideas complejas, que han de exponerse con mucha prudencia dado el peligro de caer en el delirio del «ocultismo» esotérico o en la obsesión de quien detrás de la Historia sólo ve el «gran complot» de sociedades secretas. Sin embargo, es cierto que el término «Nuevo Orden Mundial» pertenece desde siempre al vocabulario masónico, es más, representa la meta final de esta orden. Un mundo «nuevo», una humanidad «nueva», una religión «nueva», sincretista y, por consiguiente, tolerante y universal que se alzará sobre las ruinas de los credos «dogmáticos», los grandes enemigos contra los cuales combate el «humanismo» masónico desde 1717.

El cristianismo y el islamismo son los «grandes enemigos». El primero, al menos en su versión protestante, hace tiempo que además de capitular se unió sin rodeos a la lucha de las logias: la presencia de los grandes dignatarios anglicanos (seguidos luego por los de otras confesiones) es constante desde los inicios de la masonería. Algo similar ocurrió en la ortodoxia oriental, cerrada en parte sobre su arqueologismo y, al nivel de las altas jerarquías, en parte también convertidas al Gran Arquitecto. Es un dato cierto, por ejemplo, que el difunto y prestigioso patriarca de Constantinopla, Atenágoras, perteneció a las logias. Respecto al catolicismo, es muy evidente la actual conversión de al menos una parte de la *intelligentsia* clerical de Occidente a un «humanismo» entreverado de sincretismo, defendido en nombre de la «tolerancia».

El islamismo permanece como un resistente baluarte, enrocado en la defensa del «dogmatismo» religioso. Como ya se dijo: «El único grave y, por el momento, insuperable obstáculo para el Nuevo Orden, para el Gobierno Mundial masónico lo constituye el islam: aunque las altas cúpulas de esos pueblos también estén infiltradas, las masas musulmanas no están dispuestas a aceptar una ley que no sea la del Corán y un poder político basado en un "Dios" impreciso y no en el Alá del que habló Mahoma. Si tiene que haber un gobierno mundial, el islam no está dispuesto a aceptar ninguno que no lleve el sello del Corán y sus mandamientos.»

¿Es éste, pues, el significado providencial (que sólo ahora empieza a quedarnos claro) de la aparición y la persistencia del islam? ¿Tal vez se encuentra en su oposición radical a un mundo unificado por la economía occidental y por un vago espiritualismo basado en una divinidad desvinculada de cualquier verdad revelada, y que por eso pone a todos de acuerdo? ¿Son aquellos que quieren seguir creyendo en el monoteísmo revelado por las Santas Escrituras semíticas y no en el que subyace en la Carta de la ONU los que, al constituir un verdadero obstáculo para el programa masónico, cumplen así el papel establecido *ab aeterno* por la Providencia?

No hay que olvidar, para seguir con el Golfo, la campaña de odio y difamación desarrollada en Occidente contra la teocracia del Irán de Jomeini: precisamente, para destruir este régimen fue por lo que Estados Unidos armó a Iraq, al que ahora combaten para premiarlo por su espíritu «laico», o, más aún, «agnóstico». Y puede que el conocimiento de todo este entramado explique la tenaz oposición a la guerra de un Papa que, por esta muestra de pacifismo, ha tenido que sufrir la campaña de difamaciones de los líderes «atlánticos» y sus medios de comunicación.

55. ¿Era mejor Torquemada?

Salman Rushdie acaba de lanzar una llamada desesperada que ha aparecido recientemente en las publicaciones más importantes de Occidente. En Italia la ha divulgado *Panorama*.

Rushdie, como todos saben, es el escritor en lengua inglesa de origen indio y musulmán al que el ayatolá y déspota iraní Jomeini hizo condenar a muerte en contumacia por un libro que se juzgó irreverente con Mahoma. Superando los conflictos y divisiones teológicas, la práctica totalidad del mundo musulmán aprobó la «sentencia» del líder político-religioso de Irán. En todos los países en los que había seguidores del islam se elevó un grito unánime: «¡Matad al blasfemo!» También en Londres y otras capitales europeas se produjeron manifestaciones de grupos de inmigrantes musulmanes que pedían la cabeza de Rushdie.

Con el fin de reforzar la creencia de que la eliminación del escritor blasfemo era un firme deber religioso de todo buen islámico, el gobierno iraní ha ofrecido como un motivo de aliento añadido una elevada cifra de dinero destinada a aquel fiel que triunfe en el intento. Gracias a suscripciones populares la «recompensa» ha aumentado muchísimo, de tal modo que quien hoy lograra matar a Rushdie habría solucionado todos sus problemas económicos y los de sus descendientes.

Si hasta ahora el condenado ha logrado escapar a un trágico final se lo debe al gobierno británico, que lo ha mantenido oculto trasladándolo de una localidad secreta a otra, poniéndolo bajo la custodia de los mejores comandos antiterroristas. En cambio, traductores y editores de la obra han sufrido durante ese tiempo diversos atentados.

Después de los más de tres años de esta no vida, Rushdie ha escrito la llamada a la que aludíamos. Dice que ya no puede más, que lo ha intentado todo para obtener el «perdón» de sus hermanos de fe habiendo tropezado siempre con respuestas feroces y con la advertencia de que ofender la reputación del Profeta es un pecado imperdonable en esta vida e inexpiable en el más allá.

También ha sido inútil su afirmación de ser un buen practicante, de haber sido incomprendido y de querer disculparse si no había llegado a hacerse entender.

Ahora Rushdie declara que ha perdido toda esperanza y que ve con resignación que «"musulmán" se está convirtiendo en una palabra aterradora». Por otro lado, dice que el Islam «no ha logrado crear en ningún lugar de la tierra una sociedad libre y no me permitirá de ningún modo que yo favorezca el advenimiento de ese tipo de comunidad». Menciona a un notable musulmán a quien se había dirigido para suplicar su mediación: «Me respondió con orgullo que, mientras él hablaba por teléfono, su esposa le cortaba las uñas de los pies, y me sugirió que encontrara una esposa así, obediente y humilde como desea ese Corán al que yo habría despreciado.»

Rushdie concluye diciendo que lo que, a semejanza del difunto «Socialismo Real», denomina «el Islam Realmente Existente», «ha hecho un dios de su Profeta, ha sustituido una religión sin sacerdotes con un cargamento de sacerdotes, hace de la adhesión a la letra del texto un arma y de la interpretación un crimen: por lo tanto, nunca permitirá que sobreviva una persona como yo».

Cometería un error quien se encogiera de hombros diciendo: «Son asuntos de ellos. Que se arreglen entre musulmanes.» Se equivocaría, además, porque acaba de llegar una pésima noticia a la que, al menos en Italia, nadie ha prestado atención. En París se ha dictado otra sentencia de muerte que, por primera vez, afecta a un escritor no islámico. Es más, se trata de un ensayista católico conocido y apreciado también entre nosotros y, por añadidura, en los ambientes «progresistas», esos que teorizan sobre la necesidad de «dialogar» siempre y en todas partes.

El condenado se llama Jean-Claude Barreau, y su última obra se titula *De l'Islam en général et du monde moderne en particulier* («Del Islam en general y del mundo moderno en particular»). Las predicciones del católico «progresista» Barreau a favor de una apertura del islamismo a una sociedad pluralista y democrática han agradado tan poco a la enorme y siempre en aumento masa de inmigrantes musulmanes en Francia (en la actualidad más de tres millones) como para inducir a la decisión de asesinar al incauto. Como informa la prensa francesa, Barreau ha tenido que mantenerse en la clandestinidad al igual que Rushdie. Los edificios en los que reside están vigilados día y noche por la policía armada y no puede moverse sin llevar escolta.

Es una señal inquietante de lo que nos espera. Así, esa *intelligentsia* que combate el cristianismo desde hace más de dos siglos en nombre de la libertad de expresión, conocerá los beneficios de tener que expresarse bajo la continua amenaza de muerte decretada por la *Umma*, la comunidad islámica.

Recalcaremos que la condena, a diferencia de las de la Inquisición, la sentencia un tribunal anónimo e inapelable que no contempla ninguna posibilidad de perdón o, al menos, de expiación incruenta. Como profetizaba Léon Bloy a principios de este siglo, ¿llegará el tiempo en que echaremos de menos a Torquemada?

56. Intolerantes

A propósito de intolerancia (siempre «católica», por definición) esto es lo que dice en su obra Arnold

Toynbee, el gran historiador inglés de confesión anglicana, fallecido en 1975: «Todavía a principios del siglo XVII, la atmósfera espiritual dominante en Europa hacía imposible estudiar en un país si no se era practicante del cristianismo en la forma oficialmente admitida en aquel lugar: católica, protestante u ortodoxa. La Universidad de Padua, que operaba bajo la protección de la república de Venecia, fue la única excepción en Occidente al ofrecer la posibilidad de acceder a ella también a estudiantes ajenos a la confesión del lugar, la católica. En Padua estudiaron Harvey, el descubridor de la circulación de la sangre, que era inglés y protestante, y Alessandro Mavrogordato, de confesión ortodoxa y autor de un tratado sobre el descubrimiento efectuado por Harvey, antes de entrar al servicio del Imperio otomano. El liberalismo del ateneo paduano fue un caso excepcional. La Universidad de Oxford, por ejemplo, hasta 1871 seguía exigiendo la declaración de aceptación de los Treinta y Nueve Artículos de la profesión de fe de la Iglesia episcopal de Inglaterra a todos los candidatos a un título.»

Otro caso en el que los lugares comunes no soportan la prueba de la «verdadera» historia.

57. Gobernar a los hombres

Ya que tanto se discute acerca de las reformas institucionales, sobre el indispensable cambio de sistema, puede ser interesante no perder de vista la perspectiva católica.

Es sabido que los hombres pueden organizarse según tres modelos fundamentales, si bien divididos, mezclados y entrelazados de modos diversos: la monarquía, la aristocracia y la democracia.

La Iglesia siempre ha llamado a no preferir en abstracto a ninguno de estos modelos así como a no excluir tampoco a ninguno de ellos: la elección depende de los tiempos, de la historia y de la idiosincrasia de los diversos pueblos. Así, si los últimos papas (pero empezando sólo desde Pío XII con el mensaje radiado la Navidad de 1944, cuya difusión fue prohibida, y no por casualidad, en Alemania y en la República de Saló) parecían preferir para el Occidente contemporáneo el sistema representativo parlamentario, se han guardado mucho por otro lado de hacer de ello una especie de dogma, como si fuese el único aceptable para un católico. Sencillamente, lo han considerado el más oportuno en estos tiempos para dichos países. Por los mismos motivos, la Iglesia no debe arrepentirse ni pedir disculpas por haber mantenido a sus capellanes en las cortes de los reyes del Antiguo Régimen o por haber considerado una *Res publica christiana* (pese a ciertas discusiones, pero no por causa del sistema de gobierno) a la de Venecia, que representa el sistema más ilustre de régimen aristocrático.

En aquellos tiempos, en aquellos lugares, con aquellas historias y temperamentos era lo que convenía. Y, sobre todo, se trataba de autoridades legítimas para las que regía el severo mandamiento del Apóstol: «Que todos estén sometidos a las autoridades constituidas; ya que no hay más autoridad que la de Dios y las que existen son establecidas por Dios. Así, quien se opone a la autoridad se opone al orden establecido por Dios. Y quienes se opongan atraerán sobre sí la condena... Es necesario estar sometidos, no sólo por temor al castigo sino también por razones de conciencia... Dad a cada uno lo que le corresponde: a quien corresponda tributo, tributo; a quien temor, temor; a quien respeto, respeto...» (Rom. 13, 1s, 5, 7).

Desde el momento en que la Iglesia no puede hacer «lo que le sale de la cabeza», no pudiendo «inventarse» una Revelación según la moda y las exigencias siempre cambiantes porque es esclava de la

232

Palabra de Dios (tanto si ésta gusta como si no), el comportamiento «católico» específico ante los diferentes sistemas de gobierno debería juzgarse a la luz de este párrafo de Pablo y de otros del mismo tenor repartidos por el Nuevo Testamento. Entre ellos se encuentra la Primera carta de Pedro (2, 7), esa exhortación que es casi una síntesis, tan breve como eficaz, de la praxis cristiana: «Amad a todo el mundo, amad a vuestros hermanos, temed a Dios, *honrad al rey.*»

Ante estas citas y ante muchísimas otras que podrían exponerse, el problema no es achacable a la Iglesia «oficial», acusada por efecto de su historia de «asimilación al poder», o de «obsequiosidad con los gobiernos, sin importar el carácter de éstos». El problema se invierte para convertirse en el de los «contestatarios», los «revolucionarios» que, no obstante, afirmaban —y en algunos casos todavía lo hacen— inspirarse en las Escrituras para llevar a cabo su lucha política, cuando éstas dicen justo lo contrario.

No se cuestiona, pues, la legitimidad «cristiana» del jesuita del siglo XVII, por poner un ejemplo, consejero del rey en Versalles; en todo caso, la del sacerdote guerrillero o el catequista revolucionario. Puede parecer desagradable pero es necesario atenerse, si se desea hacerlo, a la Palabra de Dios; o si no, inventarse otra acorde con la propia ideología.

El pensamiento católico, pues, no ha hecho un absoluto de ninguna forma política, como en la actualidad (tras despertarnos del sometimiento al «rojo» y de la borrachera «comunitaria») corremos el riesgo de hacer con el sistema democrático-liberal-capitalista que celebra inquietantes triunfos en su patria, los Estados Unidos de América.

El pensamiento católico siempre ha tenido en cuenta que todos los regímenes —hasta el más perfecto sobre el papel, el más noble en teoría— luego lo encarnan hombres a los que el pecado original ha legado una mezcla de valor y cobardía, de altruismo y egoísmo, de grandeza y de miseria.

Así pues, a lo largo de los siglos el esfuerzo de los hombres de la Iglesia se ha decantado menos por el perfeccionamiento de las estructuras y más por el de los hombres. Más que aspirar en abstracto a un «buen gobierno», ha intentado contribuir a formar «buenos gobernantes». La mejor estructura sociopolítica derivada de la teoría puede llegar a convertirse en una pesadilla si la dirigen hombres indignos.

El cristianismo no es un asunto de ideólogos iluministas que se encierran en sus aposentos o en las charlas de salón o de convenciones con el fin de elaborar proyectos para «el mejor de los mundos posibles». El creyente debe sustituir aquel aroma de muerte de los principios teóricos por la realidad de la vida, el pragmatismo de la relación que no se encuentra en las estructuras anónimas sino en las personas, en su contradictoria amalgama de humanidad. La política no se redime con los «manifiestos», todo lo más redimiendo a los políticos y «purificando el corazón» del pueblo que los lleva al gobierno y los apoya.

Bajo este punto de vista también se juzgaría el grandioso esfuerzo de las órdenes religiosas, sobre todo de aquellas que surgieron después de la Reforma protestante, cuando se intentaba reconstruir una sociedad desgarrada. Es decir, del esfuerzo de los jesuitas, barnabitas, escolapios y tantos otros para asegurar una formación católica a la clase dirigente.

Solamente una superficialidad de antiguo contestatario puede escandalizarse porque aquellos religiosos parecieran favorecer a los hijos de los ricos, de los poderosos, de quienes «cuentan» (sin olvidar que los hijos de la gente pobre en modo alguno quedaron abandonados a su suerte, ya que junto a los «colegios para nobles» de jesuitas o barnabitas siempre surgieron colegios, oratorios o talleres para los abandonados). Quien se escandalice no comprende el punto de vista que debería adoptar el creyente: el *prius* no es la lucha para cambiar el sistema de gobierno en abstracto, que es siempre relativo, imperfecto e insatisfactorio, dado que el bien absoluto no existe en estas materias y lo máximo a lo que puede llegar la política es a limitar los daños. El *prius* resulta ser el compromiso para colocar en las estructuras de gobierno a buenos gobernantes. Así, formar para el deber, el sentido de la solidaridad, de la justicia y de la moderación a los vástagos de las familias nobles destinados a gestionar los poderes públicos en un futuro era la forma más eficaz de ocuparse también de la suerte del campesino, del obrero y del artesano que habrían podido sufrir los efectos prácticos de ese poder.

Por esta razón no se predicó la revuelta (cuyos resultados ya hemos visto por otro lado; y que, además, estaba descartada en las Escrituras). En cambio, sí se tuvo en consideración que la intervención sobre «los de arriba» mediante la formación evangélica de los políticos y, luego, mediante el mayor grado posible de cristianización de la política, resultaba mucho más *social* que la llamada a «los de abajo», con la demagogia hacia las masas. Por lo demás, eran siempre conscientes de la relatividad de todas las estructuras terrenales: «Ya que no poseemos aquí abajo una ciudad permanente sino que vamos en busca de una futura» (Hab. 13, 14); «Nuestra patria está en los cielos y allí esperamos a nuestro Señor Jesucristo como salvador» (Flp. 3, 20).

Obviamente, éstos sólo son apuntes sobre asuntos que hasta hace poco el creyente daba por descontados, pero que ahora corren el riesgo de parecer escandalosos. Son apreciaciones que pueden ayudar, de todos modos, a comprender el pasado y a intervenir sobre el presente, con vistas al futuro, sin salirse del sendero de una tradición milenaria.

58. Papas enfermos

El reciente ingreso hospitalario del Papa que nos tiene a todos en vilo ha animado a los periódicos a acumular artículos que informasen sobre la «historia de las enfermedades papales». Guste o no, la ley del periodismo es así: cada uno de los días que nos da el Señor hay que estar en los quioscos con ese excesivo número de páginas disponibles al completo, aunque no haya ocurrido nada para justificar su salida. Así, algunos colegas me han telefoneado para hacerme preguntas sobre el «tema del día».

Les he hecho observar que, hasta que la medicina puso a nuestra disposición los medios que conocemos, todos los papas estuvieron «enfermos» de algo, por más que sólo fuera esa enfermedad que (repitiendo el dicho latino) es la vejez misma.

En efecto, la dinastía de los pontífices es la más antigua de la historia que todavía subsiste: la misteriosa cadena iniciada con Simón Pedro, pescador de Cafarnaum, prosigue sin interrupción hasta Karol Wojtyla. Entre las páginas sobre las que merece la pena detenerse están las que inician el *Annuario pontificio*, con esa sucesión de más de 270 nombres que avanza a lo largo de los siglos recorriendo toda la historia. Pero es una dinastía completamente anómala porque está compuesta por hombres que están siempre en el umbral de la vejez o son ya ancianos en el momento de su elección. El «oficio» de Papa es el único en el que la juventud se considera un obstáculo insuperable para poder ejercerlo. Numerosos cardenales de valía se han visto excluidos en las votaciones de sus colegas por ser «demasiado jóvenes». De ahí toda la serie de achaques seniles y la importancia del arquíatra pontificio, el médico personal de esos ancianos.

Pero, como señalaba a los colegas que me interrogaban, lo sorprendente es que el cuadro bimilenario de la salud pontificia parece presentar todas las patologías existentes con una sola excepción: la locura. Que se sepa, no hubo papas locos, o al menos, los posibles desequilibrios psíquicos graves (si se dijeron) no influyeron en su enseñanza. Ni siquiera la arteriosclerosis senil, que sin duda afectaría a algunos de ellos en sus últimos años, provocó delirios perjudiciales para la enseñanza dogmática. De lo que se deriva para el creyente —les decía— la confirmación de una ayuda especial del Espíritu Santo.

En efecto, la potestad del Papa *in spiritualibus* es absoluta: la Iglesia ve en él al maestro supremo de la fe. ¿Qué hubiera sucedido si, a causa de alguna enfermedad psíquica, tan sólo uno de estos «vicarios de Cristo» hubiese empezado a dictar algo contrario a la fe católica de la que es inapelable guardián? ¿Qué habría sido de la Iglesia si un Papa hubiese redactado y promulgado documentos oficiales provistos de la autoridad de su sello —porque el derecho eclesiástico le otorgaba todas las facultades— conteniendo *deliramenta*, herejías, extravagancias, errores dogmáticos o aventurismos teológicos?

Nunca sucedió; y el creyente está seguro de que jamás sucederá. Ha habido papas inmorales, indignos —al menos según nuestras actuales categorías éticas— de su altísimo oficio. Pero, por una paradoja en la que una vez más el punto de vista religioso percibe un enigma de la Providencia, justamente esos pontífices que menos practicaron las exigencias de la fe fueron los más firmes y decididos proclamando la verdad de la misma.

Ya mencionamos en otra ocasión que Alejandro VI Borgia, considerado un ejemplo tal vez demasiado fácil de la abyección moral en la que cayó el papado renacentista, fue un impecable maestro de fe. Quizás actuó mal pero predicó estupendamente, y esto es lo que se espera de un sucesor de Pedro, llamado por

Jesús mismo a una función principal, la de «ratificar a los hermanos en la fe».

La enseñanza papal precede y es mucho más importante que el también deseable ejemplo moral. Sin embargo, la pureza de dicha enseñanza siempre se ha visto protegida de los estropicios de la arteriosclerosis y los accesos de locura, más que de la inmoralidad de las costumbres: practicadas pero nunca «teorizadas» ni presentadas al «estilo radical» como un bien. No es poco. Por el contrario, era lo que se necesitaba entonces y ahora.

Incluso el «vaticanista» de un importante periódico conocido por su combativo laicismo ha escrito un artículo sobre las enfermedades papales. Entre los enfermos ha puesto, acertadamente, a Inocencio VIII, que fue Papa de 1484 a 1492, por tanto el inmediato predecesor del Borgia. El citado periodista escribe: «Se cuenta que el arquíatra pontificio al ver al pontífice exangüe y decaído pensó infundirle nuevas fuerzas inyectándole en las venas sangre de sonrosados mocitos [...]. Para llevar a cabo el experimento se compraron al precio de un ducado cada uno a tres rollizos chiquillos de familias populares que, naturalmente, murieron desangrados sin que por otro lado mejorara la salud del pontífice.»

En resumidas cuentas, infamias de sátrapa oriental. No hay duda de que los lectores de aquel periódico tomarán esa gravísima acusación como buena. Como también se tragan tantas «trolas» periodísticas, sean religiosas o profanas.

Estaría bien ahora ver cómo fueron las cosas. Para saberlo, nos remitimos a la fuente todavía hoy más fidedigna: los dieciséis volúmenes de la *Historia de los papas desde finales de la Edad Media* del eminente barón austríaco Ludwig von Pastor. Reproducimos aquí textualmente las palabras del ilustre historiador: «Stefano Infessura cuenta que el médico judío de Inocencio VIII hizo degollar a tres criaturas de unos diez años, presentando al Papa la sangre obtenida como único medio de conservar su vida. Como fuera que el Papa rechazó la sangre, el malvado médico se dio a la fuga. Si esta historia fuese cierta (como parece creer el Gregorovius) se obtendría un dato importante para probar que los judíos usaban sangre humana con fines medicinales. Pero los despachos de embajada de los agentes mantuanos, todavía inéditos y que examiné personalmente, no dicen nada semejante. Ni siquiera en la crónica de Valori se menciona este hecho. Un cronista que anota exactamente lo que el Papa tomó como medicina (Cfr. Thuasne, I, 571) seguramente no habría olvidado de ningún modo un expediente médico tan horrible.» (Ob. cit., 1942, vol. III, p. 273.)

Como se ve, para empezar no tiene nada que ver con lo que escribe el periodista: «Habría sido la primera transfusión de sangre que la historia de la medicina recuerde.» En todo caso, se habría ofrecido la sangre como bebida y sin conocimiento del Papa, quien (ateniéndonos a lo que afirman quienes creen en la sospechosa historia) rechazó el infame «remedio» con tanto ímpetu como para obligar al médico a escapar.

No sólo eso: ¿qué dirían los lectores judíos de ese periódico si llegaran a enterarse de que mientras cree denunciar una de las muchas faltas de la Iglesia, el diario está avalando una de las más insidiosas y perniciosas acusaciones contra el hebraísmo talmúdico, es decir, la de practicar la matanza de niños con fines litúrgicos (san Simoncino de Trento y otros) y «terapéuticos»? Un estupendo bumerán ni más ni menos: se lanza el arma contra el catolicismo y en realidad se hiere al judaísmo...

Por nuestra parte (tomando como referencia los documentos publicados con posterioridad a los de Von Pastor), creemos en la inocencia del Papa tanto como en la del médico judío, que no es más que uno de los muchos que los papas seleccionaron en el gueto confiando en su ciencia en la misma medida que en su lealtad. No hay constancia de que alguno de ellos perjudicara intencionadamente al jefe de la Iglesia, cuya vida se encontraba en sus manos. Es un buen ejemplo que no se debe olvidar.

59. Montecassino

Cuando se viaja en vacaciones no faltan en modo alguno las ocasiones para hacer provechosas reflexiones. Por ejemplo, quienes al dirigirse a las playas meridionales desciendan hacia el sur de Roma podrán meditar un poco sobre la razón de que la abadía de Montecassino todavía se alce sobre la acrópolis, aunque sólo sea como una reconstrucción completa, como falsificación histórica.

En las décadas posteriores a la segunda guerra mundial, se llevaron a la práctica como nunca se había producido antes los esquemas del maniqueísmo: sólo existía el bien en un bando, el de las democracias anglosajonas, portadoras de civilización siempre y en cualquier lugar; el mal reinaba en el otro lado, el de la Alemania nazi, toda barbarie y maldad.

Naturalmente, existen muy buenas razones para esta división entre luces y tinieblas. Y, al final, Italia ha podido confirmar su función histórica providencial provocando, si bien involuntariamente, la derrota del terrible Reich. Hitler, en sus últimos *Tischreden*, los «discursos de sobremesa», que siempre fueron rigurosamente transcritos (una costumbre alemana, por cierto: Martín Lutero y sus discípulos también nos han dejado los necesarios resúmenes), Hitler, pues, mientras las granadas soviéticas retumbaban ya sobre las bóvedas del búnker, reconoció que la alianza con Italia había sido su ruina. Ésta, pretendiendo «romperle los riñones» a Grecia, se encontró en cambio con que le invadían media Albania y casi se vio lanzada al mar por el pequeño pero combativo ejército helénico.

Atascados de este modo en los Balcanes, tuvo que ser el *Blitz* alemán el que salvara a los italianos mediante la invasión de Yugoslavia, pillando a los griegos desprevenidos. Fue una campaña imprevista e indeseada por el Estado Mayor de Berlín, pero que venía impuesta por la necesidad de sacar a los veleidosos y chapuceros aliados del embrollo en el que ellos mismos se habían metido.

Esta acción tuvo dos consecuencias decisivas: amplió enormemente el frente, creando luego una feroz guerrilla en los Balcanes ocupados. Pero, sobre todo, retrasó unas cuantas semanas la «Operación Barbarroja», es decir, el ataque contra la Unión Soviética: una dilación que resultó fatal para los alemanes, que, justo cuando llegaron a las afueras de Moscú (los oficiales ya veían con sus prismáticos las cúpulas del Kremlin) se vieron sorprendidos por el «general Invierno». La ocupación de la capital, ya liberada del gobierno soviético y el repliegue a los Urales —donde Hitler esperaba detenerse y hacerse fuerte por tiempo indefinido— no tuvo lugar a causa de aquellos pocos días desperdiciados socorriendo a los italianos en Grecia.

Siempre según el análisis del mismo Führer ya en las últimas, la obligación de ayudar al pusilánime aliado en los Balcanes, y también en el norte de África, ocasionó el desvío hacia Libia y Egipto de medios y hombres e impidió el plan de la diplomacia nazi, que consistía en una propaganda anticolonial para provocar la insurrección del mundo árabe contra Gran Bretaña. El Reich pretendía crear sus colonias en el Este europeo y no se preocupaba por tanto de África y Asia; no ocurría lo mismo con los italianos, que esperaban suceder en aquellos territorios al Imperio británico.

De este modo, pues, los italianos impidieron a los

alemanes predicar la revuelta en el Tercer Mundo contra la Europa «plutocrática y colonialista». (No olvidemos que por el Berlín de la guerra pululaban jefes islámicos como el gran muftí de Jerusalén: una unión ejemplar que ayuda a comprender mejor la actual situación en Oriente Medio.) Tampoco olvidó Hitler en su última queja la «traición» italiana del 8 de septiembre de 1943, que provocó la apertura imprevista de un nuevo frente.

También se hicieron méritos involuntariamente, destacándose entre ellos la contribución de la Italia de Mussolini, superior incluso a la de los enemigos, al fracaso del terrible proyecto hitleriano de una Europa sometida al *Herrenvolk*, el teutónico «pueblo de los señores».

Si recordamos estos hechos es para confirmar que con frecuencia la Providencia disfruta sirviéndose de nuestra península para llevar a cabo sus benéficos fines, pues nadie negará que lo fuera el haber saboteado, creyendo que se le estaba ayudando, el esfuerzo nazi para someter a todo el mundo bajo una cruz, la esvástica de la cruz gamada. Son palabras de Hitler: nosotros los italianos contribuimos en mayor medida que los aliados a su fracaso. No es poco, por el contrario: es uno de los enésimos «privilegios» que nos concedió esa Providencia que, a pesar de las apariencias, siempre sabe lo que se hace.

Pero era Montecassino lo que había provocado nuestra reflexión. Conviene volver a ello para observar que el odio anticatólico (no hay otra explicación) llevó a resquebrajar el esquema «civilización angloamericana contra barbarie alemana».

En esta celebérrima montaña situada al sur de Roma, fueron nada menos que los nazis quienes cumplieron el papel de «amigos del hombre y de su cultura». Los alemanes habían extendido en esa zona, tras el revés italiano y el desembarco aliado en el Sur, una apresurada «línea Gustav». Montecassino, con su roca elevándose solitaria en la llanura, resultaba una base ideal, pero el mariscal de campo Albert Kesserling, un católico bávaro representante de la antigua casta militar prenazi que añadía a la dureza su peculiar concepto del honor, no se sintió capaz de fortificar el lugar, exponiéndolo de ese modo a la destrucción.

Los alemanes (hijos, pese a todo, de uno de los países más cultos del mundo y católico al menos en un tercio de su población) sabían bien lo que representaba para la civilización universal el lugar donde reposaba, junto a santa Escolástica, Benito de Norcia, que no por casualidad fue proclamado principal patrón de Europa.

Aquí se escribió aquella *Regola* que durante el derrumbamiento de la civilización clásica contribuyó en gran manera a salvar lo mejor del mundo antiguo y a inaugurar el nuevo. Aquí, en los grandes *scriptoria*, los monjes habían copiado obras inmortales que de otro modo se habrían visto destinadas al olvido o a la destrucción. Aquí se encontraba el corazón de un probo ejército que, desde Escocia a Sicilia, había trabajado durante más de mil años por la salvación eterna de los hombres pero también por una vida mejor en la tierra.

Así pues, contra cualquier fórmula táctica y estratégica, Kesserling excluyó Montecassino de la línea de defensa, permitiendo que dentro de esos muros venerables hallasen refugio una multitud de prófugos, heridos, enfermos, viejos y mujeres que eran acogidos por los monjes.

Es un dato conocido en la actualidad que los aliados, principalmente los americanos, sabían que en el monte y el interior de la abadía no se hallaban tropas alemanas. También lo es que decidieron la destrucción por motivos no militares, empujados por un deseo de destrucción que sólo puede explicarse por el deseo de hacer desaparecer de la faz de la tierra uno de los símbolos más significativos del detestado «papismo» católico. También confirma que la vandálica operación respondía a otros objetivos distintos a los estratégicos el que se anunciaran públicamente el día y la hora del bombardeo.

Así se proporcionó a los alemanes la ocasión de reafirmarse como, al menos en este caso, «amigos» de la civilización. A pesar de estar afectada por una dramática crisis de transporte, la Wehrmacht encontró los camiones necesarios para poner a salvo en el Vaticano parte de los tesoros artísticos y culturales de la abadía. Empezando por el extraordinario archivo en el que, entre otros, se encuentra el primer documento escrito en lengua vulgar italiana.

Una vez despejada la abadía de objetos y personas, el 15 de febrero de 1944, tan puntualmente como se había anunciado, una nube de fortalezas volantes americanas apareció en el cielo de Montecassino e inició el bombardeo «de precisión», mientras, para completar la destrucción, desde la llanura empezaban a disparar las armas de grueso calibre de los aliados. Estuvieron bombardeando y disparando durante tres días hasta que tuvieron la seguridad de que de la abadía sólo quedaban ruinas insalvables (luego se descubrió que se había destruido todo menos la cripta, en la que se hallaron intactas las reliquias de Benito y Escolástica). Se había concebido la acción como un «espectáculo», de modo que un equipo de cineastas oficiales filmó el acontecimiento.

Cuando acabó el bombardeo, viendo que no quedaba nada por salvar, la Wehrmacht ocupó el monte y se hizo fuerte entre los escombros. En el plano estratégico el vandalismo americano resultó muy valioso para los alemanes porque hallaron en las ruinas un refugio ideal para asentamientos tan seguros que fueron capaces de resistir durante meses y meses los encarnizados asaltos. Los treinta mil caídos aliados, muchos de ellos polacos, que reposan en los cementerios de la zona también deben achacarse a la decisión americana de destruir la abadía.

Fue una locura desde la perspectiva militar y un crimen desde el plano cultural pero, probablemente, una exigencia irreprimible y oscura, una necesidad liberadora para aquel cóctel de protestantismo radical e iluminismo masónico que, desde el principio, distingue a la clase dirigente americana. Incluyendo, por tanto, a los altos mandos militares. Pero tal vez esta llamarada de odio ayude a iluminar mejor la gran aventura monástica, mostrando su importancia histórica incluso en medio del desencadenamiento de tanta furia destructiva.

Si luego apareciera quien juzgara nuestras sospechas de fines no militares en el bombardeo de la venerable abadía, considerándonos afectados de exageradas manías persecutorias, que lea, entre otros, a Giorgio Spini. Historiador de confianza por tratarse de un valdense, tenaz defensor de la supremacía del protestantismo, Spini describe «las proporciones que alcanzan en Estados Unidos los movimientos anticatólicos, con la desagradable brutalidad de algunas de sus manifestaciones». Prosigue este historiador reformado: «Aun prescindiendo de semejantes muestras de intolerancia e histeria, es indudable la existencia en la historia norteamericana de un estado de alarma por la inmigración católica y por la amenaza que podría representar para las principales instituciones americanas.»

60. Suicidios

«¡Antiguamente no se les hacía un funeral dentro de la Iglesia a los que se mataban!», exclama un anciano que mira el noticiario en el café donde cada mañana leo la prensa. En la pantalla aparecen imágenes de una iglesia de Brescia: retransmite una misa solemne y muestra en medio de la nave central el féretro, cubierto de claveles rojos y con la bandera del partido, del diputado socialista que se disparó en la cabeza con un fusil a causa del famoso «escándalo de las comisiones».

«Y usted ¿qué opina? ¿Por qué ahora a los suicidas se les permite la misa?», me pregunta el dueño del bar.

«Bueno, en la Iglesia han cambiado muchas cosas, también ha cambiado ésta», respondo un tanto incómodo. La misma incomodidad de cuando me preguntan por qué se celebran funerales en la Iglesia también por aquellos que se hacen incinerar, después de tantos siglos (o mejor, milenios) en que también éstos, al igual que los suicidas, recibían la reprobación de la Iglesia. Son «novedades» que se encuentran en el nuevo Código de Derecho Canónico de 1983.

En lo relativo al suicidio la condena radical del mismo fue uno de los rasgos que inmediatamente distinguieron al cristianismo de las culturas paganas —para las cuales, en ciertas circunstancias, quitarse la vida era un acto noble— y de la tradición hebraica. El Antiguo Testamento no establece ninguna ley al respecto ni, en los casos en que se habla de un judío que se haya quitado voluntariamente la vida, el autor sacro se expresa con claridad acerca de la moralidad o inmoralidad de dicho acto.

Para el cristianismo, en cambio, quizá no por casualidad se presenta a Judas, el traidor de Jesucristo, como un suicida: es el extremo de la degradación a la que conduce el pecado. La condena de la autolisis fue tan explícita que en la *christianitas* medieval se castigaba a quien salía vivo del intento de darse muerte igual que a un homicida. Los códigos penales del Occidente moderno han eliminado el intento de suicidio de la lista de crímenes, a excepción del derecho inglés: también aquí la Gran Bretaña —que tuvo la suerte de zafarse de los «jacobinos» y sus «derechos del hombre», siendo éste uno de los secretos de su grado de civilización— permanece anclada en la Edad Media y procesa al frustrado suicida bajo la acusación, de antiguas reminiscencias, de «felonía contra sí mismo». En resumidas cuentas, de cobarde.

Las sanciones para aquellos que habían intentado quitarse la vida sin lograrlo también aparecían en el Código de Derecho Canónico, antes de que el nuevo hiciera tabla rasa de tantas cosas que la Tradición, la experiencia y el sentimiento de la fe habían destilado durante siglos. Así, antes de 1983, el católico que hubiera intentado suicidarse no podía acceder a las órdenes sagradas; si ya era sacerdote se le castigaba con diversas sanciones; si era laico, quedaba excluido de algunos derechos reconocidos por la Iglesia a los demás bautizados.

En cuanto a aquellos que lamentablemente hubieran logrado llevar a cabo su propósito autodestructivo, la sanción consistía en la privación de todas las exequias religiosas y de otros oficios fúnebres de carácter público. Eso sí, siempre que no quedase probado de manera irrebatible que el suicida era presa de una grave perturbación psíquica en el momento de cometer ese acto desesperado. Pero este factor no se daba por descontado en todos los casos, como ocurre en la actualidad.

Todo esto desapareció del código de 1983, en el que no se hace mención del suicidio: ni siquiera existe como «voz» en el, por otro lado amplísimo, «índice temático» de la edición oficial.

Este silencio, que va contra una Tradición ininterrumpida (y que, como decíamos, se remonta a los mismos orígenes del cristianismo), constituye una cesura, al igual que sucede con la cremación, en la praxis y en la doctrina de la Iglesia. Romano Amerio ve en ello una de las «variaciones» estructurales introducidas por los sacerdotes actuales y recuerda: «La doctrina católica reconocía en el suicidio una triple falta: un *defecto de fortaleza moral*, ya que el suicida cede ante la desventura; una *injusticia* porque pronuncia contra su persona una sentencia de muerte contra su propia causa y sin estar cualificado; una *ofensa a la religión*, ya que la vida es un servicio divino de cuyo cumplimiento nadie puede eximirse por su cuenta.»

Pensándolo bien, es un caso curioso: muchas de las energías de la Iglesia se dedican (con justicia) a denunciar el aborto, considerado como una usurpación por parte del hombre del derecho a la vida y a la muerte, que sólo le corresponde a Dios. El mencionado «nuevo» Código castiga con la excomunión a quien lo ponga en práctica.

Es una severidad legítima en la defensa de la vida del feto que, sin embargo, va acompañada de una despreocupación por la vida del suicida. Por otro lado, la aparente severidad de la Iglesia antes de las «variaciones» actuales tendía a proteger también la vida de quienes hubieran intentado seguir el ejemplo del infortunado. Como es sabido, el suicidio es un acto contagioso: uno tira del otro como en una trágica cadena. Así, a los tres motivos de condena de la Iglesia expuestos por Amerio se añade el de *escándalo*, el mal ejemplo que se da a los que sobreviven: «Si él lo ha hecho, ¿por qué yo no?»

En efecto, continuando con el «antiguo» Código (por más que estuviera en vigor hasta hace pocos años) *no* se negaban los funerales religiosos a aquellos suicidas de los que sólo la familia conocía la causa de la muerte: al quedar limitado el alcance del escándalo, la Iglesia permitía las exequias religiosas, ratificando de este modo que su rechazo a los otros infortunados se debía a la responsabilidad de proteger al rebaño de fieles (pero no sólo a éstos) de influencias perniciosas más que a la pretensión de adelantarse al juicio de Dios. Todos debían enterarse de que si cedían a esa nefasta tentación no habrían podido entrar de cuerpo presente en la iglesia para recibir un funeral cristiano.

Hoy, como señala el ya citado Amerio, hemos llegado hasta este punto: «Se ha convertido en una costumbre loar al suicida en la homilía de la misa fúnebre. En una ocasión, tras quitarse la vida un joven de unos veinte años, el rector del instituto religioso que lo había tenido como alumno agradeció en el funeral al suicida por el bien que había diseminado a su alrededor y le pidió excusas ¡por las culpas que tenían en ese gesto los que le sobrevivían! Esto es una disolución de la responsabilidad personal dentro de los pecados de la sociedad, es decir, el pecado no individual sino *de los demás.*»

El arzobispo de Praga, durante la celebración del funeral por Jan Palak (que se inmoló vivo en Praga en protesta por la invasión rusa de 1968) declaró: «Admiro el heroísmo de estos hombres, aunque no puedo aprobar su gesto.» El investigador suizo comenta al respecto: «Al cardenal se le escapaba el matiz de que heroísmo y desesperación —o sea, ausencia de fortaleza— no van unidos.»

Todo ello no afecta en lo más mínimo —resulta superfluo recordarlo— la gran compasión hacia quien cede a la desesperación y que (Dios no lo quiera) puede abatirnos también a nosotros. Tampoco impide creer que son numerosos los casos en los que la libertad, la capacidad de discernimiento y la voluntad se ven gravemente disminuidas en el suicida, cuya verdadera responsabilidad sólo Dios conoce. Si a nadie nos está permitido juzgar, a todos se nos demanda silencio y oración.

Pero hay un género de «piedad» que se asemeja a la del médico que se niega a denunciar un caso de enfermedad infecciosa para que se aísle al afectado como medida de protección general. La Iglesia nunca había querido ceder a este tipo de «pietismo», aun a costa de parecer dura a ojos de quienes no comprenden que la defensa del ser humano, de su vida y de toda la sociedad estaba detrás de algunas disposiciones por dolorosas que fueran. Éstas se parecen a ciertas medicinas cuya acritud puede resultar beneficiosa.

61. Objetores

La situación religiosa actual no deja de causar asombro. Así, por ejemplo, lo hace una noticia de fuente totalmente fiable: en efecto, la publica la agencia SIR, muy próxima a la Conferencia Episcopal. En ella se lee que ha tenido lugar en Asís la Tercera Conferencia Nacional de los Objetores de Conciencia de Cáritas. Se recibieron mensajes de las más altas autoridades eclesiásticas para los 1 200 participantes y dos obispos presentaron la salutación oficial a los trabajos.

Con tal ocasión se presentó un amplio estudio sobre el «estilo de vida» de los jóvenes «objetores de Cáritas». Entre otras muchas, se les dirigió esta pregunta: «¿En qué ejemplos os habéis inspirado para vuestras respectivas opciones?» Entre los nombres que los interpelados podían dar también se encontraba el de Jesucristo.

El hecho resulta inmediatamente desconcertante: para un cristiano, Jesús no puede ser —ni primero de todo ni mucho menos sólo— un «ejemplo». Un ejemplo pueden serlo esos imitadores suyos que son los santos: pero también ellos son algo más que simples testimonios ejemplares, ya que tienen un misterioso y precioso papel de intercesores. En cuanto a Cristo, resulta superfluo recordar que para quien tiene fe en él, la función de orientador de camino («Lo que he hecho yo, hacedlo también vosotros») queda asimilada e infinitamente superada por su misterio de participación trinitaria que hace que, sin su intervención, «no podemos hacer nada».

Para limitarnos a una sola de entre los miles de citas, del Nuevo Testamento podríamos rescatar una de la Primera Carta de Juan: «¿Quién es el mentiroso si no aquel que niega que Jesús es Cristo? El Anticristo es el que niega al Padre y al Hijo. Quienquiera que niegue al Hijo, también niega al Padre; quien profese su fe en el Hijo también lo hará en el Padre» (1 Jn. 2, 22 y ss.). ¡Algo más que un simple «ejemplo»!

Si ya resultaba inaceptable la pregunta del cuestionario referida a aquel que, para el creyente, no predica la fe sino que *es* la fe misma, todavía podemos quedar más confusos leyendo los resultados de las respuestas proporcionadas por los 658 «objetores de Cáritas» entrevistados.

Para estos jóvenes, Jesucristo se halla sólo, con un mísero 6,5 %, en cuarto lugar entre «los ejemplos que han inspirado su opción de vida». En primer lugar, con un triunfal 49,2 %, está Gandhi. En segundo lugar, pero bastante distanciado (8,1 %), aparece Lorenzo Milani; en el tercero (7,3 %) Martin Luther King; en el cuarto —como apuntábamos— un tal Jesucristo, seguido por Nelson Mandela (2,9 %) y, finalmente, la Madre Teresa de Calcuta, con un 2,7 %.

La autoridad de la fuente que nos ofrece esta clasificación nos impide crearnos la vaga esperanza de que se trate de una información manipulada. Es verdad que si nos atenemos a ese mismo estudio, en materia de opciones políticas una buena parte de los entrevistados se declara «verde» y un 5,5 % es nada menos que comunista (decimos «nada menos» porque un porcentaje como éste de «compañeros» sobrevivientes es superior incluso al obtenido por los comunistas en las primeras elecciones libres en muchos países del Este). Nos falta por anotar que casi el 75 % declara ir a misa al menos el domingo: y más del 29 % va «todos los días o más de una vez a la semana».

Resulta difícil entonces comprender qué significado tiene la misa para esos más de noventa y tres jóvenes que no ven a Cristo ni siquiera como principal, por más que este término resulte reductivo, «ejemplo de vida». Y surgen nuevos interrogantes al constatar que más de la mitad es catequista o miembro de asociaciones religiosas o componente de consejos pastorales parroquiales. «Y los restantes —seguimos citando el texto del SIR— están comprometidos de alguna manera y con diferentes funciones en la vida de la comunidad católica.»

No existe afán de polémica en nuestra reflexión acerca de semejantes resultados. Si acaso, un desconcierto próximo a la inquietud. Nos preguntamos qué ha sido de la fe de jóvenes a menudo admirables (algo que decimos tras algún que otro encuentro personal), sobre cuya generosidad y compromiso humano no es lícito dudar, pero que —aun llamándose «cristianos»— escogen a Gandhi antes que a Jesús en un porcentaje casi ocho veces superior. Y al protagonista de los Evangelios le anteponen abiertamente aquel mitificado reverendo King, de quien sus propios seguidores están tomando distancias, no sin cierto embarazo.

Tampoco reduce la inquietud descubrir que a la pregunta «¿qué ha sido para ti el servicio civil?», la respuesta «un testimonio de la fe» aparezca en último lugar después de otras tres: «una experiencia de formación humana», «una opción no violenta» y «una ayuda a quien lo necesita».

Quisiéramos entender; más aún, quisiéramos que se nos desmintiera la sospecha que nos acecha dolorosamente, que lo que distingue a cierto «mundo católico» es una crisis de la fe, que tal vez se esconde detrás de un compromiso que en muchos de los jóvenes sólo tiene motivaciones humanas, filantrópicas. Es un impulso generoso pero que, pese a las apariencias, tiene poco que ver con la auténtica caridad cristiana, que no es un amor hacia el género humano por su amabilidad intrínseca (incluso a menudo no lo es en absoluto, empezando, naturalmente, por nosotros mismos), sino porque en cada uno de ello la luz de la fe vislumbra al hermano con el Padre común, el rostro doliente de Cristo, salvado a costa de la cruz.

62. Gandhi

Gandhi superstar, pues, también para los objetores de conciencia de Cáritas y, en general, para el mundo católico de estas últimas décadas.

Cuanto más tiempo transcurre, más divididas están las opiniones acerca del mítico «droguero» (lo que significa su nombre en su lengua, el gujarati). Para muchos es un santo, una de las grandes figuras del siglo. Para otros —sobre todo para historiadores que conocen la complejidad de su biografía— un hombre sobre el que hay que plantear cada vez mayores interrogantes. Entre los «peores» se encuentra el famoso historiador inglés contemporáneo Paul Johnson, que pasó del juvenil compromiso marxista-leninista a una opción demócrata-liberal. Según Johnson, alrededor de Gandhi se creó una corte de «charlatanes» y el mismo Maestro (el *Mahatma*, el «alma grande») no carecía de sospechosas excentricidades.

«Tanto él como su madre, de la que heredó un estreñimiento crónico —señala el historiador inglés— estaban obsesionados sobre todas las cosas por la asimilación y evacuación de los alimentos. Vivía en su *ashràm* asistido por una corte de mujeres devotas que le servían. La primera pregunta que les dirigía nada más levantarse era: "Hermanas, ¿habéis ido bien de cuerpo esta mañana?" Uno de los libros que leía continuamente era *El estreñimiento y nuestra civilización*. Así, aunque comía con avidez —uno de sus discípulos dijo: "Era uno de los hombres más hambrientos que yo haya conocido jamás"— su comida se seleccionaba y preparaba con sumo cuidado. [...] Su *ashràm,* con sus costosos gustos "sencillos" y las innumerables "secretarias" y criadas, recibía las cuantiosas subvenciones de tres ricos comerciantes. Un miembro de su círculo observó: "¡Hacer vivir a Gandhi en la pobreza cuesta un montón de dinero!"»

Johnson no renuncia al gusto de recordar que, aunque le han mitificado muchos que creen en el valor liberador del sexo, el «verdadero« *Mahatma* daba muestras de una especie de sexofobia que lo alejó incluso de su esposa. Con las mujeres sólo practicaba el *Brahmachatya,* es decir, dormir rodeado de muchachas desnudas para extraer de ellas calor y energía.

Pero, al fin y al cabo, esto sólo son cotilleos. La pregunta «seria» es otra: ¿de verdad puede ser Gandhi un maestro superior, superando incluso (si nos atenemos —parece ser— a los propios cristianos) a Jesucristo? La respuesta es difícil y delicada.

Sin duda fue una figura excepcional y, a pesar de alguna extravagancia (que tiene su explicación en el trasfondo oriental) fue todo lo contrario de un charlatán. Si acaso, hubo charlatanes en su círculo y, sobre todo, entre algunos de sus presuntos discípulos actuales: empezando por el partido italiano de los falsos ayunos a base de café «al capuchino», de la candidatura al Parlamento de un terrorista y una estrella del porno, de la exaltación de drogas y aberraciones sexuales varias.

Para intentar comprender al «verdadero» Gandhi no deben olvidarse, por otro lado, ciertos hechos eliminados con apuros, como por ejemplo, el *feeling* entre el indio y el fascismo italiano. En 1931, Gandhi fue a Roma para encontrarse con Mussolini, hacia quien expresó su simpatía y estima, consideración que le fue devuelta por el dictador que, por otro lado, financió el movimiento de Gandhi por motivos —si bien no únicamente— antibritánicos. El Duce y el *Mahatma*: una pareja que, no sin razón, crea incomodidad a quien sólo ve en Gandhi la quintaesencia del pacifismo. Pero la realidad histórica —siempre, y no sólo en este caso— es más compleja que cualquier mito o leyenda.

Habitualmente también se olvida que, citando a Paul Johnson, «esta figura es comparable a una planta exótica capaz de florecer únicamente en el protegido ambiente del liberalismo inglés». A pesar de ciertos episodios oscuros, el comportamiento de Gran Bretaña hacia él no fue, en conjunto, abyecto: ambos adversarios se mostraron dignos el uno del otro, llevando cada uno su papel con decoro. Pero si esto tuvo lugar en los largos años del enfrentamiento y tal vez del choque fue debido a que Gandhi revistió de rasgos orientales una formación casi enteramente occidental. Un cierto filotercermundismo romántico se lo imagina como adalid de los valores religiosos de Asia contra la brutal rudeza de las potencias coloniales «cristianas». En realidad, después de licenciarse en Leyes en Inglaterra, el joven Gandhi se movió largo tiempo por Londres con sombrero bombín y paraguas, tal y como muestran algunas fotografías; y su asimilación no era sólo una cuestión de indumentaria.

Él no vino a Europa a traernos los valores religiosos de su tradición india: por el contrario, volvió a descubrir la suya bajo el impacto del encuentro con el cristianismo. Lo que más fascinación produce en él es el resultado de la adaptación de la visión oriental a categorías que únicamente pertenecen al Evangelio.

El hinduismo había creado un sistema infernal de castas de las cuales expulsaba a los llamados, precisamente, «sin casta»: los «parias» o «intocables». Sobre un total de cuatrocientos millones de indios, casi cien millones se encontraban en una situación infrahumana, en virtud de la cual no podían ni siquiera entrar en los templos, viajar en los trenes, comer en los restaurantes, sacar agua de los pozos públicos, enviar a sus hijos a la escuela, enterrar a los muertos en los cementerios de los «otros». Los parias, a su vez, se subdividían en tres grupos con nombres significativos: «los malditos», «los excomulgados» y «los rechazados». ¿Sabían algo de esto las «buenas almas» de Occidente admiradoras de los «valores» de las tradiciones religiosas orientales?

Gandhi definió este sistema milenario como un «delito monstruoso contra la humanidad» y luchó por su abolición. En efecto, fue abolido pero sólo sobre el papel. Más aún, la introducción de una especie de régimen democrático se reveló, con el habitual efecto contrario, como un refuerzo en lugar de un debilitamiento del sistema de castas, ya que cada una de ellas se transformó en una agrupación política enfrentada, a menudo de manera sangrienta, a las demás. En muchos otros casos, como veremos más adelante, las mejores intenciones de la lucha gandhiana se convirtieron en lo contrario de las mismas: después de todo, es la típica maldición de la «heterogénesis de los fines» que tan a menudo vuelve del revés las beneméritas «luchas» humanas.

Con todo, sigue vigente el tenaz compromiso de Gandhi contra un sistema inhumano, cuya responsabilidad recaía, sin embargo, en aquel sistema sociorreligioso hinduista del que se consideró hijo hasta el final. Y combatió y venció, al menos teóricamente, a aquel sistema gracias a valores externos al hinduismo, es decir, gracias al cristianismo.

El primero de los cuatro artículos de la «doctrina» de Gandhi exigía la adhesión a las Sagradas Escrituras de la India, pero ¿no eran precisamente esas Escrituras las que aprisionaban a las masas en lo que él mismo calificó «un delito monstruoso»? Y ¿no había tenido que recurrir a otras Escrituras, las del monoteísmo bíblico (el Nuevo Testamento, sobre todo, pero también en alguna medida el Corán) para romper el círculo «monstruoso»?

Son preguntas a las que muchos «intocables» dieron una respuesta lógica, abandonando la religión responsable de su opresión para abrazar el cristianismo o el islamismo. La gran religiosidad del *Mahatma* sí es oriental pero sólo en lo que no choca con la sensibilidad occidental, impregnándose, a su pesar, de dos milenios de predicación evangélica. Así, al final el Evangelio actuó para él como piedra de toque.

Gandhi no acabó asesinado a manos de los colonialistas ingleses ni de cualquier otro «malvado», como desearía el esquema maniqueo y masoquista occidental. Fue un devoto hindú, que lo acusaba de «modernismo» y «occidentalismo» y de haber contaminado las Sagradas Escrituras de la tradición autóctona con la Biblia, quien descargó una pistola sobre él.

No es un ejemplo superficial de apologética sino una verdad indiscutible: Gandhi no puede compararse con Jesús, ni tampoco es «superior» a él, como ha dicho alguien y como sospechan también no pocos cristianos.

En realidad Gandhi no sería Gandhi sin Jesús, tal y como él mismo reconoció en numerosas ocasiones. En la famosa entrevista concedida a un misionero protestante corresponsal de un periódico inglés, dijo haber tomado directamente del Evangelio el concepto de la «no violencia», con sus corolarios de «resistencia pasiva» y «no cooperación». En efecto, su «pacifismo» conserva el fuerte sabor del Nuevo Testamento y poco o nada tiene que ver con el irreal y perjudicial utopismo de tantos occidentales que creen identificarse con su mensaje.

Éstas son palabras textuales de Gandhi: «Si tuviese que escoger entre la violencia y la bajeza, escogería la violencia. Personalmente, me esfuerzo por cultivar el sereno valor de morir antes que matar. Pero quien no posee este valor, que acepte matar y ser matado antes que rehuir vilmente el peligro. Los desertores cometen un acto de violencia mental: escapan porque no tienen el valor de afrontar la muerte.» Luego añade: «Es mejor la violencia que la cobardía: la no violencia no es una sumisión servil al malvado.» Aquí se percibe el eco del Evangelio que asocia paz con justicia; es la voz viril de Jesucristo que quiere «pacíficos» y no «pacifistas» (que no es lo mismo).

Sería una caricatura del mensaje de Gandhi el intentar apropiarse del mismo bajo esa perspectiva laica, libertaria y hedonista que identifica a tantos movimientos de hoy día, empezando por el radical, pero que también se extiende sobre capas cada vez más amplias de ex comunistas. Siguiendo con el *Mahatma:* «La no violencia debe nacer del *satyagraha* (la fuerza espiritual). Y ésta requiere el control, que sólo se obtiene mediante una constante batalla por la pureza y la castidad, de todos los deseos físicos y egoístas.» Una concepción de duro ascetismo que es todo lo contrario de lo que teorizan y practican algunos de los autodenominados «gandhianos» de hoy. Éstos se escandalizarían, además, si supieran que la famosa tolerancia del Maestro tenía un límite establecido: «No debemos tolerar nunca la falta de religión.»

Blasfema sobre el nombre de Gandhi quien se dijera inspirado por él sin poner en el centro de su vida el nombre de Dios (no es por casualidad que sobre su tumba sólo se grabaron las palabras «¡Dios!, ¡Dios!»); también sería blasfemo el que se dijera su discípulo y se situara al mismo tiempo en lo que él conjuraba como «el maldito desierto del ateísmo», por teórico o práctico que sea.

«Gandhi costaba caro, en dinero y en vidas humanas. Sabía crear un movimiento de masas pero no sabía controlarlo. Y sin embargo, siguió comportándose como un aprendiz de brujo mientras la lista de muertos ascendía a centenares, luego a miles, después a decenas de miles y aumentaba el riesgo de una gigantesca explosión entre las diversas sectas y religiones. Esta ceguera volvía absurdas las declaraciones en las que sentenciaba que no era necesario matar nunca bajo ninguna circunstancia.»

Así se expresa Paul Johnson, el historiador inglés antes citado. No se trata de un juicio aislado, por el contrario, lo comparten muchos que admiran (¿y cómo podría ser de otro modo?) las virtudes personales y el mensaje de Gandhi, pero que también se interrogan acerca de sus resultados.

Alguien se ha atrevido a sospechar que, en la práctica, la obra de Gandhi ha sido más perjudicial que benéfica para la India, por el desmesurado coste de las pérdidas en masacres y destrucción. Y, asimismo, por dejar tras de sí una herencia política que fue cualquier cosa menos gloriosa. En resumen, una vez más nos encontraríamos frente a un caso de «heterogénesis de los fines», es decir, las buenas teorías que en la práctica producen desastres.

La India que Gandhi se propuso liberar sólo era una expresión geográfica. De los cuatrocientos millones de habitantes, doscientos cincuenta eran «hinduistas», nombre que identifica una realidad indefinida y magmática, donde hay espacio para todo y para nada, a causa de las infinitas sectas que a menudo se enfrentan entre sí. Había noventa millones de musulmanes, seis millones de sikhs y muchos otros millones pertenecían a religiones menores o eran budistas o cristianos, divididos entre protestantes y católicos. En el ámbito político, el territorio estaba subdividido entre más de quinientos príncipes y marajás dotados de una gran independencia. Se contaban 32 lenguas, 200 dialectos y 2 000 castas.

Este explosivo mosaico se mantenía unido por la administración británica que, con pocas decenas de miles de hombres, se limitaba casi únicamente a evitar la desintegración de ese enorme país, cuya unidad sólo existía sobre el papel. O solamente en los nobilísimos sueños de Gandhi, quien, con su predicación político-religiosa, actuó de detonante de la mezcla explosiva. Exactamente igual que un «aprendiz de brujo», como él mismo acabó por confesar, expresando en público su «arrepentimiento».

En efecto, la caja de Pandora se abrió ya en el primero de sus actos de agitación política: la huelga general que proclamó el 6 de abril de 1919 y que, naturalmente, tenía que ser «no violenta». Pero eso era no contar con la naturaleza humana, y, sobre todo, con la situación específica de la India.

Así, estallaron los disturbios y la violencia hasta que el 13 de abril las tropas inglesas abrieron fuego causando 379 muertos y un millar de heridos. Las consecuencias se extendieron por toda la India e hicieron oír los primeros crujidos del desastre, del amenazador combate de unos-contra-otros en ciernes.

Gandhi anunció a la multitud: «Lo que ha ocurrido ha sido por vuestra culpa y por la mía. Sí, soy culpable de haber pensado que la India estaba madura para la conquista pacífica de la independencia. Busquemos en nuestro interior las causas de la violencia que se ha desatado.» Luego dio comienzo a un «ayuno expiatorio», invitando a sus seguidores a que le imitaran.

Como ocurre siempre en el caso de Gandhi, nos hallamos ante palabras y actitudes muy nobles, pero que se hallan en la cima del idealismo, lejos de aquel realismo del que debe dotarse absoluta e indispensablemente quien, como él, desee ser un guía moral y político.

También resultan fascinantes pero del todo irrealizables (como el futuro se encargó de demostrar) sus ideas económicas de «lo pequeño es hermoso», del tejido a mano y de los sistemas tradicionales de producción e intercambio entre los pueblos.

Tras un incremento de las manifestaciones violentas —¡suscitadas por la predicación «no violenta»!— se llegó a la catástrofe de 1947, cuando los ingleses abandonaron la India a sí misma, concediéndole, con gran alivio por su parte, la independencia. Se cumplía el sueño de toda la vida de Gandhi, pero también fue uno de sus mayores sufrimientos. Escribe Johnson: «Él, que había hecho posible todo aquello, le confió a lady Mountbatten, la esposa del último virrey de Gran Bretaña: "Estos acontecimientos no tienen ningún precedente en la historia mundial y me hacen bajar la cabeza de vergüenza."». En efecto, tal como preveían todos, excepto las «buenas almas» de los utópicos, al faltarle el control británico, la India se precipitó en el caos y el enfrentamiento entre las infinitas etnias y religiones.

Gandhi siempre había mantenido con obstinación (y contra toda evidencia) que la liberación del país uniría a hindúes y musulmanes en una pacífica convivencia. Por el contrario, estos últimos procedieron a la secesión armada con la creación de Pakistán. Como declaró Francis Tuker, uno de los generales ingleses que se iban: «por todas partes se desencadenó la más feroz de las barbaries, con locos homicidas que degollaban, mutilaban e incendiaban. Interminables columnas de desvalidos atravesaban el país, atacados por fanáticos políticos y religiosos».

Gandhi, «hundido de vergüenza por la India» acabó por dirigirse al virrey, que ya tenía las maletas a punto, esperando que pudiera controlar la situación. Pero los ingleses no querían saber nada de ese gigantesco avispero enloquecido, de modo que la catástrofe siguió su curso: parece que el balance de muertos estuvo algo por debajo de los dos millones de personas. Un baño de sangre que se prolongó luego en las dos guerras entre India y Pakistán, en la trágica secesión de Bangla Desh y que prosigue actualmente en los choques internos que se han vuelto endémicos. El mismo *Mahatma* cayó víctima de esa violencia a la que (si bien con la más admirable de las intenciones) había dado salida.

Tampoco lo tuvo mejor su descendencia política: su queridísimo discípulo, el Pandit Nehru, tomó el poder y lo mantuvo durante diecisiete años. Mientras que Gandhi era contrario a toda forma de socialismo, Nehru fue un «brahmán marxistizante», coqueteando siempre con la Unión Soviética y levantando una industria pesada de Estado que era todo lo contrario de la economía propugnada por Gandhi. La hija de Nehru, Indira, completó abusivamente su nombre con el del venerado Gandhi, pero su política de gran potencia (impulsada hasta la bomba atómica) también renegó por completo del mensaje del «Alma Grande». Y lo mismo ocurrió con su hijo, Rajiv.

Si, como se dice, se conoce al árbol por sus frutos, el árbol de Gandhi (impresionante en el plano ético y teórico) dio frutos amargos en el plano práctico. Tal vez sea la enésima revalidación del realismo cristiano que no cesa de proponer el ideal pero, a la espera del Reino futuro, no pierde de vista la «realidad efectiva» de un mundo en el que el grano y las malas hierbas se mezclan hasta la siega final. El realismo del que sabe que todos deberíamos ser santos y cultivar todas las virtudes. Pero también sabe que el pecado puede tomar siempre —y en cualquier persona— la delantera.

Con su heroico ejemplo personal, con sus nobles palabras, Gandhi esperó que haría desaparecer a la bestia que todo ser humano lleva en su interior. Pero, al final de todo, la esperanza se transformó primero en una pesadilla de millones de muertos y luego en la mezquina dureza de la *Realpolitik*. Como ocurre siempre en política, la maravillosa utopía se convirtió en una pesadilla.

63. Don Franco

Con la muerte de don Franco Molinari, profesor de Historia de la Iglesia en la Universidad Católica, nuestro oficio pierde a uno de sus lectores más convencidos, a menudo entusiastas. Su aprobación era valiosa por tratarse de un especialista, autor de una cuarentena de libros y más de doscientas publicaciones científicas. Aquel juicio positivo era para mí la reconfortante confirmación de haber sabido librarme sin demasiados apuros de las emboscadas de los problemas históricos, con frecuencia muy complejos.

Con ocasión de su sesenta aniversario, nos dedicamos con «don Franco» (quien lo apreciaba siempre le llamaba sólo de este modo, a pesar de sus muchos títulos académicos y eclesiásticos) a una especie de recuento de su actividad exploradora por archivos y bibliotecas. De ahí surgió una larga entrevista que, publicada primero en *Jesús,* Molinari quiso poner como prefacio en uno de sus pequeños *best-seller, Mille e una ragione per credere* («Mil y una razones para creer»), publicado por Edizioni San Paolo.

«Cuanto más estudio la Historia de la Iglesia —me decía entonces— más me convenzo de la verdad del cristianismo. Al cabo de treinta años de investigación y reflexión podría afirmar, con un chascarrillo, que ya no me hace falta la fe para creer en Jesús como Cristo: lo veo operando a lo largo de las vicisitudes de los siglos.»

Y eso que también le parecía claro que Dios «juega» con los hombres (o «sonríe», para citar el salmo). Juega porque «parece querer dar luz con lámparas quemadas», y porque parece divertirse desbaratando nuestros esquemas, trastocando nuestros planes, conduciendo a resultados inesperados e incluso opuestos a los que proponía.

Don Franco poseía un rico muestrario de anécdotas sobre esta misteriosa paradoja de la Historia.

Uno de los casos que le gustaba citar era el de Rodrigo Borgia, el catalán que llegó a Papa con el nombre de Alejandro VI, proverbial por lo disoluto de sus costumbres y, para muchos, símbolo de la perdición de una Iglesia que parecía más enamorada de los artistas que de los santos, y de los dioses paganos antes que del profeta de Nazaret.

Y sin embargo —ésta sería la misteriosa «broma» de la Providencia—, precisamente de los escandalosos amores de aquel Papa nació el germen de la Reforma católica. En efecto, ya en sus tiempos de cardenal, Rodrigo Borgia tenía como amante favorita a una Farnesio, Julia, denominada «la bella» por antonomasia. Julia aprovechó su relación con el ya poderoso prelado para favorecer la carrera de su hermano Alejandro que, en efecto, recibió la protección de Borgia. Éste, en cuanto fue elegido Papa (comprando las elecciones con maniobras simoníacas) lo nombró cardenal.

Como hombre de su tiempo, Alejandro tampoco era inmune a las costumbres del momento, ya que —aun revestido de aquella dignidad eclesiástica— tuvo cuatro hijos de su relación con una dama romana. Será necesario especificar (no tanto para excusar cuanto para comprender) que entonces el cardenalato no siempre estaba ligado a la consagración sacerdotal: era un cargo honorífico con el que se investía a laicos poderosos, incluso desde niños. La púrpura y la «castidad consagrada» no estaban, pues, necesariamente ligadas.

En lo que respecta a Alejandro Farnesio, en cierto momento al cardenalato se le unió el sacerdocio, y luego la consagración obispal. Y a partir de entonces se produjo en él un cambio rotundo a una seriedad siempre creciente. Cuando en 1534 fue elegido Papa con el nombre de Pablo III persiguió, a pesar de sus enormes dificultades, una sola meta durante quince años: convocar un concilio general que reformara la Iglesia y diera la respuesta más eficaz posible a la revuelta protestante.

Después de varios intentos fallidos, por fin el 15 de diciembre de 1545 se inauguró en Trento —una pequeña ciudad de los Alpes escogida por encontrarse en la frontera entre latinidad y germanismo—, el concilio que se revelaría como el punto decisivo para la Iglesia católica.

Comentaba a propósito de ello don Molinari: «Pablo III, antes Alejandro Farnesio, era el hombre justo en el momento justo, el Papa que la cristiandad necesitaba desesperadamente. Y sin embargo, no habríamos tenido este pontificado si la hermana de Alejandro no se hubiera ganado al Borgia frecuentando su alcoba. ¿Cómo no vislumbrar aquí la mano misteriosa e irónica de un Dios que "juega"?»

Pero toda la historia de la Iglesia, proseguía el historiador, está plagada de estas «bromas». Así, personajes cuya actividad pública resultó benéfica para los asuntos religiosos eran en privado hombres terribles.

Sirvan dos ejemplos por todos los restantes. El emperador Constantino, que hizo de la Iglesia la nueva protagonista de la Historia, también se distinguió por una sed de poder que lo impulsó a asesinar incluso a sus familiares. Y otro emperador, Carlomagno, cuyas acciones tuvieron buenos y duraderos efectos sobre los asuntos eclesiásticos también ordenó a sangre fría masacrar a miles de prisioneros sajones.

Seguía diciendo don Franco: «Es un Dios que "sonríe" mientras va acumulando nuevos problemas y dificultades para Su Iglesia, pero proporcionando al mismo tiempo el remedio adecuado para cada ocasión. Así, tras los siglos de hierro de un feudalismo que parecía paralizar el cristianismo, surge un san Francisco, un Domingo, para suscitar movimientos que llaman a la Iglesia a regresar a sus deberes de pobreza, de humildad y reflexión teológica. Luego, el siglo XVI, que vio desgarrarse la cristiandad, fue el que, junto a los Lutero y los Calvino, dio lugar, primero a la aparición del movimiento de la Observancia y luego a aquel florecimiento de nuevas familias religiosas que dieron la réplica a los dramáticos signos de los tiempos con una fórmula de vida religiosa inédita. Los "clérigos regulares" (es decir, la regla monástica unida a la actividad pastoral), que va desde los jesuitas a los teatinos, los barnabitas, los camilistas, los Fatebenefratelli, y muchos otros eficacísimos instrumentos de reforma y reconquista. Y el siglo XIX caracterizado por la dispersión violenta de las comunidades religiosas ¿no es también el siglo que tan sólo en Italia ve la aparición de algo así como 183 nuevas congregaciones femeninas, cada una de las cuales es una respuesta concreta a una necesidad concreta?»

Para don Franco, el misterio que iba descubriendo en los recovecos de la Historia (y que cada vez lo reafirmaba más en su fe) también se hallaba en la capacidad siempre renovada de la Iglesia de reaccionar frente a los problemas que iban saliendo al paso, «encendiendo las defensas internas, incrementando la producción de anticuerpos, sacando de improviso a la palestra a hombres y mujeres con la habilidad necesaria para reaccionar con eficacia ante los peligros y proponer simultáneamente ejemplos personales de un cristianismo acorde con los tiempos».

Una reacción que veía obrar también en la actualidad en lo que calificaba de «explosión primaveral de los nuevos movimientos posconciliares».

Ni siquiera bajo esta luz —aun lejos de todo triunfalismo y, es más, dedicando gran atención al diálogo con los creyentes—, este historiador vacilaba en subrayar la diferencia entre el destino de la Iglesia y del «mundo». Según algunas lecturas históricas, la peripecia del cristianismo, sobre todo el católico, no sería más que una continua decadencia, una caída irrefrenable del gran idealismo de los orígenes. La realidad de los últimos siglos es, en cambio, distinta: «Precisamente a partir de Trento en adelante —observa don Franco— la historia del papado es una continua ascensión. Considero dignos de figurar entre los santos a, por ejemplo, todos los pontífices de nuestro siglo. La caída, si acaso, la veo en la cultura, que se ha distanciado de la Iglesia: una cultura que empezó en el siglo XVIII y en el XIX con grandes promesas y esperanzas y que acabó con guerras homicidas, en masacres, en ideologías inhumanas y al final en drogas y en una crisis radical de valores y planteamientos.»

Impreso en Talleres Gráficos
LIBERDUPLEX, S. L.
Constitución, 19
08014 Barcelona